*Gerti Senger*

# SCHATTENLIEBE

*In Zusammenarbeit mit Walter Hoffmann*

*Gerti Senger*

# SCHATTENLIEBE

## Nie mehr Zweite[r] sein

*In Zusammenarbeit mit*
*Walter Hoffmann*

AMALTHEA

Besuchen Sie uns im Internet unter
http://www.amalthea.at

1. Auflage Februar 2007
2. Auflage März 2007

Schutzumschlaggestaltung: Kurt Hamtil, verlagsbüro wien
Umschlagabbildungen: © Emely/zefa/Corbis, © Royalty-Free/Corbis
Herstellung und Satz: studio e, Josef Embacher
Gesetzt aus der Adobe Garamond 12 auf 15 pt
Gedruckt in der EU

ISBN 978-3-85002-593-5

Schattenküsse, Schattenliebe,
Schattenleben, wunderbar!
Glaubst du, Närrin, alles bliebe
Unverändert, ewig wahr?
Was wir lieblich fest besessen,
Schwindet hin, wie Träumerein,
Und die Herzen, die vergessen,
Und die Augen schlafen ein.

HEINRICH HEINE

# Inhalt

Vorwort                                                          11

**Geometrie der Liebe**                                          13
Das gleichseitige Liebesdreieck                                  15
Das gleichschenkelige Liebesdreieck                              18
Licht und Schatten                                               21
Warum in der Liebe nicht geteilt werden kann                     23
Die betrogene Frau                                               27
Arrangements der Schattenliebe                                   33
Der doppelte Verrat: »Ausgerechnet du!«                          35
Seitensprung? Schattenliebe? Gar nichts? – Oder beides?          37
Das ungleiche Dreieck                                            40
Das erste Liebesdreieck                                          43
Liebesgeschichten sind Mordgeschichten                           45
Kurts Geschichte oder Wie man zum Othello wird                   46
Liebe in Balance                                                 49
Das Bedürfnis nach Geheimnissen                                  51
Vom Geben und Nehmen                                             54
Wie Dreiecksbeziehungen entstehen                                56
Trieb und Passion                                                58
Der untreue Mann                                                 61
Der Verlust der Lust                                             62
Wenn Vaters Anerkennung fehlt                                    64
Schattenliebe mit Netz                                           65

**Evolution und Schattenliebe**                                  69
Im Mittelpunkt: Der Fortpflanzungserfolg                         74
Warum Sex Spaß macht                                             76
Sebastians Geschichte oder Wenn Männer den Schwanz
einziehen                                                        79

»Der König ist tot, es lebe der König!«    81
Zum Sieger geboren?    83
Der magische Blick    84
Männer wollen einen Harem, Frauen einen Mann    86
Lenas Geschichte oder Warum Männer ins Bordell gehen    87
Libidoverlust und das »Untreue-Gen«    90
Der geheime Spermienwettbewerb    93
Und führe mich nicht in Versuchung …    95
Treue ist eine kulturelle Leistung    98
Der Hunger nach Reizen    101
Und ewig lockt das Neue    104
Bettinas Geschichte oder Die Sehnsucht nach der ewigen
Liebe    105

**Vom Fest zum Drama**    109
Der Zyklus der Schattenliebe    109
Skandal im Sperrbezirk    117
Die Abhängigkeit der Schattenfrau    118
»Agency« und Unterwerfungslust    122
Ich darf mir nichts erwarten    124
Warum aus Spaß so oft Ernst wird    126
Liebesbarometer Eifersucht    129
Der Mythos von glücklichen Schattenfrauen und -männern  131
Der Schattenmann    134
Die süße Last    136

**Bizarre Schattenliebe**    139
Annas Geschichte oder Wie man sich Rivalen inszeniert    139
Liebe über den Tod hinaus    141
Im Schatten des Bösen – Frauen, die Mörder lieben    142
Eriks Geschichte oder Männer, die nicht erwachsen werden  145
Sex und Liebe im Internet    148
Gustavs Geschichte oder Im Web ist alles möglich    150
Zwanghafte Leidenschaft    154
Das gebrochene Herz    155
Zur Treue gezwungen    157

Gestresste Schattenpaare   159
Im Schatten der Schuld   160

**Im Reich der Schattenliebe**   165
Wilderer, Strategen, Opfer und Unentschlossene   166
Wilderer und ihre Beute   166
Strategen und ihre Ziele   169
Druckmittel Kind   171
Unentschlossene und ihre Mitspieler   173
Qual der Wahl   174
Liebeskiller Alltagsroutine   178
Die zerbrochene Illusion   181
Lebenshilfe mit Herz und Hirn   185

**Nie mehr Zweite[r] sein – Die 10 tückischen Fallen**   191
1. Falle: Hoffnung   192
2. Falle: Trugschluss   195
3. Falle: Abwehrmechanismen   198
4. Falle: Selbstkränkung   205
5. Falle: Angst   208
6. Falle: Eigennutz   213
7. Falle: Abschiedssex   215
8. Falle: Dankbarkeit   217
9. Falle: Verwöhnung   219
10. Falle: Schuldgefühle   221

**Jetzt aber: »Raus aus dem Schatten!«**
**Die 10 befreienden Schritte**   227
1. Schritt: Selbstvertrauen gewinnen   227
2. Schritt: Entscheidungshilfen suchen   229
3. Schritt: Aussprache suchen   232
4. Schritt : Die Stressimpfung   233
5. Schritt: Das Sorgenmanagement   235
6. Schritt: Trostquellen erschließen   237
7. Schritt: Aufarbeiten, was war   241
8. Schritt: Einsamkeit überwinden   243

9. Schritt: Humor     247
10. Schritt: Versöhnung     248
Wichtige Erste-Hilfe-Regeln     252
Zu guter Letzt: Glück ist machbar!     253

**Anhang**     255
Tipps zur Beratung und Therapie     255
Österreich     255
Deutschland     257
Schweiz     258

**Details zur Untersuchung**     259
Lebensgeschichtliche Faktoren     259
Glückliche Beziehungen     260
Persönlichkeit und Partnerschaft     260
Glückliche Paare & unglückliche Paare     261
Unglückliche Beziehungen     265
Partnerschaftskonflikte und Dreiecksverhältnisse     266
Belastungsfaktoren und Konflikte     269
Literaturverzeichnis     271

# Vorwort

Wenn zwei sich zusammentun, ist ein im Schatten stehender Dritter nicht weit. Daran hat sich seit Adam, Eva und der verführerischen Schlange nicht viel geändert.

Die Problematik einer solchen Schattenliebe beschäftigt uns seit vielen Jahren. Wissenschaftlich setzten wir uns damit schon vor 14 Jahren auseinander. Damals ging es uns um die seelische Bewältigung und Verarbeitung von Liebeskummer. Im Zusammenhang mit dieser Schmerzthematik begegneten wir bereits zu jener Zeit auch immer wieder dem Phänomen der Schattenliebe: Eine Frau liebt zwei Männer. Ein Mann liebt zwei Frauen. Oder jeder Teil eines Paares hat eine geheime Beziehung. Schattenlieben wohin man blickt.

Das Thema ließ uns nicht mehr los. Seit drei Jahren befassen wir uns systematisch und wissenschaftlich mit Schattenlieben. Alle Befragungen, Interviews, Seminare und Untersuchungen, die wir in dieser Zeit durchführten, betrachteten wir ebenfalls unter diesem Aspekt und vertieften relevante Daten. Außerdem gingen wir in den letzten Jahren auch in empirischen Untersuchungen, die wir für große Printmedien durchführten, jenen Fragen nach, die mit einer Schattenliebe eng verknüpft sind. Mit Hilfe einer österreichischen Tageszeitung ermutigten wir Frauen und Männer dazu, uns die Geschichte ihrer geheimen Liebe zu erzählen.

Zusätzlich befragten wir 946 Österreicher und Österreicherinnen zwischen 20 und 60 Jahren. Mit der standardisierten Befragung (siehe beigelegter Fragebogen) erfassten wir die signifikanten Veränderungen, die in bestehenden Partnerschaften eine Schattenliebe begünstigen.

**Wir wollten wissen,**
… worin sich glückliche von unglücklichen Paaren unterscheiden,
… wie häufig Seitensprünge beziehungsweise Schattenbeziehungen sind,
… wie eine Schattenliebe entsteht, wie lange sie dauert und welchen Verlaufszyklus sie hat,
… aus welchen Motiven sich ein/e Schattenfrau/mann auf diese Situation einlässt,
… welche Persönlichkeitsstruktur ein Schattendasein begünstigt
… und ob eine Schattenliebe ein typisch weibliches Phänomen ist.

Die Ergebnisse dieser Untersuchungen und Interviews fließen ebenso in dieses Buch ein wie die vielen Gespräche mit KlientInnen.

Manche Schattenlieben und ihre Entstehungsgeschichten erzählen wir nur als verkürzte charakteristische Fallskizzen. Vorausgesetzt, die psychologischen Hintergründe sind exemplarisch für eine Schattenliebe-Thematik, stellen wir jene Fälle genauer dar, mit denen wir uns therapeutisch vertieft auseinandersetzten. Dass auch diese Geschichten nicht vollständig und absolut authentisch sind, ist einleuchtend. Es sind rekonstruierte Fallgeschichten, mit deren Hilfe wir Ihnen das Phänomen von Schattenbeziehungen in den verschiedensten Konstellationen verständlich machen wollen.

Wegen des Datenschutzes und um die Anonymität der Frauen und Männer zu wahren, die sich uns anvertrauten, veränderten wir deren biografische Daten, sodass die zitierten Personen nicht identifizierbar sind. Anders gesagt: Ohne verdichten geht es nicht.

# Geometrie der Liebe

Er und sie und sie.
Sie und er und er.

Eine schwierige Konstellation. Aber die Urkonstellation unseres Seins.

Das Liebesleben des Menschen beginnt in einer Dreieckskonstellation – Mutter, Vater, Kind. Eine ebenso erfüllende und schöne wie spannungs- und Konflikt beladene Triade. Eine Dreieckskonstellation überschattet oder bereichert später die Liebesbeziehung der meisten erwachsenen Paare. Überschattet wird sie, wenn die Dreiecksbeziehung primär Verwirrung, Schmerz und Lähmung für die Betroffenen mit sich bringt. Es kann aber auch sein, dass es der Dritte im Bunde ist, der eine Paarbeziehung aus der Krise führt oder so bereichert, dass sie nur durch sie/ihn überhaupt aufrecht erhalten werden kann.

Die Dreiecksbeziehung und Schattenliebe gab es sogar unter den antiken Göttern. Auch die Liebessgöttin Aphrodite betrog ihren klugen, aber »behinderten« Ehemann Hephaistos: In der Symbolsprache der Mythologie könnte das bedeuten, dass er vielleicht unzärtlich, verschlossen oder impotent war. Jedenfalls tröstete sich Aphrodite mit einem Geliebten. Der verletzte, göttliche Ehemann rief andere Götter herbei und rächte sich an dem Liebespaar. Alles wie heute.

Wenn schon nicht die Götter die Macht und Freiheit haben, über Dreiecksverstrickungen zu stehen – wie soll das erst dem irdischen Menschen gelingen?

Im Laufe seines Lebens ist fast jeder Erwachsene mindestens einmal kurz- oder sogar langfristig Teil einer Dreiecksbeziehung. Gegenwärtig sind in Österreich

- etwa 3–4% der Frauen und Männer zwischen 20 und 60 in langfristige Dreiecksbeziehungen verstrickt.

Renate Valtin, Professorin für Erziehungswissenschaft an der Humboldt-Universität in Berlin ermittelte,

- dass mehr als 1,5 Millionen Frauen in der Bundesrepublik die Geliebte eines verheirateten Mannes sind. Diese Zahl deckt sich in der Relation in etwa mit unseren Daten in Bezug auf Liebesdreiecke.

**Dreieck.** Die menschliche Phantasie beschäftigt sich seit Urzeiten mit dem Dreieck. Die Zahl drei steht von früh an für die göttliche Vollkommenheit: Das Zeichen Gottes ist ein dreieckiges Auge, das von einem Kreis umschlossen wird. Noch heute veranschaulicht die »göttliche Dreifaltigkeit« im Christentum – der Vater, der Sohn und der Heilige Geist – die göttliche Trinität.

Das war nicht immer so.

**Allmacht.** Solange die Beteiligung des Mannes an der Zeugung noch nicht bekannt war, symbolisierte das Dreieck allerdings den fruchtbaren weiblichen Schoß. Aber die Entdeckung der männlichen Zeugungsfähigkeit, die Sesshaftigkeit, Anbauwirtschaft und Viehzucht führten zum Patriarchat und zu einer Bedeutungsänderung des Dreiecks. Das ursprünglich weibliche Symbol wurde zum Symbol für die männliche Allmacht eines patriarchalischen Gottes: Vater, Sohn und Heiliger Geist.

**Formen.** Das Dreieck ist die einfachste geometrische Figur. Es besteht aus drei Punkten, die nicht auf einer Geraden liegen. Abgesehen von den gleichseitigen Dreiecken gibt es auch spitzwinkelige und stumpfe Dreiecke. Immer sind je zwei Punkte durch eine Linie miteinander verbunden, die Begrenzungslinien sind die Seiten des Dreiecks.

Das gleichseitige Dreieck hat sich uns allen als harmonische Urform aller eckigen Flächen eingeprägt.

Nur soviel vorweg: Im Leben ist soviel Harmonie nicht vorgesehen. Klar und berechenbar ist die Optik eines Dreiecks nur in der Geometrie. Sobald Liebe im Spiel ist, gelten andere Gesetze.

**Dreiecksbeziehungen.** Wenn drei Menschen ein Dreieck bilden, sind sie durch Kommunikation und Beziehung verbunden. Das Ergebnis sind optisch unterschiedliche Dreiecke mit unterschiedlichen Beziehungsbedeutungen.

- Stellen Sie sich das in etwa so vor: In einem Dreieck entspricht jede Seite einem gegenüberliegenden Winkel. Übertragen auf eine Beziehung verdeutlicht dieser Winkel die Perspektive, die jeweils einer der Protagonisten hat.
- Je größer dieser Winkel ist, umso größer ist der »Vorteil«, den die entsprechende Person aus der Dreieckskonstellation zieht. Das Ausmaß des Vorteiles wird aus der Länge der gegenüberliegenden Seite ersichtlich (siehe Abbildungen 1, 2 und 3 auf Seite 17, 18, 19).

Um Ihnen die Dreiecksmetapher zu veranschaulichen, setzen wir uns mit den zwei gängigsten Dreieckskonstellationen auseinander. Von ihnen lassen sich exemplarisch alle anderen Figuren ableiten.

## Das gleichseitige Liebesdreieck

Drei gleich große Winkel, drei gleich lange Seiten – ein Symbol für die Ausgeglichenheit im Kräfteverhältnis, die für solche Dreiecksbeziehungen charakteristisch ist.

**Perspektive.** In einem gleichseitigen Liebesdreieck hat jeder

15

Beteiligte eine gleich große Perspektive (dargestellt durch die Winkel) und einen gleich großen Vorteil (dargestellt durch die Seitenlänge). Kosten und Nutzen sind gerecht verteilt. Trotz der Einschränkungen, die eine Dreieckskonstellation zwangsläufig mit sich bringt (zum Beispiel, dass der Liebespartner »geteilt« werden muss), profitiert jeder der Beteiligten in gleichem Maße.

Ein typischer Fall eines gleichseitigen Liebesdreiecks sind Suzanne und Christoph. Die beiden sind seit neunzehn Jahren verheiratet, Christoph ist führender Manager, Suzanne Hausfrau und Mutter.

Die ursprünglich leidenschaftliche Liebesbeziehung wurde mit den Jahren ein wohltemperiertes, freundschaftliches Verhältnis. Christoph kann dem Sex mit seiner Frau nichts mehr abgewinnen, sie begehrt ihn auch nicht mehr.

Irgendwann einmal begann er ein unspektakuläres Verhältnis mit seiner um dreizehn Jahre jüngeren Sekretärin. Liane war Single und hatte mehrere lose Beziehungen. Christoph war eine davon. Liane war von Anfang an klar, dass bei ihm trotz seiner Liebesbeteuerungen nicht mehr »drin« ist als eine Affäre.

**Vorteile.** Liane war weniger von Christophs Aussehen und seiner Potenz beeindruckt als von den Möglichkeiten, die sie durch ihn bekam. Es dauerte nicht lange und Liane war die graue Eminenz in der Firma. Sie fuhr ein teures Firmenauto, ihr Einkommen stieg unverhältnismäßig rasch, sie leistete sich Designer-Kleidung und lernte mit Christoph die teuersten und schicksten Hotels der Welt kennen.

Bei diesen Reisen fühlt sich Liane wie eine First Lady an der Seite eines Wirtschaftsmagnaten. Die Sache hat nur einen Haken: Christophs honorige Freunde wissen zwar von seiner Beziehung, gesellschaftlich wird sie allerdings geheim gehalten. Der offizielle Platz an seiner Seite gehört nach wie vor Suzanne, der Ehefrau. Weihnachten, Neujahr und alle Feste feiert Christoph im Kreise seiner Familie. Liane führt ein Schattendasein im wahrsten Sinne des Wortes. Eine Zeitlang kränkte sie sich darüber. Aber jetzt hat sie sich mit ihrer Situation arrangiert: Die Vorteile überwiegen.

**Bilanz.** Ähnlich erging es Suzanne. Zuerst bedrückte es sie, dass Christoph »fürs Bett« eine andere hatte. Vielleicht liebte er diese Frau sogar? Aber nachdem ihre gesellschaftliche Position durch die Rivalin nicht gefährdet ist, hat sich Suzanne mit dem Dreiecksverhältnis abgefunden. Heute ist es ihr sogar angenehm, dass Christoph sie nicht mehr mit seinen sexuellen Wünschen belästigt.

Auch Christoph bilanziert positiv. Er hat eine Frau an seiner Seite, die gesellschaftlich gewandt und eine gute Mutter ist, den Haushalt perfekt führt und ihm auf Grund ihres sexuellen Desinteresses genügend Spielraum für eine außereheliche Beziehung lässt. Darüber hinaus verwöhnt ihn eine Geliebte, die sich mit dem Luxus zufrieden gibt, den er ihr bietet.

So ein Dreieck ist eine »runde« Sache, kommt aber nur äußerst selten vor. Im Alltag finden sich kaum ausgeglichene »gleichseitige« Dreiecke. Vermutlich deshalb, weil die meisten Menschen aufgrund irrationaler Besitzansprüche ihren realen Vorteil oft aus den Augen verlieren.

*Abb. 1*

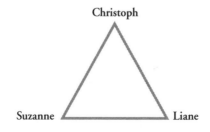

# Das gleichschenkelige Liebesdreieck

Beim gleichschenkeligen Dreieck sind zwei Seiten und zwei Winkel gleich groß. Damit wird diese geometrische Figur zum Prototyp für Beziehungen, bei denen entweder einer auf Kosten der anderen beiden lebt oder zwei eine Zeche machen, für die der Dritte aufkommen muss. Je nachdem, wie spitz oder stumpf die Winkelperspektive ist, den die gleichen Schenkel einschließen.

**Perspektive.** Ist die Perspektive eingeengt (spitzer Winkel), kommt einer im Dreieck zu kurz. Das ist zum Beispiel bei Günther und Doris der Fall. Er vergnügt sich rücksichtslos mit seiner Geliebten Sonja. Die beiden überlassen die Verantwortung für die zwei Kinder, den Alltag und die längst renovierungsbedürftige Wohnung ausschließlich Doris. Sie hat keinen Beruf erlernt, keinen eigenen Freundeskreis aufgebaut und ist wirtschaftlich von Günther total abhängig. Eine Scheidung würde sie finanziell und sozial ruinieren.

**Variationen.** Oder aber es handelt sich um ein Paar, das mit seinen theatralischen Inszenierungen erfolgreich einen Dritten in seine Auseinandersetzungen verstrickt: Mona will sich zum Beispiel an Gernot für sein Desinteresse an ihr rächen und nimmt sich einen Freund – Wilhelm. Sobald Mona ihr Ziel erreicht hat und Gernot sich wieder mehr um sie bemüht, ist ihr Wilhelm gleichgültig.

*Abb. 2*

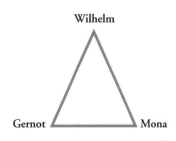

Wilhelm

Gernot    Mona

**Vorteil.** Umgekehrt unterstreicht ein stumpfer Winkel den Vorteil, der einer Person aus der Dreieckskonstellation zu Lasten der anderen beiden erwächst. Eine unter Psychologen gerne erzählte Geschichte, die so ein Dreiecksverhältnis beschreibt, handelt von einem Liebespaar, das an einem Fluss wohnt. Sie auf der einen, er auf der anderen Seite.

An diesem Fluss lebt auch ein Fährmann, der durch den Bau einer Brücke arbeitslos geworden ist. Eines Tages wird die Brücke vom Hochwasser weggeschwemmt. Damit die junge Frau ihren Geliebten auf der anderen Seite treffen kann, ist sie auf die Dienste des Fährmanns angewiesen. Der willigt zwar ein, verlangt als Lohn für die Überfahrt aber eine Nacht mit ihr. Aus Liebe zu ihrem Geliebten gibt sie sich dem Fährmann hin. Als der Geliebte von ihrem Handel erfährt, verlässt er sie.

Wer in dieser Geschichte einen Vorteil hat und wer dafür bezahlen muss, ist klar. Leider sind die Geschichten, die das reale Leben schreibt, nicht immer so transparent wie diese. Aber oft genug gibt es in einer Dreieckskonstellation einen, dessen Vorteil zu Lasten der beiden anderen geht.

*Abb. 3*

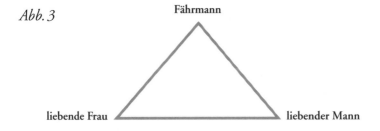

Fährmann

liebende Frau            liebender Mann

**Instabil.** Dass es noch viele andere, ungleichseitige Dreieckskonstellationen gibt, bei denen natürlich auch die Kosten-Nutzen-Rechnung unausgeglichen ist, wissen wir alle. Nachdem die Winkelsumme in einem Dreieck 180 Grad nicht überschreiten kann, gibt es in Dreiecksbeziehungen zumindest immer einen, der für den Vorteil der anderen »bezahlt«. Kein

19

Wunder also, dass jedes Liebesdreieck zwangsläufig auch mit Neid, Eifersucht, Missgunst und Rivalität verbunden ist.

- 52,9% reagieren in einer Dreieckssituation mit extremer Eifersucht. 47,1% empfinden sich als »eher« eifersüchtig.
- Bis auf wenige Ausnahmen (unter 5%) sind Dreiecksbeziehungen in dem Sinne instabil, als immer einer draufzahlt. Da 66,4% der Dreieckskonstellationen mit einer Scheidung enden, ist also in zwei Drittel der Fälle der betrogene Partner der Verlierer.

**Dynamik.** Sozialpsychologische Experimente machen die zerstörerische Dynamik des Gewinnens und Verlierens von Dreieckskonstellationen sichtbar: Einer hat immer das »Bummerl«. Die Versuchsordnung sieht vor, dass einer Gruppe von drei Menschen ein attraktiver Geldbetrag in Aussicht gestellt wird. Allerdings wird das Geld nur unter den beiden Personen aufgeteilt, die sich in einer vorgegebenen Zeit auf ein bestimmtes Teilungsverhältnis (zum Beispiel 60:40, 20:80 oder 50:50) einigen. Aufgabe jedes/r Teilnehmers/in ist es, in der Gruppe einen Partner zu finden, der bereit ist, den Betrag mit ihm/ihr zu teilen. Gewinner ist derjenige, der sich in der Gruppe so in Szene setzt, dass er für einen der beiden anderen Teilnehmer/innen attraktiver ist als sein/e potenzielle/r Rivale/in.

Um jemanden auf die eigene Seite zu ziehen, sind sämtliche Verführungstricks erlaubt. Wenn zwei Mitspieler drauf und dran sind, sich auf ein Teilungsverhältnis von sagen wir 50:50 zu einigen, kann der Dritte mit einem Angebot von 40:60 zu seinem Ungunsten die drohende Einigung verhindern. Schließlich sind 40 % vom Gewinn immer noch besser als leer auszugehen.

**Verführungsfähigkeit.** Die Entscheidung, wer mit wem teilt, ist nie eine rein kognitive. In der Regel einigen sich die Personen, bei denen die »Chemie« stimmt.

Wenn dieses Experiment mit denselben 30 Teilnehmern in unterschiedlichen Dreierkonstellationen wiederholt wird, kristallisieren sich »Gewinner« und »Verlierer« heraus. Unabhängig von den Teilnehmern in den Dreiergruppen, gehen die »Verlierer« signifikant häufiger leer aus. Ob jemand im Dreieck gewinnt oder verliert, hängt neben seiner Attraktivität vor allem von seiner Verführungsfähigkeit und seiner Rivalitätsbereitschaft ab. Sympathieträger sind im Vorteil, aggressionsgehemmte Menschen sind im Nachteil und müssen sich mit Schattenpositionen abfinden.

## Licht und Schatten

Eine überschattete Liebe hat viele Gesichter. Zum Beispiel lieben zwei Alleinstehende einander, ohne zusammen zu finden. Die Liebe von Romeo und Julia war nicht von einem Dritten überschattet, sondern von der Feindschaft ihrer Herkunftsfamilien.

Wir beschreiben mit dem Ausdruck »Schattenliebe« Beziehungsverstrickungen, die sich meist in einem Dreieck abspielen – zwei sind ein Paar, einer fühlt sich ausgeschlossen.

**Beziehungsmotive.** Möglich ist auch, dass sich einer nicht für eine Lebensform entscheiden kann und dadurch den anderen in eine Schattenposition drängt. Das ist zum Beispiel dann der Fall, wenn zwei Singles mit unterschiedlichen Beziehungswünschen aufeinander treffen: Einer will Liebe, der andere bloß Sex. Einer will heiraten, der andere bekennt sich nicht zu der Beziehung. Immer steht einer im Schatten. Diese Konstellation ist allerdings nicht die klassische Schattenliebe.

Die klassische Schattenliebe entsteht auf der Grundlage einer Dreiecks- (ein Paar, ein Single) oder Viereckskonstellation (zwei Paare). Einer oder auch zwei, je nachdem, müssen also fremdgehen. Ohne Seitensprung keine Schattenliebe im Dreieck.

**Schattendasein.** Als wir einem befreundeten Kernphysiker von der Geometrie der Schattenliebe erzählten, machte er uns auf eine physikalische Analogie aufmerksam: In der Physik gibt es Kern- und Halbschatten, wenn der Körper, der im Licht steht, kleiner ist als die Ausdehnung der Lichtquelle beziehungsweise wenn mehrere Lichtquellen vorhanden sind.

Korrespondierend zur Schattenliebe könnte das eine Vielfalt an Schattenexistenzen bedeuten:

- Einer der beiden Partner »überstrahlt« den anderen. Denken Sie zum Beispiel an einen charismatischen Mann mit einer grauen Maus an seiner Seite. Oder eine schillernde Frau mit einem farblosen Gefährten.
- Einer wird von mehreren Frauen beziehungsweise Männern »angestrahlt«, also begehrt oder geliebt.
- In beiden Fällen gäbe es Schattenpartner, also Schattenfrauen und Schattenmänner.
- Einige der Schattenfrauen oder Schattenmänner sind in anderen Beziehungen vielleicht Hauptakteure.
- Und schließlich gibt es allseits Bewunderte, die gerade von dem Menschen übersehen werden, von dem sie sich Anerkennung am dringendsten wünschen würden.

Nahezu alle sozialen und psychischen Zustände und Einstellungen eines Schattenlebens spiegeln sich auch in den dichotomischen Wortbildern »Licht und Schatten«: Man ist verblendet, wird »hinters Licht geführt«, »sieht schwarz«, hat »dunkle Ahnungen«, ist »blind vor Verliebtheit« oder hat »trübe« Gedanken.

**Konstellationen.** Allein das Wort »Schattenliebe« weckt bestimmte Vorstellungen.

22

Da ist der geheime One-Night-Stand, bei dem zwei, die einander gar nicht oder vielleicht sogar gut kennen, nur ein einziges Mal miteinander schlafen und sich danach zumindest emotional völlig von einander lösen. Der Flirt, bei dem ein Pärchen miteinander spielt, bei dem gelockt und verführt, aber letztendlich nichts »Ernstes« daraus wird. Die heimliche Liebe, die zwei anderweitig verpflichtete Menschen mehr oder weniger lang miteinander verbindet. Die Schattenbeziehung, bei der ein Partner mit echtem oder vermeintlichem Handicap regelrecht »versteckt« wird. Da sind all die Schattenbeziehungen, die sich kurz- oder längerfristig durch spätere, kürzere und mehrere Eheschließungen aus einer biografisch neuen, zeitlichen Struktur ergeben.

Schließlich gibt es auch die Schattenliebe, die gar keine reale Erfüllung zum Ziel hat. Diese bizarre Form einer Schattenliebe, den One-Night-Stand und den heiteren, unverbindlichen Flirt vernachlässigten wir bei unseren Untersuchungen. Wir konzentrierten uns auf die »alltäglichen« Schattenbeziehungen, die in irgendeiner Form Komplikationen schaffen – entweder, weil der eine nur Spaß und der andere die ultimative Beziehung sucht, weil ein Entscheidungsdilemma entsteht oder weil einer der Partner die Rolle der »zweiten Geige« übernehmen muss.

## Warum in der Liebe nicht geteilt werden kann

Rein theoretisch wäre es möglich, dass aus einer Dreiecksbeziehung jeder der Beteiligten einen gleich großen Vorteil zieht. Praktisch ist das so gut wie nie der Fall. Ein diesbezüglicher Hinweis wird sogar von den Betroffenen als Zumutung erlebt, deren Beziehung nur mehr von Gewohnheit zusammengehalten wird. Jahrelang liegt das Spielzeug achtlos in der Ecke. Aber sobald es ein anderes Kind haben will, wird es schlagartig wieder interessant.

Jeder weiß, dass eine eingeschlafene Lebensgemeinschaft durch einen Dritten zumindest aus dem Dornröschenschlaf geweckt werden kann, solange die Partnerschaft gefährdet ist. Danach ist es fast immer so langweilig oder gleichgültig wie zuvor. Geht es hier wirklich um die reine Liebe zum Partner? Oder um die Verteidigung eigener Besitzansprüche, um Macht und Ohnmacht also? Auch wenn es ernüchternd klingt – genau darum geht es.

**Teilen.** Im Unbewussten hat der Partner immer auch die Bedeutung eines Reviers. Der Partner wird »geliebt«, das Revier »besessen«. Es wird gegenüber Eindringlingen mit »Klauen« und »Zähnen« verteidigt. In einer Dreiecksbeziehung dreht sich eben nicht nur alles um Liebe und Liebeskummer, sondern viel mehr noch um Besitz und den Anspruch, für den anderen das Wichtigste zu sein.

Würde tatsächlich Liebe ohne jeden Besitzanspruch im Vordergrund stehen, könnten sich drei Menschen ihr »Liebesleben« genauso lustvoll gestalten wie zwei. Eine Utopie, gewiss. Unvorstellbar, dass ein Mann mit seiner Frau und ihrem Geliebten am Sonntag einträchtig spazieren geht. Nicht die »Liebe« verlangt nach Ausschließlichkeit. Es ist unser narzisstischer Anspruch, für den anderen wichtiger zu sein als alle anderen.

Eine Mutter kann zwei Kinder gleich stark lieben. Ein Kind, das sich nicht so wichtig wie ein Geschwister fühlt, ist schwer gekränkt. Schon Kain erschlug Abel, weil er sich von Gott »Vater« weniger geliebt fühlte. Vielleicht ahnen Sie jetzt, dass in einer Schattenliebe oft auch das Phänomen der Geschwisterrivalität um die Gunst eines Elternteils steckt. Wer ist für den Geliebten wichtiger? Sie oder ich? Wer ist bei der Geliebten die Nummer eins? Er oder ich? Immer wird der/die Geliebte in die Rolle der Mutter oder des Vaters gedrängt, die/der entscheiden soll, welches »Kind« sie/er lieber hat. Solche Fragen haben nicht wirklich mit Liebe zu tun, sondern vorwiegend mit Macht und Ohnmacht. Liebe kann teilen, Besitz offensichtlich nicht.

**Eindringling.** Obwohl jeder von uns ursprünglich ein »Eindringling« war, der anderen ihren Besitz, ihr Revier, streitig machte – wir konnten ja nur deswegen überleben, weil andere bereit waren, ihre Ressourcen mit uns, den Neuankömmlingen, zu teilen – ist es im späteren Leben umgekehrt. Das Universum eines Kleinstkindes besteht aus ihm selbst und der Mutter, seiner ersten Ressourcenquelle, mit der es schon im Mutterleib eine symbiotische Einheit bildete. Die Beziehungsgeflechte mit Vater, Geschwistern, Großeltern, Verwandten, Freunden und Bekannten kommen erst später dazu. Jeder von ihnen ist vorerst nicht willkommen, sondern Bedrohung der Symbiose mit der Mutter. Sogar Säuglinge verteidigen bereits ihr Revier gegenüber Eindringlingen.

Schon aus einem Überlebensmodus verzichten Kinder nie freiwillig auf ihren »Vorteil«. Erst durch die Sozialisation wird ein Kind mit den Grenzen seiner Ansprüche konfrontiert. Idealerweise geschieht das in kleinen Dosen, sodass Beschränkungen von dem heranwachsenden Wesen verarbeitet werden können. »Einmal noch, bitte …« Irgendwann muss das letzte Mal auch wirklich das letzte Mal sein.

**Wiederholungszwang.** Traumatische Niederlagen führen dazu, dass ein Kind sich innerlich weigert, die Grenzen der Realität anzuerkennen – eine Verleugnung der Realität. Später neigt dieser Mensch dazu, die Situation wiederherzustellen, in denen er eine traumatische Niederlage erfahren hat. Dieses Mal soll sie erfolgreich beendet und die ursprüngliche Kränkung ungeschehen gemacht werden. Das Grundmotiv des Wiederholungszwanges ist für viele Schattenlieben charakteristisch. Leider gehört es auch zum Schicksal des Wiederholungszwangs, dass er auch den unglücklichen Ausgang der ursprünglichen Situation wiederholt.

**Ohnmacht.** Nur in den wenigsten Fällen ist eine Dreieckssituation ausschließlich durch den Partnerverlust so schmerzhaft. Was die Sache so unerträglich macht, ist das Gefühl der eigenen Ohnmacht. Dieses Ohnmachtsgefühl weist gnadenlos darauf hin, wer in der Dreieckskonstellation der Verlierer ist. So gesehen wird auch verständlich, warum dieses Ohnmachtsgefühl häufig Gewalttaten nach sich zieht. Unbewusst geht es um die Bestätigung der eigenen Macht und Überlegenheit durch die Unterwerfung des anderen. Es handelt sich dabei nicht um die Macht, den anderen für sich zu gewinnen, sondern um die Macht, durch seine Zerstörung auch das Glück des Rivalen zu zerstören. Nur so erklärt sich, warum ein Mensch, den man einmal geliebt hat, mit einem Mal zum Feind wird, der unter allen Umständen vernichtet werden muss: »Was ich nicht haben kann, soll ein anderer auch nicht haben.«

**Verzweiflung.** Schattenliebe ist ein häufiges Motiv für Mord und Selbstmord. Wenn eine erwachsene Lebensgemeinschaft von frühkindlichen Abhängigkeitswünschen beherrscht wird, können neben der Ohnmacht auch frühkindliche Verlustängste einen Verlassenen zu einer Verzweiflungstat treiben. Es kommt gar nicht auf die Qualität eines Liebesobjektes an, sondern auf seine bloße Anwesenheit und das damit verbundene Gefühl der Sicherheit.

So wie ein Kind den Ausfall einer Mutter emotional als Weltuntergang erlebt, hat auch der verlassene Partner oft das Gefühl, »ohne den anderen nicht mehr leben zu können«. Mit einem Mord, aber auch einem Selbstmord wird subjektiv das Gefühl des Verlassenwerdens verhindert. Ein toter Partner kann einen nicht mehr verlassen. Genauso wenig kann man verlassen werden, wenn es einen nicht mehr gibt.

Die narzisstische Kränkung, das Eingeständnis der eigenen Ohmacht, das Wissen, dass ein/e andere/r wichtiger ist als man selbst, sind daran schuld, dass Dreiecksbeziehungen so häufig im Sumpf der Verzweiflung untergehen.

Menschen, denen es im Laufe ihrer Entwicklung gelungen ist, ihre eigenen Macht- und Besitzansprüche zu relativieren, die gelernt haben, die unvermeidlichen Grenzen des Lebens selbst dort anzuerkennen, wo es am meisten schmerzt, werden interessanter Weise nicht nur mit der Untreue ihres Partners leichter fertig. Sie stehen auch in einer Dreieckskonstellation weniger oft auf der Seite der Verlierer.

## Die betrogene Frau

Im Allgemeinen wird die Geliebte eines verheirateten Mannes auf der Verliererseite gesehen. Sie gilt als »zweite Geige«. Aber auch die Ehefrau gerät durch die Geliebte in den Schatten einer Beziehung.

Unter diesem Gesichtspunkt sind in einer Dreieckskonstellation nahezu alle möglichen seelischen Notstände angesiedelt: Hoffnung und Ohnmacht, Enttäuschung und Kampfbereitschaft, Wut und Verlustangst. Seelenpein auf allen Seiten, vor allem auf der Seite des Betrogenen.

**Tod.** Die Liebeskummerforschung zeigt, dass die Trennung liebender Menschen auch eine Konfrontation mit dem Tod ist. Der Verlust eines geliebten Partners kann symbolisch auf der Mutter-Kind-Einheit ausgelegt werden. Da ein geliebter Mensch auch ein Identifikationsobjekt ist (»Ich bin wie du«, »Wir zwei sind eins«) kann ein Betrug, der mit einer Trennung verbunden ist, eine Ich-Verstümmelung, eine Ich-Katastrophe durch Identitätsverlust verursachen.

In einem Dreieck hat die betrogene Frau oft das Gefühl »Ich bin für meinen Mann gestorben«. Dieses Bewusstsein des eigenen Todes gibt dem Liebesschmerz eine besondere Dimension.

> *»Der Boden unter den Füssen war plötzlich weg, wenn da niemand mehr ist, der einen hält und streichelt, wenn man mit niemanden mehr zärtlich sein und offen reden kann, dann ist das mehr als eine Leere und mehr als eine Traurigkeit. Es ist Leblosigkeit durch Lieblosigkeit.«* (Claudia, 44)

**Selbstwertzweifel.** Nahezu jeder Mensch kennt die Intensität des Schmerzes einer bedrohten oder verlorenen Liebe, vermutlich auch Sie. Aber kaum jemandem ist bewusst, dass dieses Leid in seinem Kern auch ein narzisstischer Schmerz ist. Wir leben in einem Zeitalter des Narzissmus, in dem durch die Individualisierungsschraube ein Liebesideal entstand, durch das auch der totale Anspruch auf den geliebten Partner geschaffen wird. Narzisstischer Schmerz ist ein drohender oder realer Liebesverlust nicht nur wegen dieser totalen Anspruchshaltung. Der Partner spielt ja auch für das eigene Selbstwertgefühl und die Identität eine wesentliche Rolle. Von einem Liebespartner zugunsten einer anderen in den Schatten gestellt zu werden, irritiert das narzisstische Regulationssystem. Auch dann, wenn Liebe vielleicht gar nicht mehr im Spiel ist.

> *»Ich weiß meine Werte. Ich weiß, dass ich intelligent bin und nicht schlecht aussehe. Aber dann fragt man sich ja doch immer wieder: Warum will er mich dann nicht?«* (Rita, 39)

Jeder selbstunsichere Mensch, egal ob Mann oder Frau, dessen/deren PartnerIn vermeintliche oder tatsächliche Persönlichkeitsmängel ausgleichen soll, bezieht aus seiner Beziehung natürlich hohe narzisstische Zufuhr. Wenn sich der Gefährte abwendet, also die ihm zugedachte Funktion »versagt«, bricht das narzisstische Gleichgewicht regelrecht zusammen.

> *»Da glaubt man, das Leben geht nicht weiter, alles ist verloren. Das Selbstbewusstsein ist weg, ausgelöscht. Es gibt keine Zukunft, keine Existenz.«* (Sylvia, 45)

**Selbstmord.** In dieser Situation sind Selbstmordgedanken keine Seltenheit – ein Drittel der betrogenen Frauen denkt einmal daran. Der Gedanke an den Tod ist dann ein symbolischer Verzicht auf die eigene Identität zugunsten eines tröstlichen Zustandes der Harmonie und Sicherheit eines Durch-den-Tod-vereint-Seins.

Darüber hinaus ermöglicht der Selbstmordgedanke auch die Illusion einer gewahrten Selbstbestimmung: »Der Sprung von dieser Brücke macht dich frei.« (Schiller)

Tröstlich ist, dass trotz einer unveränderten Dreieckssituation der Wunsch zu sterben schon nach ein paar Wochen meist nicht mehr besteht. Vermutlich ist dann der tiefste Zustand der Hilflosigkeit, durch den die Zukunft grau in grau gesehen wird, überwunden.

> *»Ein halbes Jahr lang habe ich nur gelitten und geweint. Dann habe ich einerseits auch Wut auf dieses egoistische, junge Mädchen bekommen und mir gedacht, dass ich ihr meinen Mann nicht so kampflos und trauernd überlassen will. Ich habe mir gedacht, dass ich nichts unversucht lassen darf, meine Ehe zu retten. Und letztlich habe ich gewonnen.«* (Mira, 40)

> *»Der entscheidende Schritt zu einer Trennung ist von mir gekommen. Von ihm aus wäre diese Wischi-Waschi-Beziehung immer so weitergegangen. Er hat die Tendenz, vieles zu verdrängen. Er hat gar nicht kapiert, wie weh er mir tut mit dieser Geschichte und den ganzen gefühlsmäßigen und körperlichen Zurückweisungen und wie schlimm das war.«* (Karin, 46)

**Life-Event.** Nach der Life-Event-Forschung gehört der mit einer Dreieckssituation verbundene, drohende Verlust eines Partners zu der zweitgrößten, belastenden Lebensveränderung (Life-Events).

Auf der Liste der Life-Events steht zwar der Tod eines Partners an erster Stelle, aber dann folgen bereits alle jene Zustände, die aus der Sicht eines Betrogenen mit einer Dreieckssituation verbunden sind:

- Bedrohung der sexuellen Identität, wie zum Beispiel Trennungsversuche und Untreue des Partners,
- Vereinsamung,
- Ereignisse, die eine Veränderungen der Lebensgewohnheiten nach sich ziehen,
- Ereignisse, durch die eine »Ganzheit« aufgebrochen wird, zum Beispiel Abbruch der Beziehung zur Partnerin,
- Trennung,
- Enttäuschung, wie zum Beispiel die Untreue eines Partners.

**Bedrohung.** Letztendlich ist für den emotionalen Zustand einer betrogenen Frau die Beziehungsqualität zum Partner ausschlaggebend. Vielleicht ist die Entdeckung seiner Untreue keine Tragödie, weil die Betrogene selbst eine Betrügerin ist und jetzt mehr Freiraum für sich sieht. Vielleicht ist nach dem anfänglichen Schock und der Enttäuschung ein Arrangement gar nicht so schmerzlich, weil der Profit aus der Beziehung immer noch groß genug ist.

Umgekehrt löst das Wissen von der Geliebten des Partners bei etwa der Hälfte der betrogenen Frauen existenzielle Bedrohungsgefühle aus. Davon sind vor allem jene Frauen betroffen, die sich selbst als zutiefst wertlos empfinden. Sie identifizieren sich mit dem Partner, der ihrem Ideal sozialer, ökonomischer und intellektueller Anerkennung entspricht. Wenn Identifikation vor Identität geht, bedeutet das fast immer einen emotionalen Supergau. Erst recht, wenn außer der – vermeintlichen – Unterlegenheit eine tatsächliche, ökonomische besteht.

> *»Was soll ich denn ohne ihn? Ich bin nichts ohne meinen Mann. Es kann nicht weitergehen für mich ohne ihn. Das ist kein Leben. Diese Frau hat ihn nicht nur mir weg genommen, sie hat mich damit regelrecht vernichtet.«* (Anna-Maria, 50)

**Stressbewältigung.** Dass die Belastungen eines Treuebruchs massiven Stress bedeuten, steht außer Frage. Genauso sicher ist aber, dass diese Stresssituation nicht nur mit der Last der Bedrohung verbunden ist, sondern auch Bewältigungsimpulse (Coping) aktiviert.

Entscheidend für die Bewältigungsmöglichkeiten ist allerdings Ich-Stärke. Eine Ich-Schwäche, die auf massive, frühe Schädigungen und ungelöste Konflikte zurückgeht, führt oft zu unangemessenen Verhaltensweisen. Ich-Stärke kann die Belastung einer Dreieckssituation deutlich reduzieren und die Kraft zu klugem Abwarten, zur Konfliktbearbeitung und zur aktuellen Problembearbeitung geben.

> *»Unsere Voraussetzungen haben einfach immer noch gepasst. Von unseren Interessen, unseren Veranlagungen, Ansichten, Niveau, Ausbildung, was auch immer man will, haben wir immer noch optimal zusammengepasst. Darauf habe ich gesetzt und gebaut.«* (Carolin, 41)

Nach unseren Untersuchungen nimmt der Bewältigungsversuch einer betrogenen, seelisch stabilen Frau ungefähr folgenden Verlauf:

**Einschätzungsphase.** Michaela erfährt, dass ihr Mann Paul eine Geliebte hat. Vielleicht wird sie vorübergehend mit Hilfe von Verleugnen und Verdrängen dieser Wahrheit ihren Seelenschmerz reduzieren wollen. Aber dann wird es für Michaela bedeutsam sein, ob sie für diesen Fall bereits Bewältigungskompetenzen erworben hat.

In einer »Einschätzungsphase« wird Michaela prüfen, inwieweit der Verlust von Paul für sie eine Bedrohung darstellt und ob Möglichkeiten bestehen, damit fertig zu werden. In dieser Phase wird Michaela starke Emotionen, etwa Angst und Kummer, ertragen müssen. Sie wird auch zweifeln, ob sie es schaffen wird, Paul doch wieder zu gewinnen. Falls Michala unter Ängsten leidet oder zu Abhängigkeit neigt, wird sie ihre Bewältigungsmöglichkeiten gering einschätzen. Wenn sie seelisch stabil ist, wird sie davon ausgehen, dass sie die Krisensituation meistern kann.

Möglich ist aber, dass Michaela in dieser Phase feststellt: Eine Trennung von Paul ist ohnedies sinnvoll! Das bedeutet zwar neuerlichen Stress, gäbe der Situation allerdings eine andere Wende.

**Informationssuche.** Aber gehen wir davon aus, dass sich Michaela der Problematik einer Dreierkonstellation gewachsen fühlt und ihre Lage ändern will. Der nächste Schritt besteht dann in einer Informationssuche, durch die Michaela ihre Entscheidungsmöglichkeiten und -kompetenzen erhöhen kann. Zum Beispiel kann sie sich mit einem Freund ihres Mannes besprechen und sich von ihm die Situation schildern lassen. Sie kann sich mit einer Freundin beraten, aber auch eine Beratungsstelle aufsuchen und in diesem geschützten Raum ihre Situation und eventuelle Mitschuld reflektieren.

**Handeln.** Die nächste Maßnahme könnte darin bestehen, dass Michaela aktiv auf die »Stressoren« Einfluss nimmt. Vielleicht sucht sie die Geliebte von Paul auf und verbietet ihr, sich weiterhin in ihre Ehe einzumischen. Vielleicht unternimmt Michaela gar nichts, etwa nach der Devise »Wenn ich nichts tue, kann ich auch nichts falsch machen«. Oder sie wird nicht aktiv, weil sie ähnliche Situationen mit Paul schon öfter erlebt

hat und weiß, dass er nach einer Krise und einer Trennungs-
drohung ihrerseits seine Geliebte ohnedies aufgibt.

Falls Michaelas Bemühungen keinen Erfolg haben, beginnt
der Prozess des Einschätzens, Planens und Handelns immer
wieder aufs Neue. Es ist durchaus denkbar, dass Rückkoppe-
lungsschleifen, die sich oft und oft wiederholen, eines Tages
dazu führen, dass Michaela die Schattenbeziehung ihres Mannes gar nicht mehr als Stress erlebt. Vermutlich geht sie in eine
»innere Emigration« und ist unbewusst zu einem eigenen Seitensprung bereit, der für sie endgültig zum Absprung aus einer
schon länger erkalteten Ehe wird.


## Arrangements der Schattenliebe

Es ist nicht gleichgültig, ob man sich als fest gebundener
Mensch zu einem Seitensprung mit einem anderen, fest gebun-
denen Partner oder zu einem Alleinstehenden entschließt. Eine
Viererkonstellation (beide sind gebunden) bietet wenigstens zu
Beginn der außerehelichen Liebesbeziehung Sicherheit durch
Gleichgewicht.

**Schutz.** Dadurch, dass beide die gleiche Ausgangsposition
haben, ist sexuelle Abwechslung möglich, ohne die bestehende
Beziehung leichtfertig aufs Spiel zu setzen. Bei diesem Arrangement ist die Bindung des anderen nicht nur ein Hindernis
– wie für Alleinstehende, sondern auch ein gewisser Schutz.
Zumindest was die Diskretion betrifft. Solche Konstellationen
kippen nur dann, wenn sich das bestehende Gleichgewicht
ändert, weil einer der beiden plötzlich mehr will. Erst dann
kommt Dramatik ins Spiel der Schattenliebe.

*»Wir hatten feste Regelungen. Kein Aufsehen, kein Risiko,
unsere jeweiligen Ehen müssen immer Priorität haben. Da*

*waren wir uns einig und da gab es auch nie Schwierigkeiten. Ich würde sagen, das waren für uns beide sogar die Vorausset- zungen für unsere Geschichte.«* (Lukas, 46)

*»Am Anfang hat alles wunderbar geklappt. Aber dann hat sie plötzlich gesagt, sie will ihrem Mann alles gestehen und ich soll auch reinen Tisch machen. Sie wollte nicht mehr in dieser Heimlichkeit weitermachen, sondern eine Scheidung von ihrem Mann und eine feste Beziehung mit mir. Da habe ich leider Schluss machen müssen, weil das nicht mein Programm war.«* (Alfons, 34)

*»Ich bin mit seiner Ehe nicht fertig geworden. Immer nur daran denken, dass es eine Ehefrau gibt, auf die man Rück- sicht nehmen muss, das liegt mir nicht. Ich will diese Frau sein.«* (Olga, 29)

**Hindernis.** Alleinstehende wollen oft selbst eine feste Bezie- hung. Sie haben daher häufig nur wenig Respekt vor einer bestehenden Partnerschaft. Im Gegensatz zu den meisten Men- schen in einer festen Paarbeziehung, die zwar erotische Abwechslung suchen, aber ihre bestehende Beziehung nicht gefährden wollen, geht es für Singles um mehr: Wenn sie nicht mehr alleine leben wollen, sind sie zwangsläufig daran interes- siert, den von ihnen geliebten Menschen aus seiner bestehen- den Lebensgemeinschaft herauszubrechen. Nur wenn es gelingt, die bestehende Partnerschaft zu zerstören, haben sie eine Chance, mit dem endlich frei gewordenen Menschen selbst eine Beziehung einzugehen.
Schwierig und widersprüchlich ist die Situation, in der zum Beispiel eine Single-Frau in einen verheirateten Mann verliebt ist und ihn für sich haben will, vor allem deshalb, weil im archaischen Sinn der Geliebte verführt und die Rivalin »getö- tet« werden muss.

Wer einen anderen »umbringt«, wenn auch nur in seinen Träumen und mit seinen Wünschen, verstört mit diesem skrupellosen Vorgehen den umkämpften Partner – er ist ja dann gleichzeitig ein »trauernder Hinterbliebener«.

**Schuldkonflikt.** Das Verlassen eines oft langjährigen Weggefährten gleicht ja emotional seiner »Zerstörung«. Dementsprechend stark sind auch die Schuldgefühle und Widerstände desjenigen, der sich zu dem destruktiven Akt des Verlassens gedrängt fühlt.

> *»Seine Erwartungen und Hoffnungen waren mir einfach zuviel. Mein Mann ist ja ein guter Mann und auch ein guter Vater. Wenn ich das getan hätte, was er will, nämlich völlig egoistisch meinen Mann zu verlassen und damit sein Leben zu zerstören, hätte ich soviel Unglück auf mich geladen, dass ich nicht mehr in Frieden weiterleben hätte können.«* (Astrid, 35)

Schuld und Schattenliebe sind siamesische Zwillinge. Der Schuldkonflikt entsteht in dem Augenblick, in dem einer mehr will, wünscht, hofft als der andere. Von diesem Moment an hat eine Schattenliebe oft weniger mit Liebe als mit Aggression zu tun.

## Der doppelte Verrat: »Ausgerechnet du!«

Nicht nur Schuld und Schattenliebe sind oft eng aneinandergekoppelt, auch Aggression und Schattenliebe.

Die Forschungen über den Wert von Freundschaften laufen seit Jahren auf Hochtouren. Untersuchungen über vergiftende Freundschaften gibt es erst wenige. Aber jeder von uns kennt Geschichten von so genannten »Freunden«, die schamlos betrügen und kaltblütig verraten. Besonders schlimm ist der

»doppelte« Verrat – der Betrug des Partners mit der eigenen Freundin.

**Tabubruch.** Hinter dem Tabubruch, sich auf Sex mit einem Menschen einzulassen, der nach unserer geltenden Moral eigentlich unter das erweiterte Inzest-Tabu – »Kein Sex mit Verwandten bzw. Freunden« – fallen müsste, stecken oft verdrängte Aggressionen. Um der Freundschaft willen werden negative Emotionen – Neid, Missgunst, Eifersucht, Rivalität – oft und oft runter geschluckt oder verdrängt. Dann wird dort zugeschlagen, wo es am meisten weh tut, in der Liebe.

Abgesehen von dem unbewussten Aggressionsmotiv ist die Gefahr eines doppelten Verrates auch aus anderen Gründen ziemlich groß. Vielleicht waren Sie selbst schon in so einer verführerischen Situation. Da war ein Blick, der nur Ihnen allein galt. Eine spontane Berührung, die warme, elektrisierende Wellen durch Ihren Körper sandte.

> »Es war so etwas wie ein stummes Einverständnis. Das war mir schon irgendwie bewusst, dass das alles eigentlich nicht sein dürfte. Aber gleichzeitig habe ich eine magische, tiefe Verbindung zu dem Freund meiner Freundin gespürt.« (Marina, 35)

**Spiel.** Marina und Lilly sind Freundinnen, die schon seit Jahren durch dick und dünn miteinander gehen. Sie haben die gleiche Weltsicht und den gleichen Geschmack bei Männern. Gerade weil sie einander so ähnlich sind und sich auch ständig miteinander vergleichen, gewinnt eine durch die andere eine klarere Vorstellung der eigenen Identität.

Als Marina dem Gefährten von Lilly schöne Augen machte, ging es ihr anfänglich um die Frage »Sind wir gleich – oder bin ich besser?«. Dass sich zwischen ihr und ihm eine fast ein Jahr während Schattenbeziehung und damit ein anhaltender Verrat an der besten Freundin entwickeln würden, hatte sie wirklich nicht vor.

Dass Max an Marina und umgekehrt sie an ihm Gefallen fand, ist nicht verwunderlich – sie haben ja genau jene positiven Eigenschaften, die jeder schätzt.

Nicht nur, dass die/der FreundIn die bestehende Partnerschaft zerstört, »zerstört« sie auch die freundschaftliche Beziehung.

> *Wir waren wirklich eng miteinander befreundet. Aus jedem Urlaub habe ich sie angerufen. Es gab kein Geburtstagsfest ohne sie. Sie hat alles von mir gewusst und ich alles von ihr. Bis zu dem Moment, wo sie es auf meinen Mann abgesehen hat.*« (Monika, 44)

Jede dritte Frau und jeder vierte Mann erlebte schon einmal, dass ein Dritter in die Partnerschaft einbrechen wollte. Entweder geben das nur deshalb weniger Männer zu, weil sie diesbezüglich noch verletzlicher als Frauen sind und solche Wahrheiten verdrängen. Oder aber die Angst, in einem Revierkampf zu unterliegen, ist zu groß. Deswegen imponieren Frauen auch jene Männer, die diese Angst überwinden und damit signalisieren, dass ihnen die Frau wichtiger ist als das eigene »Überleben«.

## Seitensprung? Schattenliebe? Gar nichts? – Oder beides?

»Schattenliebe« suggeriert meist eine länger dauernde, unglückliche Liebesbeziehung. Das Klischee »verheirateter Mann und unglückliche Geliebte« ist allgegenwärtig. Aber wie gesagt, das Bild der Schattenliebe trifft auf mehrere Beziehungsmodelle zu. Genau genommen sollte man nur dann von einer Schattenliebe sprechen, wenn in einem Beziehungsdreieck einer dem anderen einen Platz an der Sonne ermöglicht, indem er mit seinen Ansprüchen zurücksteht, also buchstäblich im Schatten bleibt.

**Zeitpunkt.** Dreiecksbeziehungen ergeben sich in den meisten Fällen nach etwa fünf Jahren. Diese Zeit deckt sich erstaunlicher Weise mit der Dauer der Brutpflege. In der Anfangsphase sind Dreiecksbeziehungen noch sehr labil. Die meisten zerbrechen schon innerhalb der ersten sechs bis acht Monate. Aber je länger eine Dreiecksbeziehung dauert, umso mehr stabilisiert sie sich.

**Motive.** Die Hauptursachen für eine Dreiecksbeziehung sind:

- Das Nicht-mehr-Spüren des eigenen Partners – der/die Partner/In ruft keine emotionale Resonanz mehr hervor (immerhin ist das bei 62 % der Paare, die länger als 15 Jahre zusammen leben, der Fall). Auch die Sehnsucht, noch einmal (für rund ein Viertel der Paare wäre es überhaupt zum ersten Mal) den Zustand frischer Verliebtheit zu erleben, ist eine Ursache für die Schattenliebe.

*»Wenn ich heute so darüber nachdenke, dann frage ich mich natürlich, was das Faszinierende für mich war. Ich glaube, dass es gar nicht er als Person war. Ich wollte einfach wieder Schmetterlinge im Bauch spüren, so wie damals, als ich meinen Mann kennen gelernt habe.«* (Lara, 39)

- Zwei Drittel der befragten Frauen und Männer gaben an, dass ihr leidenschaftliches Begehren, was den Partner betrifft, im Laufe der Jahre nachgelassen hätte. Mehr als die Hälfte (56 %) erleben die einstige sexuelle Kür ihrer Beziehung nur mehr als Pflichtübung, die sie hinter sich bringen müssen.

*»Ich liebe meine Frau noch immer. Auch damals, als ich Geraldine kennen gelernt habe, habe ich sie geliebt, von ganzem Herzen sogar. Aber wir haben kaum noch miteinander geschlafen.*

*So als Alibi vielleicht alle zwei, drei Monate einmal. Das ist einem Mann einfach zu wenig, viel zu wenig.«* (Wolfgang, 50)

Wie sehr das biologische Moment das Treueverhalten bestimmt, zeigt der eindeutig gesicherte Zusammenhang zwischen dem Alter und der Bereitschaft zu einer außerehelichen Affäre. Während sie bei Frauen mit dem Alter geringer wird, nimmt sie bei Männern zu.

Unsere Untersuchungen zeigen, dass bei Männern die Wahrscheinlichkeit eines Seitensprunges ab dem 40. Lebensjahr sprunghaft ansteigt, während Frauen signifikant häufiger vor dem Erreichen der magischen 40er Grenze fremdgehen.

Bis zum magischen vierzigsten Geburtstag haben Frauen eine signifikant höhere Bereitschaft, also solange noch die unbewusste Möglichkeit besteht, mit einem anderen (genetisch vermutlich besseren) Partner ein Kind zu zeugen, sich auf einen neuen Partner einzulassen. Jenseits dieser Schallmauer kippt das Verhältnis zugunsten der Männer.

**Bereitschaft.** Das »goldene Zeitalter« der Untreue beginnt beim Mann also zu jenem Zeitpunkt, bei dem es bei der Frau langsam zu einem Ende kommt. Auch hier ist die genetische Prägung nicht zu übersehen. Was den Fortpflanzungserfolg seiner Gene betrifft, macht es ja für den Mann wesentlich mehr Sinn, sich mit einer jüngeren Frau zu paaren. Das ist die simple Erklärung, warum jüngere Frauen auf Männer wesentlich attraktiver wirken.

Es wird aber auch verständlich, warum das Alter des Mannes bei der Partnerwahl der Frau keine so große Rolle spielt, schließlich werden auch ältere Männer körperlich nicht attraktiver. Aber die »Reviere« reiferer Männer – Position, Geld, Macht, Einfluss, Ansehen – sind auch für junge Frauen oft attraktiver als die Reviere jüngerer, die sich im Lebenskampf erst bewähren müssen.

# Das ungleiche Dreieck

Marion und Fritz sind ein ungleiches Paar. Knapp 24 sie, 65 er. Die zierliche Marion wirkt neben dem schwerfälligen Fritz wie ein Mädchen. Fritz ist trunken vor Verliebtheit. Er bietet Marion alles, um sie als »Schattenfrau« zu halten. Seine Frau Gerda spürt, »dass es eine andere gibt«. Aber Gerda ist zwei Jahre älter als Fritz, 67. Was soll sie riskieren? Außerdem ist Fritz »nicht aufzuhalten«.

> *»Ich habe noch nichts Vergleichbares erlebt. Noch nie war es so wie diesmal. Es ist alles anders.«* (Fritz, 65)

Kann das wirklich sein? Beim Küssen berühren einander doch nur Lippen. Bei Zärtlichkeiten liegt wie immer Haut an Haut und im Liebesakt ergänzen sich Geschlechtsorgane. Dennoch ist alles anders.

**Aufwühlend.** Das Besondere des Erlebens rührt daher, dass es für den älteren Fritz vielleicht das letzte Mal ist. Bei einer vermutlich letzten Liebesbegegnung verdichten sich selbst banale Handlungen zu aufwühlenden Momenten.

Der letzte jugendliche Geliebte im Leben einer Frau, die letzte junge Liebespartnerin im Leben eines Mannes – das ist fast immer ein Akt der Überschreitung. Es geht dabei nicht vordergründig um glatte Haut, feste Muskel, pralle Brüste oder Potenz. Es geht um den Versuch, eine Welt der Jugend zurückzuerobern und der Endlichkeit zu trotzen.

> *»Ich war von Anfang an fasziniert von ihrer jugendlichen Ausstrahlung und ihrer Anziehungskraft. Meine Liebe zu ihr war mir den Bruch der Freundschaft mit fast allen Bekannten und Freunden wert. Leicht war das nicht. Vielleicht ist eine enge freundschaftliche Beziehung fast genauso wichtig wie so eine späte Liebe.«* (David, 56)

**Endlichkeit.** Bei vielen ungleichen Paaren – sie blutjung, er in der letzten Etappe seines Lebens oder – seltener – sie in den angeblich besten Jahren und er ein junger Springinsfeld – sind körperliche Reize zwar ein vordergründiges Thema. Aber in Wahrheit dreht sich dieses Liebeskarussel um die Sehnsucht nach Entgrenzung und um den Wunsch nach Befreiung. Da wird nicht primär Lust eingefordert, sondern Leben.

Bei den meisten Frauen und Männer bedeutet ein Geburtstag auch eine kleine Zeitrechnung. Die Frage »Wo stehe ich?« ist dabei unvermeidlich. Wenn bewusst wird, dass sich unser Leben ganz leicht in Wochen messen lässt, bekommt vieles eine andere Bedeutung.

4.200 Wochen sind uns im Durchschnitt gegeben, damit will man sich nicht so leicht abfinden. Noch ist Leidenschaft da – wer küsst mich? Noch spüre ich meine Kraft – wer lässt sich halten? Noch fühle ich Feuer – wen darf ich umarmen? In solchen Momenten kann die Liebe zu einem/r wesentlich jüngeren PartnerIn Therapeutikum und Giftspritze gleichermaßen sein. Therapeutikum, weil sich scheinbar eine Gelegenheit bietet, in die Jugend zurückzukehren. Giftspritze, weil das »vielleicht nie mehr« ja doch nicht wegzukriegen ist.

> *»Für mich hat sich ein völlig neues Leben ergeben. Ich habe mich wieder jung und stark gefühlt, wie nach einer magischen Verjüngungskur. Nur wenn sie mit Bürokollegen, die etwa in ihrem Alter waren, weg war, ist es mir schlecht gegangen. Da habe ich mir gedacht, dass ja doch nichts über die Beziehung zu meiner gleichaltrigen Frau geht. Aber dahinter war vor allem die Angst, dass sie zurückkommt und sagt: ›Du bist mir ja doch zu alt.‹«* (Karl, 54)

**Biologie.** Man kann darüber streiten, ob eine Beziehung, in der eine/r sehr jung und die/der andere alt ist, wirklich einen Teil der Jugend zurückbringt. Sicher ist, dass der

Zugang zum Leben nicht unbedingt in junger Haut bestehen muss.

Solange bei der Frau noch die Hoffnung besteht, mit einem
anderen (besseren) Partner, auch wenn er wesentlich älter ist
als sie, ein Kind zu zeugen, ist sie bereiter, sich auf ein außereheliches Verhältnis einzulassen. Biologische Motive wirken
aus dem Unbewussten. Kaum eine Frau nimmt sich bewusst
vor, mit einem Mann Sex zu haben, um von ihm schwanger zu
werden.

Umgekehrt wird ein Mann mit zunehmendem Alter seiner
Lebenspartnerin für eine jüngere »ansprechbarer« – die genetische Prägung ist eben nicht zu übersehen.

**Altersunterschied.** Sicher ist für die eine oder andere junge
Frau Geld ein Argument, sich mit einem wesentlich älteren
Mann etwas anzufangen. Aber viele tun es nicht trotz, sondern
wegen seines Alters. Oft erlaubt der große Altersunterschied
einer jungen Frau, sich ohne Gewissensbisse zu unterwerfen.

**Fügen.** Von jungen Frauen hören wir auch immer wieder: »Es
tut gut, sich beim Sex bewusst unterwerfen zu können.«
Vorausgesetzt, ein reifer Mann hat einen hohen sozialen Status, kann die Kombination »Alter – Erfahrung – Ansehen« für
junge Frauen die rational nachvollziehbare »Erlaubnis« sein,
sich sexuell zu fügen. Wenn es sein soll, eine Zeit lang sogar in
einer Schattenbeziehung.

**Welt.** Was ist schon für eine 20-Jährige ein 22-Jähriger, der Sex
mit ihr will! Sein Leben unterscheidet sich nicht viel von ihrem.
Vielleicht studiert er noch oder er arbeitet an seiner Karriere.
Vor ihm liegt dasselbe ungelebte Leben wie vor ihr. Aber der
Mann, der ihr Großvater sein könnte, lässt sie an einer Welt
teilhaben, zu der sie sonst keinen Zugang hätte. Sie trifft ihn
heimlich, ja. Aber sie will gar nicht mehr. Nicht jetzt, nicht mit
ihm. Natürlich ist er nicht so potent wie ein Junger. Aber mit
seiner Leidenschaft für ihre Jugend und Schönheit ermöglicht

er ihr ein völlig neues, erotisches Erleben: Sie kann sich symbolisch sexuell ausliefern und spürt gleichzeitig ihre vitale Macht über ihn.

*»Den besten Sex hatte ich als 20-jähriges Mädchen mit einem 69-jährigen Mann. Ich war schlank, sportlich und schön, er war verheiratet, übergewichtig und unsportlich. Trotzdem war er der einzige Mann, dem ich mich im Bett total unterworfen habe, ohne dass ich mich eine Sekunde lang machtlos gefühlt hätte. Wenn wir beide nicht so ein schlechtes Gewissen seiner Frau gegenüber gehabt hätten, wäre unsere Beziehung vielleicht noch jahrelang weiter gegangen.«* (Gertraud, 56)

## Das erste Liebesdreieck

Die Dreiecksbeziehung, die erwachsenen Liebenden oft soviel Schmerz oder zumindest Verwirrung bringt, ist die ursprünglichste aller Beziehungsformen.

**Eltern-Kind-Dreieck.** Menschen kommen nicht als fertige Produkte auf die Welt. Sie werden erst im Laufe ihrer psychosexuellen Entwicklung zu dem, was sie als Erwachsene charakterisiert. Das Verhalten eines Erwachsenen in einer Dreieckskonstellation hängt daher nicht nur von seiner genetischen Ausstattung (Konstitution) ab, sondern auch von den Prägungen im frühesten Beziehungsdreieck, dem Eltern-Kind-Dreieck, das viel zitierte ödipale Dreieck.

**Illusion.** Zumindest nach Ansicht der Psychoanalyse erlebt jedes Kind die Phase der ödipalen Liebe zu einem der beiden Elternteile und den Wunsch, mit diesem ein Bündnis gegen den anderen einzugehen (»Mama gehört nur mir«/»Ich heirate Papa«). In dieser Zeit ist sein Weltbild noch ein illusionäres, das hauptsächlich von seinen kindlichen Wünschen bestimmt wird.

Wenn im psychoanalytischen Jargon vom »Untergang der ödipalen Dreiecksbeziehung« zwischen dem fünften und sechsten Lebensjahr die Rede ist, heißt das, dass ein Kind jetzt zu einer realitätsgerechten Sichtweise gelangt. (»Mama gehört Papa. Aber wenn ich groß bin, werde ich wie Mama.« »Papa gehört Mama, aber ich werde ein Mann wie er.«)

**Ausgeschlossen.** Das Anerkennen der Realität und der Grenzen, die seiner illusionären Wunschwelt gesetzt werden, sind für das Kind allerdings ein gewaltiges »Kastrationserlebnis«. Es muss akzeptieren, dass es im ödipalen Dreieck nicht dieselbe Rolle einnimmt wie die Eltern. Am deutlichsten wird das in der Sexualität. Im Normalfall ist das Kind von der sexuellen Beziehung zwischen den Eltern ausgeschlossen. Vater und Mutter teilen das Bett, das Kind muss »draußen« bleiben.

**Paradies.** Sobald ein Kind erkennt, dass es seine genitalen Wünsche nicht in der Beziehung zu den Eltern verwirklichen kann, ist es – so wie schon vor ihm die ersten Menschen Adam und Eva – gezwungen, das elterliche Paradies zu verlassen. Wie im Märchen müssen die kleinen Helden den Gang in die Selbstverantwortung antreten und ihr Glück in der »Fremde« (außerhalb der Familie) suchen. Die Herausforderungen und Gefahren, denen ein Kind auf seiner Wanderschaft durchs Leben begegnet, muss es von nun an alleine meistern, ohne Unterstützung der Eltern.

Der Lohn für die Einsicht, dass Mutter und Vater auch Frau und Mann sind und für den Verzicht auf die Kinderrolle, sind die Freiheit und Unabhängigkeit von der Bevormundung durch die Eltern, mit denen es jetzt auf derselben Stufe steht. Ein selbstverantwortlicher Erwachsener braucht weder ein mütterliches Füllhorn, das sich über ihn ergießt, noch ist er auf den Schutz seines Vaters angewiesen.

**Kreislauf.** Das Schicksal des ersten Liebesdreiecks Vater-Mutter-Kind ist also sein Untergang. Sobald eine Frau und ein Mann real zu einem Liebespaar werden, sollte das ursprüngliche Beziehungsdreieck mit den Eltern keine Bedeutung mehr haben. Wenn man davon ausgeht, dass eine Liebesbeziehung auf Erweiterung angelegt ist, werden mit der Zweier-Beziehung die Voraussetzungen für ein neues Vater-Mutter-Kind-Dreieck geschaffen. Damit beginnt eine oft lebenslange Geschichte von Dreiergespannen. Das ödipale Dreieck zerfällt oder es wirkt im Hintergrund weiter. Das ursprüngliche Dreieck wird von einer Zweierbeziehung abgelöst, die wiederum die Voraussetzung für ein neues Vater-Mutter-Kind-Dreieck ist.

## Liebesgeschichten sind Mordgeschichten

Die Geschichte vom ödipalen »Liebesdreieck« handelt von glühender Leidenschaft und loderndem Hass. Wo sich drei im Namen der Liebe versammeln, ist immer einer zuviel. Liebesgeschichten sind oft genug auch Mordgeschichten, in der Phantasie und manchmal auch in der Wirklichkeit. Nicht ohne Grund ist die Eifersucht eines der häufigsten Mordmotive für Gewaltverbrechen. Kein Wunder, denn Liebe in unserem kulturellen Verständnis verlangt nach Ausschließlichkeit.
**Eifersucht.** Kinder unterscheiden sich diesbezüglich nicht von Erwachsenen. Im Gegenteil, sie können ihre eifersüchtigen Gefühle unerwünschten Rivalen gegenüber viel schlechter unterdrücken. Die Eifersucht hat, wie vieles andere auch, ihren Ursprung in der ödipalen Dreieckskonstellation. Auf Grund seiner ödipalen Liebeswünsche entwickelt ein Kind sogar dann Neid-, Hass- und Rivalitätsgefühle, wenn seine Eltern einfühlsam und verständnisvoll sind. Um wie viel stärker muss die

45

Eifersucht erst werden, wenn sich Eltern nicht nur als phantasierte, sondern durchaus als reale »Feinde« des Kindes entpuppen! Wenn die »natürliche« infantile Eifersucht durch provokante Erziehungsmaßnahmen zusätzlich geschürt wird, gelingt es nicht, diese feindselige Regung zu verarbeiten.

## Kurts Geschichte oder
## Wie man zum Othello wird

Kurt kann sich noch genau daran erinnern, wie ihn sein Vater nach einem verlorenen »Mensch-ärgere-dich-nicht-Spiel« – vor versammelter Familie – bloß stellte. Der damals Fünfjährige wäre vor der Mutter und den beiden Schwestern selbst gerne als strahlender Sieger dagestanden. Es war nicht die Niederlage alleine, sondern erst der Spott des übermächtigen Rivalen, durch den Kurt regelrecht ausrastete.

**Scham.** Malen Sie sich die Situation ungefähr so aus: Vor Wut schoss dem kleinen Kurt Blut in die Wangen, sein Gesicht verzerrte sich und er schrie seinen Vater voller Hass an. Ohne es verhindern zu können, stürzten gleichzeitig Tränen aus seinen Augen – ein verräterisches Zeichen seiner brennenden Scham in seinem Innersten. Und ein Signal, mit dem er der Welt offenbarte, wie klein und bloßgestellt er sich in diesem Augenblick fühlte.

Kurt konnte diesen Zustand nicht mehr länger ertragen. Unter dem Gelächter der anderen rannte er aus dem Zimmer. Im schützenden Dunkel des Vorzimmers holte ihn die zornige Stimme des Vaters ein: »Du kommst sofort zurück!«

Kurt wurde für sein freches, ungebührliches Verhalten vom Vater übers Knie gelegt, dann musste er zur Strafe auch noch in der Ecke stehen, um zu lernen, dass »man im Leben auch verlieren können muss«.

Kurts Erinnerung ist eine so genannte »Deckerinnerung«. Sie steht für viele ähnlich gelagerte Situationen, die für die Vater-Sohn-Beziehung bestimmend waren.

**Demütigung.** Kurt musste viele Niederlagen hinnehmen. Verlieren hat er aber noch immer nicht gelernt. Wie sollte er auch. Die harte Schule seines Vaters bewirkte bei ihm genau das Gegenteil: Seit dieser Zeit brennt Kurt darauf, die erlittene Demütigung ungeschehen zu machen. In der Liebe geht es ihm weniger um das Beziehungsglück als um die Bestätigung seiner Machtansprüche. Eine Frau hat für ihn die Rolle eines Schiedsrichters – sie soll ihm bescheinigen, dass er »der Sieger« ist.

**Verrat.** Kurt hat bei Frauen wenig Glück. Jede, die es mit ihm versuchte, warf früher oder später das Handtuch. Aber warum? Kurt begehrt Frauen, doch wegen seiner traumatischen Erlebnisse mit dem Vater hasst er sie auch als »miese Opportunistinnen«: Anstatt zu ihm zu halten, schlagen sie sich im entscheidenden Augenblick verräterisch auf die Seite seines Widersachers.

**Misstrauen.** Seit seiner Kindheit misstraut Kurt jeder Frau. Schon ein kleiner Anlass genügt, um Kurt in einen vor Eifersucht rasenden Othello zu verwandeln.

Ohne sich dessen bewusst zu sein, wiederholt Kurt in seinem erwachsenen Liebesleben stereotyp verletzende und beschämende Szenen aus seiner Kindheitsgeschichte. Die Rolle des gehassten, ihn lächerlich machenden, überlegenen väterlichen Rivalen hat er längst auf jene Männer übertragen, die bei Frauen erfolgreich sind und ihm problemlos die Partnerinnen ausspannen können. Für Kurt sind das »die Machos«.

**Übertragung.** Die inneren Bilder – Imagines – der Mutter und der Schwestern gingen im Laufe seines Lebens auf »die miesen Opportunistinnen«, also auf Frauen über, die neben kindlichen Tugenden von Männern auch ein wenig Selbstsicherheit,

Charme, Humor, Erotik und sexuelle Befriedigung erwarten. Vergangenheitsunglück wurde für Kurt zum Gegenwartsunglück.

Auch seine letzte Beziehung scheiterte aus diesem Grund. Kurt verfolgte seine Partnerin Miriam solange mit Misstrauen und Eifersucht, bis sie sich wirklich einen anderen fand. Ein halbes Jahr konnte sie ihr außereheliches Verhältnis vor Kurt geheim halten. Als er schließlich dahinter kam, drehte er völlig durch. **Gewalt.** Rasend vor Wut schlug er auf Miriam ein, bis seine Stimmung plötzlich kippte und er verzweifelt und haltlos schluchzte. Augenblicke später wollte er sich umbringen, überlegte es sich dann aber doch anders und drohte, Miriams Geliebten die Zähne einzuschlagen. Noch im selben Atemzug verlangte er von ihr, stante pede mit ihm ins Bett zu gehen. Als sie sich weigerte, bekam er Weinkrämpfe, wand sich am Boden, flehte Miriam an, bei ihm zu bleiben, um sie gleich danach als dreckige Hure zu beschimpfen und wutentbrannt aus der Wohnung zu stürmen.

Diese Eifersuchtsszenen wiederholten sich. Kurt sperrte Miriam in der Wohnung ein, trat sie mit Füßen und zwang sie, vor ihm die Beziehung mit dem anderen Mann telefonisch zu beenden.

**Terror.** Noch am selben Tag zog Miriam zu einer Freundin. In den Monaten bis zur Scheidung veranstaltete Kurt einen regelrechten Telefonterror. Er lauerte Miriam unerwartet auf und bedrängte sie teils mit Beteuerungen, teils mit Drohungen.

Die Art, wie Kurt um Miriam kämpfte, ist für solche Männer bezeichnend. Im Grunde steht bei ihnen nicht wirklich die Frau im Mittelpunkt. Es kommt ihnen darauf an, den gehassten Rivalen in die Knie zu zwingen. Eben weil Kurt in der Beziehung zu seinem Vater der Unterlegene war, will er heute einem anderen jene Schmach zuzufügen, die er als Junge erdulden musste. In der Männerhierarchie zählt die homosexuelle

Unterwerfung des Rivalen und wer der Stärkere ist, nicht die Liebe zur Frau. »Oben« ist der, der im »Besitz« der Frau ist. Der andere ist der Kastrierte.

## Liebe in Balance

Solange zwei Menschen einander lieben und körperlich begehren, ist die Zweier-Beziehung intakt und es spielt keine Rolle, ob eine dritte Person am Beziehungshorizont auftaucht oder nicht. Es wird immer attraktive Männer und junge, schöne Frauen geben. Die/der interessante »Andere« kann nur dann zum Dritten im Bunde werden, wenn Abnützungen und unerfüllte Bedürfnisse in der Stammpartnerschaft für ihre/seine Anziehungskraft anfällig machen – oder wenn eine Beziehung aus der Balance gerät. Dann verändert sich oder zerbricht das ursprüngliche Zweiergefüge und es kommt zu einem Dreieck.

**Symptom.** »Es ist ein Ausrutscher«, meinen die einen. »Es ist Betrug«, meinen die anderen. Schwierige Worte für schwierige Probleme. »Das hab ich nicht gewollt«, beteuern die Fremdgeher. Oder: »Mit unserer Beziehung hat es nichts zu tun.« Durch solche Behauptungen fühlt sich der Betrogene doppelt hintergangen: Die heimlichen SMS, die geflüsterten Telefonate, das schuldbewusste Heimkommen im Morgengrauen – all das soll nichts mit unserer Beziehung zu tun haben? Der Ausrutscher, Seitensprung oder die Schattenliebe hat etwas mit der bestehenden Beziehung zu tun. Der Vorfall ist so etwas Ähnliches wie der Hautausschlag für Masern: Ein Symptom für den Zustand der bestehenden Partnerschaft.

**Bedürfnisse.** Meist ist eine Beziehung ein kompliziertes Gefüge aus Bedürfnissen, Versagungen, Verdrängungen und Anpassungen. Da wird von beiden Seiten nach Kräften aufgehellt und geschönt. Lange Zeit ist ein Pärchen in seiner Welt recht zufrieden. Keinem fällt irgendetwas auf, große Probleme gibt es nicht. Dann passiert es. Ein Dritter taucht auf. Ein Blick, ein Gespräch, eine Berührung, und die Situation entgleitet der Kontrolle.

**Balance.** Niemand darf behaupten, dass eine Schattenbeziehung gar keinen Bezug zu der bestehenden Partnerschaft hat. Meistens ist eine der drei Ebenen aus der Balance geraten, die eine Partnerschaft im Gleichgewicht halten:

- Die Ebene zwischen Autonomie und Bindung,
- die Ebene zwischen Durchsetzung und Anpassung
- oder die Ebene zwischen Geben und Nehmen.

Wenn es ein Paar schafft, diese drei Ebenen immer wieder auszubalancieren, sind vermutlich beide so zufrieden, dass eine Schattenbeziehung keine echte Chance hat.

**Schieflage.** Üblicherweise bewegen wir uns auf diesen Ebenen der gegensätzlichen Bedürfnisse recht flexibel hin und her. Aber wehe, wenn es trotz der wechselnden Bedürfnisse auf einer der Ebenen zu einer »Schieflage« kommt! Wenn sich zum Beispiel beide nur auf einen Pol fixieren oder einer immer nur gibt oder einer nie Einfluss hat. Aus psychologischer Sicht können dann ganz leicht sexuelle »Ausrutscher« passieren, die nichts anderes als ein Versuch sind, die Schieflage wieder auszutarieren.

Michael versuchte mit einer Geliebten die Waage zwischen Durchsetzung und Anpassung zu finden.

> *»Sie gibt mir das Gefühl, wichtig zu sein. Obwohl ich zugeben muss, dass meine Frau viel attraktiver und glanzvoller ist als sie.«* (Michael, 44)

Liane will endlich, endlich auch in der Position einer glücklich Nehmenden sein.

*»Endlich bekomme ich etwas. Jahrelang war ich immer nur die Gebende. Bis Thomas aufgetaucht ist. Jetzt darf ich nehmen.«* (Liane, 40)

Und Simone tut es, um die Schieflage ihrer Beziehung auf der Ebene »Autonomie – Bindung« auszugleichen.

*»Ich war immer ein Teil von ihm. Wie sein Fuß oder seine Hand. Das war schon auch ein gutes Gefühl, zumindest am Anfang. Aber dann habe ich mich gefragt: Wo bin eigentlich ich geblieben?«* (Simone, 37)

Das gemeinsame Geheimnis einer heimlichen Liebe ist bei fast der Hälfte der Frauen (48,6%) die Möglichkeit, eine Autonomie zu stärken, die sie gefährdet glauben.


## Das Bedürfnis nach Geheimnissen

Heimliche Liebe. Verschwiegene Rendezvous. Gebrochene Tabus. Was für funkelnde Geschichten uns allen dazu einfallen. Man weiß gar nicht so recht, warum sie so funkeln.
**Faszination.** Weil die Phantasie Bilder erregender Leidenschaft zeichnet? Weil die Intensität gestohlener Küsse und leidenschaftlicher Umarmungen so spürbar ist? Oder weil das Geheimnis an sich so eine magische Anziehung hat?
Es ist von allem etwas. Einerseits brauchen wir für unsere psychische Balance ein bestimmtes Maß an Geheimnissen, um das Autonomiebedürfnis zu stabilisieren. Andererseits schafft das Wesen eines Geheimnisses besondere, emotionale und sexuelle Erlebnisqualitäten. Fredys und Leas Geschichte ist typisch für die umfassende Faszination des Geheimnisses.
Beide sind schon länger in einer festen Beziehung. Lea lebt

51

nach einer Scheidung seit fünf Jahren mit einem Mann zusammen. Fredy wohnt bereits 16 Jahre mit seiner Jugendfreundin in deren Elternhaus. Heiraten will sie ihn aus Erbgründen zwar nicht, aber ihre Lebensgemeinschaft empfinden beide wie eine Ehe.

**Verbundenheit.** Bei der Gleichenfeier eines Hauses, für das Fredy die Elektroinstallationen geplant hatte und Lea die zukünftige Hausverwaltung vertrat, springt der berühmte Funke über. Handy-Nummern werden ausgetauscht, SMS geschickt. Es kommt zu verschwiegenen Rendezvous.

> *»Schon zu einem Zeitpunkt, wo wir uns noch nicht einmal geküsst hatten, war da schon eine ganz starke Verbundenheit und Nähe zwischen uns.«* (Lea, 39)

Das Geheimhalten einer verbotenen Liebe schafft Solidarität und Bindung. Wie eine unsichtbare Mauer grenzt das geteilte Geheimnis zwei Liebende von der Außenwelt ab. Alles ist »top secret« und erzeugt einen eigenen Zauber, eine besondere Erlebnisqualität. Trotz der Schuldgefühle, die durch die Lügen entstehen, ohne die eine heimliche Liebe gar nicht gelebt werden könnte.

> *»Natürlich habe ich ein schlechtes Gewissen gehabt. Schließlich ist das ja etwas Verbotenes, auf was man sich da in aller Heimlichkeit einlässt. Aber bei unseren Treffen habe ich so etwas wie Triumphgefühle gespürt. Ich habe mich so lebendig und bereichert gefühlt wie schon lange nicht.«* (Fredy, 43)

> *»Wir haben uns heimlich auf Parkplätzen und in letztklassigen Lokalen getroffen. Trotzdem war ich wie berauscht von einem Gefühl der Freiheit.«* (Lea, 39)

Ein heimliches Liebesverhältnis erzeugt eine Form von Freiheit, durch die jene Autonomie wieder hergestellt wird, die zugunsten einer festen, sicheren Zweierbeziehung aufgegeben wurde.

**Terrain.** In langen, vertrauten Beziehungen erwartet einer vom anderen absolute Offenheit: »Sag mir, was du denkst … Lass mich in dich hineinschauen … Verbirg mir nichts … Hab keine Geheimnisse vor mir.« In der Phase des Verschmelzens ist der Wunsch nach grenzenloser Nähe so groß, dass oft zuviel Terrain preisgegeben wird. Man öffnet sich dem anderen und lässt ihn in die verborgensten Winkel seiner Seele schauen. Das ist schön und gefährlich zugleich.

**Autonomie.** Das Bedürfnis nach Einssein und Verschmelzung schließt nicht aus, dass nicht auch Bedürfnisse nach Abgrenzung und Autonomie vorhanden sind. Gleichzeitig nützt sich durch die intensive Nähe die Erotik ab. Die flirrende Sinnlichkeit des Neuen geht zumindest teilweise verloren und die ehemals ersehnte Sicherheit wird als Verlust von Freiraum empfunden. Wenn jetzt die/der geheimnisvolle Dritte auftaucht, schlägt die Stunde einer heimlichen Affäre. Plötzlich spürt man sich wieder in seiner Individualität und mit all seiner Sinnlichkeit – Liebe als Lehrstück der Autonomie.

**Lebendig.** Kein Wunder, dass Lea und Fredy anfänglich von ihren geheimen Rendezvous so lebendig und bereichert nach Hause kamen. Was für ein Lebensgefühl! Was für leidenschaftliche Küsse, Umarmungen, Seufzer und Worte!

Ein trügerisches Glück: Nur ganz selten existiert eine heimliche Liebe Jahre oder gar Jahrzehnte neben der Stammbeziehung. Im »Normalfall« hält der Reiz des Verbotenen dem Frust der Heimlichtuerei nicht stand.

Aus Angst vor Entdeckung gibt es zu wenig Gemeinsamkeiten außerhalb des Bettes, der Kontakt zu Freunden fehlt, Schuldgefühle setzen dem sexuellen Erleben zu. Die Affäre zerbricht am Verrat, die vermutlich schon vorher angeknackste feste Beziehung zerbricht an der Affäre.

Die heimliche Liebe ist oft nur eine begrenzte Erregungsspenderin und Emotionskulisse, die den Selbstwert, die Identität oder sogar eine angeknackste Beziehung stabilisieren soll.

## Vom Geben und Nehmen

Thomas kann von Anna alles haben, alles. Mehr kann eine Frau einem Mann nicht geben. Anna ist fürsorglich, aufopfernd und selbstlos. Warum ist Thomas nicht total glücklich mit ihr? Warum hat er seit kurzem eine Geliebte? Weil Anna diese gewährende Haltung auch beim Sex hat.

**Mütterlich.** Schon seit Jahren kommen von ihr keine sexuellen Signale. Anfangs schaffte es Anna mit Ach und Krach, Thomas spüren zu lassen, dass sie ihn auch als Liebhaber schätzt. Jetzt begegnet sie ihrem Man nur noch mit mütterlicher Fürsorge. Thomas fühlt sich zwar geliebt, aber eher wie ein gehätscheltes, verwöhntes Kind. Wenn er mit Anna Sex hat, stimmt es für ihn nicht. »Sie gönnt es mir«, sagt er, »so wie eine Mutter ihrem Kind etwas gönnt, was nicht gleichzeitig ihre Sache ist.«

Was da zwischen Anna und Thomas läuft, ist problematisch: Wenn einer Verlangen hat und der andere immer nur gewährt, entsteht eine schiefe Optik. Das Begehren erscheint klein und billig, das Gewähren groß und edel. Dass sich Thomas mit Annas »Du-darfst«-Blick nicht wirklich wohl fühlt, ist verständlich.

Thomas' Unbehagen führte zu einer Schattenbeziehung. Es hätte aber auch anders kommen können.

**Unbehagen.** Thomas könnte ungerecht und lieblos werden. Indem er Anna abwertet, spürt er seine Abhängigkeit von ihrem Gewähren weniger stark.

Noch schlimmer: Thomas wird gegenüber der opfermütigen Anna sogar aggressiv. Mit seinem Hass bestraft er sie unbewusst für das ungute Gefühl, immer nur zu nehmen und zu nehmen, ohne seinerseits geben zu können.

Grundsätzlich haben die meisten Menschen das Bedürfnis, in einem ausgewogenen Austausch von Geben und Nehmen zu leben. Ich gebe, du nimmst, dann krieg ich wieder etwas zurück, das passt. Ist eine emotionale Balance nicht möglich, wird die Abhängigkeitsschraube immer enger. Die/der gebende PartnerIn setzt sich noch mehr ein, um den nörgelnden, verwöhnten Gefährten ja doch glücklich zu machen. Aber je mehr er gibt, desto schuldiger wird der andere, desto mehr wird die vermeintliche Sünde des Nehmens ohne Gegenleistung mit Kälte und Lieblosigkeit abgewehrt.

**Bestätigung.** Bei Thomas wurde es immer dringlicher, sich bei einer anderen Frau als Liebhaber zu bestätigen.

> *»Eines Tages ist Elisabeth aufgetaucht. Sie war unsere Computergrafikerin, mit der ich Produktgespräche geführt habe. Dabei ist es nicht geblieben. Aus den beruflichen Kontakten ist erst ein Flirt geworden, von dem ich geglaubt habe, ich habe alles im Griff. Dann hat mir Elisabeth deutlich gezeigt, dass sie mich erotisch findet. Das war's.«* (Thomas, 43)

Es passierte, was passieren musste. Schon nach der ersten Nacht stand für beide fest: Wir lassen nicht voneinander. Eine Scheidung kommt für Thomas nicht in Frage. Seine Frau würde zerbrechen. Außerdem ist sie ja so lieb zu ihm – wie eine Mutter zu einem Kind. So ist es auch.

**Nachsicht.** Thomas wird zuhause seiner Rolle als Kind treu bleiben, an die mütterliche Nachsicht seiner Anna appellieren und wie ein Kind um mehr sexuelle Freiheit betteln: »Lass mich das ausleben!« Womöglich wird er sein Ansinnen gar nicht als Zumutung empfinden, denn trotz all der weichgespülten Verhätschelung hat Thomas das Gefühl, dass Anna an ihm vorbeiliebt.

Nicht ganz zu Unrecht. Wenn eine Partnerschaft nicht übereinstimmend als Bruder-Schwester- oder Mutter- bzw. Vater-Kind-Beziehung deklariert ist – der eine gibt nur, der andere nimmt nur –, stimmt zumindest für einen die sexuelle Balance nicht.

## Wie Dreiecksbeziehungen entstehen

Über 90 % der Frauen und Männer halten theoretisch viel von Treue, aber zumindest jede fünfte Frau und jeder zweite Mann geht fremd. Frauen und Männer gleichermaßen werden für sexuelle Erregung durch optische Außenreize umso empfänglicher, je unbefriedigender die aktuelle Beziehung ist oder vielleicht sogar von Anfang an war. Der Mangel an Befriedigung erzeugt eine Sehnsucht, die oft mit Liebe gleichgesetzt wird. Damit kommen wir zu einem Untersuchungsergebnis, das ebenso unbequem wie unmissverständlich ist: In einer erfüllten Partnerschaft hat ein Dritter meist keine Chance.

**Impulskontrolle.** Sobald Bedürfnisse nach Bindung, Intimität, Lebendigkeit und Anerkennung oder Autonomie zu wenig oder überhaupt nicht gestillt werden, ist der Treuewunsch gefährdet. Eine Treueleistung zu erbringen, ist auch dann schwierig, wenn ein Mensch in seiner frühkindlichen Entwicklung übermäßigen Traumatisierungen ausgesetzt war und elementare Bedürfnisse nach Nähe, Bindung und Sicherheit nicht befriedigt wurden. Unter diesen Umständen bilden sich psychische Hemmmechanismen nur unzureichend aus und die Impulskontrolle ist herabgesetzt. Dass man dann später einer Versuchungssituation nur viel schwerer widerstehen kann, ist einleuchtend. Ein Mensch mit reduzierter Impulskontrolle lässt sich unbedachter auf eine Dreiecksbeziehung ein, weil er die Konsequenzen, die sich daraus ergeben können, von Anfang an nicht richtig einschätzt.

Menschen mit herabgesetzter Impulskontrolle geben auch schneller einer Versuchung nach, wenn sich in einer Partnerschaft Abnutzungserscheinungen zeigen. Haben sie noch dazu eine starke sexuelle Konstitution, ist einem Dritten Tür und Tor geöffnet.

**Frustrationstoleranz.** Faktum ist: Wir alle müssen im Laufe unserer Entwicklung Triebverzicht erlernen. Man kann nicht immer alles tun, wonach einem gerade zumute ist. Und man muss sich damit abfinden, dass man nicht alles und auch nicht immer dann, wenn man es will, bekommen kann.

Um diesen Verzicht zu leisten, muss ein Mensch seine Triebimpulse nach und nach unter Kontrolle bringen – man entwickelt eine »Frustrationstoleranz«. Ohne diese Fähigkeit ausreichend ausgebildet zu haben, taumelt ein triebstarker Mensch von einer Dreiecksbeziehung in die nächste.

In einer Krise ist diese Frustrationstoleranz oft herabgesetzt. Dreiecksbeziehungen entstehen daher gehäuft, wenn sich zum Beispiel eine Frau/ein Mann eigentlich auf einen neuen Abschnitt in der Persönlichkeitsentwicklung einstellen sollte – etwa in der Lebensmitte oder wenn existenzielle Veränderungen notwendig wären. Vor allem Männer verlieben sich dann manchmal in Frauen, die entweder viel zu jung, sozial unpassend oder sonst irgendwie problematisch sind.

**Kraft.** Jeder vierte Seitenspringer versucht, seine entleerte Beziehung durch eine Schattenliebe sexuell zu beleben und/oder durch psychologische »Schachzüge« zu stabilisieren. Oft soll die Schattenliebe die Machtbilanz einer Beziehung regulieren (»Ich habe nichts zu sagen, aber bin frei genug für eine Schattenliebe«). Möglich auch, dass man sich in einer allzu eng gewordenen Zweisamkeit »Luft« verschaffen wollte. Es ist dann einer Schattenfrau oder einem Schattenmann zu danken, wenn die emotional oder sexuell unerfüllte feste Beziehung dennoch dauerhaften Bestand hat. Die Kraft, die sich durch die Zuwendung oder Bestätigung der/des Geliebten rekrutiert, wird in die Ehe eingebracht, so dass die Bilanz wieder stimmt und Konsequenzen, wie zum Beispiel Scheidung oder Lebensänderungen, nicht notwendig werden.

**Machtkampf.** Möglich ist auch, dass eine Dreiecksbeziehung gar nicht so sehr aus Liebe, sondern aus einem Machtkampf heraus entsteht. Zum Beispiel wenn eine Frau einer anderen beweisen will, dass sie die stärkere ist, indem sie ihr den Partner »ausspannt«. Über den Zufall hinaus gibt es also viele bewusste und unbewusste Beweggründe, die Menschen motivieren, sich auf eine Schattenbeziehung einzulassen. Alleine die Tatsache, dass eine/r bereits jemand anderem gehört, kann bei vielen Frauen und Männern schon leidenschaftliches Begehren wecken.

Dass sich auch Frauen nach sexueller Abwechslung und intensiven erotischen Erlebnissen sehnen, zeigen unsere Studienergebnisse ebenso wie andere ähnliche Untersuchungen. Frauen werden besonders »anfällig«, wenn sie sich in ihrer Beziehung durch den Partner vernachlässigt fühlen. Ein schwarzer Stringtanga reizt eine Frau bei einem Mann nur wenig. Aber wenn er ihr die vermisste Zärtlichkeit und Zuwendung verspricht, findet auch sie sich unversehens in einer Schattenbeziehung wieder.


## Trieb und Passion

**Konstitution.** Das Ausmaß der konstitutionellen Triebstärke ist ein wesentlicher Indikator für Untreue. Menschen mit einem starken Sexualtrieb stehen unter einem wesentlich stärkeren drängenden sexuellen Druck. Jemand, der unter einem notorischen Hungergefühl leidet, wird auch öfter essen. Nicht anders ergeht es Sexgetriebenen. In ihren Beziehungen überlagert das sexuelle Interesse alles andere. Immerhin geben 11 % der Frauen und 15 % der befragten Männer ein gesteigertes Sexualverhalten an. Die meisten von ihnen haben außerhalb ihrer Partnerschaft zu mehreren Menschen sexuelle Kontakte.

*»Ich konnte an nichts anderes mehr denken. Ich war so unbefriedigt, dass es mir weh getan hat. Das war unwürdig, absolut kein Leben mehr.«* (Andreas, 37)

*»Wie machen das die Frauen, die nicht mit ihrem Mann schlafen? Ich brauche das. Ich kann nicht ohne Sex sein.«* (Karoline, 31)

Dass sich weniger sexaktive Menschen von dem gesteigerten sexuellen Verlangen ihrer Partner überfordert fühlen und zurückweisend reagieren, ist verständlich. Von da an ist es dann meist nur mehr ein kleiner Schritt bis zum Seitensprung oder einer Schattenliebe des ständig frustrierten Gefährten.

**Scham.** Auch Frauen und Männer mit abweichenden sexuellen Wünschen neigen zu einem promisken Lebensstil. Bei unseren Untersuchungen zeigte sich, dass Sadomasochisten ihre sexuelle Neigung fast nie in eine Lebensgemeinschaft integrieren. Sie ziehen es offenbar vor, ihre Leidenschaft im Geheimen, außerhalb ihrer Beziehung auszuleben.

Schuld daran sind nicht nur die Furcht vor der gesellschaftlichen Ächtung oder die mangelnde Bereitschaft des Partners, sich auf diese Spielart der Sexualität einzulassen. Die äußere Abspaltung entspricht meist auch einer inneren: Wenn die sadomasochistischen Vorstellungen eher grausam sind, werden sie im Erleben von anderen »normalen« Empfindungen abgespalten. Meist schämen sich Sadomasochisten für das, was sie denken oder mit Gleichgesinnten in einschlägigen Zirkeln tun. Im Alltag wollen sie nicht durch die Anwesenheit eines Partners daran erinnert werden.

**Sublimierung.** Sadomasochisten neigen nicht nur mehr zum Verdrängen, sondern auch mehr als andere Menschen zum Sublimieren. In irgendeiner Form tun wir das glücklicherweise alle, sonst gäbe es keine Kultur. Unter Sublimierung versteht man die Fähigkeit, kindliche, primitive, asoziale Triebziele zu kultivieren. Sie haben sicher schon beobachtet, dass ein kleines Kind mit unbefangener Lust einem Insekt die Flügel ausreißt oder in aller Unschuld mit den eigenen Exkrementen spielt. Dass es bei diesem, für ein Kleinkind durchaus befriedigenden Verhalten nicht bleiben darf, ist klar – es lernt, auf diese Impulse durch Sublimierung zu verzichten.

Der Vorgang der Sublimierung ist immer mit einem Verzicht auf die unmittelbare Triebbefriedigung und einer Verschiebung des Triebes auf eine höhere, sozialmoralisch erlaubte Stufe verbunden.

Am besten lässt sich der Sublimierungsvorgang bei infantilen homosexuellen Triebregungen nachvollziehen. Homosexuelle Beziehungen sind im Tierreich weit verbreitet. Menschen wandeln homosexuelle Impulse durch Sublimierung in freundschaftliche Gefühle um. Vom psychoanalytischen Standpunkt gesehen sind gleichgeschlechtliche Freundschaften sublimierte Homosexualität. Da in heterosexuellen Beziehungen nicht die Notwendigkeit besteht zu sublimieren, kommen »dicke« Freundschaften zwischen Frauen und Männern auch nur selten vor. Ein Thema, das der Film »Harry und Sally« auf witzige Art behandelt.

**Bindungsenergie.** Aber Homosexualität ist nicht die einzige Triebregung, die im Laufe des Sozialisationsprozesses in unserer Kultur sublimiert wird. Mit den meisten kindlichen Triebregungen – zum Beispiel den sadomasochistischen und exhibitionistischen – passiert dasselbe. Sadismus wandelt sich im Laufe der psychosexuellen Entwicklung zu Zärtlichkeit, Exhibitionismus ist ein Teil der Selbstpräsentation.

Je weniger Möglichkeit besteht, sexuelle Phantasien, die auf frühkindliche Triebregungen zurückgehen, unter anderem Sadismus, Masochismus, Exhibitionismus oder Voyeurismus, in einer heterosexuellen Beziehung auszuleben, umso eher wird die Partnerschaft zu einer stabilen Freundschaft mit hoher Bindungsenergie. Konservativ-religiös gefärbte Partnerschaften, bei denen die Sexualität nur eine untergeordnete Rolle spielt, bestechen oft durch ihre Stabilität.

## Der untreue Mann

Wenn Sie in Gesellschaft von 10 Männern sind, können Sie davon ausgehen, dass vier bis fünf Seitenspringer dabei sind. Es wäre aber zu einfach, sich darauf zu berufen, dass Männern die Untreue einfach im Blut läge und ihnen gar nichts anderes übrig bliebe als fremdzugehen. Es stimmt zwar, dass in der männlichen Natur das Prinzip verankert ist, die Gene an möglichst viele weiterzugeben. Aber es gibt keinen biologischen »Zwang«, der einen Mann unter allen Umständen in fremde Betten treibt. Es gibt allerdings Bedingungen, die bei Männern Seitensprünge und Schattenlieben extrem begünstigen.

**Fixierung.** Männer, die in ihrer psychosexuellen Entwicklung an eine frühkindliche Bezugsperson, meist die Mutter, fixiert geblieben sind, tun sich schwer, in einer Partnerschaft sinnliche und zärtliche Regungen zu vereinen.

Als Folge des Inzesttabus muss ja die Mutter vom Sohn im Zuge seines Reifungsprozesses »entsexualisiert« werden. Das bedeutet, dass er ihre sexuelle Seite in seinem Erleben von ihr abspalten und auf andere Frauen verschieben muss, die er aber in der Regel nicht liebt. Auf diese Weise entstehen das Bild von der Madonna und das Bild von der Hure.

In der Pubertät sollten diese beiden Frauenbilder dann wieder zu einem verdichtet werden. Eine Aufgabe, die aber nicht allen Männern gelingt. Wenn die ursprüngliche Spaltung aufrecht bleibt, ist es meist nur eine Frage der Zeit, bis die Partnerin mit dem unantastbaren Bild der Madonna identifiziert wird. Sie darf mit den »schmutzigen« sexuellen Wünschen ihres Mannes aber keinesfalls in Berührung kommen. Fazit: Er lebt diese in einer Schattenbeziehung mit einer Frau aus, die er zwar begehrt, aber nicht liebt – die klassische Hure-Madonna-Situation. Ob die Ehefrau, die auf das Piedestal einer Heiligen gestellt wurde, das überhaupt will, ist eine andere Frage.

Abgesehen von den intensiven Liebeserfahrungen des Anfangs, die einen Untreueimpuls meist außer Kraft setzen, kommen bei notorischen Seitenspringern – etwa 20 % der Männer – jene Gegenkräfte nicht zustande, die verhindern, dass aus einer Untreuephantasie Wirklichkeit wird.

Bei Männern, die exzessiv fremdgehen, ist die Hemmschwelle oft auch durch Alkohol herabgesetzt. 56,9 % der untreuen Männer, aber nur 28,4 % der Frauen »brauchen Alkohol für ihr Wohlbefinden«.

Bindungsunfähigen Männern geht es vorwiegend darum, möglichst viele Frauen »umzulegen«. Zu der eigenen Frau und erst recht zu den flüchtigen Schattenfrauen besteht eine innere Distanz. Mit der notorischen Untreue beweisen sich diese Männer ihre – aus der Sicht der Frau natürlich oft fragwürdige – Männlichkeit.

# Der Verlust der Lust

Das Nachlassen der erotischen Anziehungskraft mit zunehmender Dauer der Partnerschaft ist so allgegenwärtig, dass dafür als Hauptsache konstitutionelle (biologische) Faktoren anzunehmen sind. Bringen wir es auf einen einfachen Nenner:

**Selektionsvorteil.** Polygamie kann zwar zum persönlichen Drama werden, sichert aber eine optimale Vermischung der Gene. Die Vielfalt der Individuen ist ein unleugbares Plus für die Evolution. Wenn allerdings nur noch für »Nachschub« gesorgt wird, ohne diesen zu sozialisieren, wird der Selektionsvorteil zu einem Selektionsnachteil. Ein Beispiel sind die vernachlässigten Kinder, deren Erfolgschancen in der Gesellschaft deutlich geringer sind. Am besten hat sich ein »Treueverhalten auf Zeit« bewährt. Dabei bleiben Beziehungen solange stabil, als es für die »Brutpflege« notwendig ist.

Wie der Libidoverlust in einer Beziehung bewältigt wird und welche Bedeutung er für den Verlauf der Partnerschaft erlangt, hängt freilich nicht von biologischen Faktoren ab.

**Abwärtstrend.** Faktum ist allerdings, dass die sexuelle Triebkraft, das Verlangen, die Gier und das Begehren nach dem anderen nur im ersten Jahr einer Beziehung konstant hoch sind. Dann geht es – von wenigen Ausnahmen abgesehen – bei Frauen und Männern kontinuierlich bergab mit der Libido.

Bei Männern kommt es schneller zu einem Lustverlust als bei Frauen:

- Zwischen dem 6. und 9. Beziehungsjahr erreicht die erotische Anziehungskraft einer festen Partnerin einen Tiefpunkt, und zwar unabhängig vom Lebensalter des Mannes.
- Frauen verlieren das erotische Interesse am Partner später. Ab dem 10. Beziehungsjahr geht es aber auch mit ihrem Verlangen bergab. Zu diesen Zeitschwellen ist für Dauerpartner die »Anfälligkeit« für eine Schattenliebe besonders hoch.

Ein anderes auffallendes Ergebnis ist, dass sinnliche Frauen und Männer mit einem dadurch stärkeren Hang zur Untreue den jeweils gleichgeschlechtlichen Elternteil signifikant häufiger als den stärkeren Teil in Erinnerung haben. Männer mit einer ausgeprägten, männlichen Identität hatten einen ebenso starken Vater zum Vorbild, Frauen mit starken Müttern können eine selbstbewusste Weiblichkeit entwickeln.

Dagegen wirkt sich die Identifikation mit dem gegengeschlechtlichen Elternteil als Libidobremse aus.

- Mit anderen Worten: Männer mit einer starken Mutteridentifikation und Frauen, die sich innerlich nicht von ihrem Vater lösen konnten, verlieren in einer längeren Beziehung viel öfter und früher das erotische Interesse an ihren Partnern.

Es ist eben nicht leicht, sich aus dem Schatten der Eltern zu lösen. Ohne es zu ahnen, sind Mutter oder Vater oft die heimlichen Drahtzieher ihres erwachsenen »Kindes«.

## Wenn Vaters Anerkennung fehlt

Viele Väter wären erstaunt oder gar fassungslos, würden sie hören, dass sie indirekt am Schicksal ihrer Töchter als Schattenfrauen beteiligt sind.

Barbara wartet seit 12 Jahren darauf, dass Leonard sie heiratet. Aber er findet immer wieder Erklärungen, warum es letztlich doch nicht dazu kommt.

> *»Vor ein paar Jahren hat er mir versprochen, dass wir im Sommer den Hochzeitstermin endgültig festlegen. Der Juli ist vergangen und er hat kein Wort gesagt. Auch nicht im August. Im September habe ich ihm Vorwürfe gemacht. Darauf hat er allen Ernstes gesagt, dass das heuer doch gar kein richtiger Sommer war.«* (Barbara, 36)

Wenn eine Freundin sagt, dass Leonard nicht zu ihr steht, verteidigt Barbara ihn: »Ich spüre aber, dass er mich liebt.«

**Bestätigung.** Barbara ist eine Frau, die im Berufsleben respektiert und geschätzt wird. Aber von dem Mann, der sie liebt, bleibt diese volle Bestätigung aus. Wie ist das möglich?

Frauen wie Barbara haben meist schon als kleine Mädchen gelernt, dass sich der Vater eigentlich nicht zu ihnen bekennt. Wir hören von solchen Frauen immer wieder Sätze wie »Ich weiß, dass mein Vater mich tief im Herzen geliebt hat, er konnte nur nie dazu stehen«. Vielleicht musste er Sanktionen durchführen, zu denen ihn die Mutter nötigte: »Jetzt mach deiner Tochter endlich klar, dass es so nicht weitergeht.« Vielleicht kam er nie zu den Schüleraufführungen, bei denen sie mitmachte. So viele stolze Väter waren da, nur er nicht.

*»Als kleines Mädchen habe ich mich jahrelang danach gesehnt, dass mir mein Vater einmal vor anderen über die Haar streicht. Wenn andere dabei waren, habe ich immer seinen Blick gesucht. Aber er ist ausgewichen. Und wenn ich mich an ihn schmiegen wollte, hat er mich weggeschoben. Und alle haben es gesehen. Das war wie ein Verrat für mich.«* (Barbara, 36)

**Wiederholungszwang.** Eine Frau wie Barbara, die sich immer wieder in verheiratete Männer verliebt, wiederholt alte Kindheitsmuster: Unbewusst sucht sie Beziehungen, in denen der Mann – so wie früher der Vater – nicht zu ihr steht. Der Wiederholungszwang veranlasst sie dazu, eine Situation wie damals herzustellen, aber endlich ein positives Ende zu erleben.

## Schattenliebe mit Netz

Schattenlieben entwickeln sich oft auch deshalb, weil durch eine Rollenverschiebung ein Partner immer mehr in die Elternrolle gedrängt wird.

**Rollenverschiebung.** Seit Veronika mit Thomas verheiratet ist, hat er immer wieder Schattenlieben. Manchmal dauern sie ein paar Monate, die eine oder andere auch ein, zwei Jahre. Dann kommt Veronika dahinter, es gibt große Szenen und Veronika schwört sich: So geht es nicht weiter. Es kommt regelmäßig zu einer Trennung und Thomas gibt seine Schattenliebe auf.

**Freiheit.** Dann hat Thomas seine Freiheit. Jetzt könnte er die Frau, die sich mit einer heimlichen Liebe abfinden musste, jederzeit sehen. Aber was tut Thomas? Er sitzt Zuhause und weint seiner Frau nach.

> »›Ich brauche dich‹, jammerte er. ›Gib mir noch eine Chance. Es wird bestimmt nichts mehr geben.‹ Er ist in solchen Phasen absolut glaubwürdig. Ich bin doch nicht dumm, ich würde erkennen, wenn er nur so daherredet. Aber er meint es wirklich ernst, wenn er schwört ›Nie wieder‹.« (Veronika, 48)

**Ersatzmutter.** Eine Schattenliebe ist für viele Menschen nur mit der Gewissheit interessant, im Hintergrund eine »Ersatzmutter« zu haben. Veronika fühlt sich nicht als Ersatzmutter. Sie glaubt, dass sie großzügig sein und ihren Mann an der langen Leine durchs Leben führen müsse. Aber in Wirklichkeit geht es nicht um Großzügigkeit, sondern um eine nicht gelungene Ablösung von der Mutter.

Um das zweite Lebensjahr herum braucht ein Kind Geborgenheit und Sicherheit, damit es Experimentier- und Abenteuerlust entwickeln kann. Solange Mama in der Nähe ist, sind kleine Kinder gar nicht an ihr interessiert. Sie entwischen ihr, klettern dorthin und dahin und tun nicht, was die Mutter erwartet. Aber kaum ist Mama weg, laufen sie ihr weinend nach und klammern sich an ihren Rockzipfel.

Die Devise dieser Entwicklungsstufe heißt: »Lass mich gehen, aber sei da, wenn ich komme.« Bekommt ein Kind ausreichend Sicherheit, ohne gleichzeitig zu sehr eingeengt werden, schließt es diese Entwicklungsstufe ohne Störung ab. Die Mutter als Instanz der Sicherheit wird zur inneren Gewissheit und es wird möglich, die Abhängigkeit von ihr aufzulösen.

**Nachreifen.** Ein seelisch stabiler Erwachsener wird seine Experimentierlust und Neugier auf Ziele richten, die seine Beziehung nicht so extrem strapazieren und gefährden.

Aber leicht ist es nicht, in der Liebe Balance zu halten. Was die besten Absichten immer wieder zerstört, hat nicht nur individuelle, entwicklungsgeschichtliche, sondern auch evolutionsbiologische Gründe.

# Evolution und Schattenliebe

Das größte Geheimnis der Liebe ist, dass es kein Geheimnis mehr gibt. Psychoanalyse und Evolutionsbiologie haben den Mythos »Liebe« längst entzaubert. Der darwinistische Algorithmus »Vererbung«, »Variation« und »Selektion« ist auch für unser Liebesleben bestimmend. Das Gefühl der Liebe hat sich beim Menschen vermutlich bloß deshalb entwickelt, weil es sich evolutionär als Vorteil erwies: Liebes- und bindungsfähige Menschen haben sich im Laufe der Evolution stärker vermehrt. **Gehirnsysteme.** Nach dem heutigen wissenschaftlichen Stand dreht sich alles um die Arterhaltung. Evolutionsforscher meinen, dass Sex Spaß macht, um ihn öfter zu praktizieren und damit den Fortbestand der Spezies zu sichern. Die bewegenden Gefühle eines Liebespaares dienen ebenfalls der Arterhaltung: Zwei, die zusammenhalten, kommen selber besser durch. Außerdem ist die gemeinsame Aufzucht der Nachkommenschaft ein Überlebensfaktor.

Auch für das Mysterium der Liebe mit all ihren Bedürfnissen, Sehnsüchten, Glücks- und Ekstasenzuständen gibt es handfeste Erklärungen. Drei unterschiedliche, aber auch zusammenhängende Gehirnsysteme steuern drei Erlebensbereiche – Lust, Anziehung und Verbundenheit. Jedes Gehirnsystem erzeugt chemische Stoffe, die ein entsprechendes Verhalten bewirken.

- **Lust** ist in diesem Sinne als simples, sexuelles Verlangen zu deuten: Der Sexualtrieb motiviert dazu, sich mit irgendeinem Mitglied der eigenen Art sexuell zu vereinigen.

- **Anziehung** ist gesteigerte Aufmerksamkeit für einen bestimmten Menschen. In diesem leidenschaftlichen, romantischen Gefühl steckt die Paarungsenergie der Lust, aber auch das intensive Bedürfnis nach gefühlsmäßiger Vereinigung.
- **Verbundenheit** ist meist nicht die euphorische Verrücktheit der romantischen Liebe und auch nicht die pure Paarungsenergie, sondern innige Nähe und Fürsorge.

Die im Gehirn erzeugten chemischen Stoffe bewirken nicht nur ein bestimmtes Verhalten, sie beeinflussen einander auch gegenseitig. Wer weiß nicht aus eigener Erfahrung, dass aus einer ursprünglich lustorientierten Begegnung eine romantische, euphorische Liebe entstehen kann, die schließlich in erfüllende, kameradschaftliche Liebe mündet. Die neurale Chemie tiefer Verbundenheit kann das Sexerleben ziemlich dämpfen. Und der drängende Sexualtrieb wiederum kann die Verbundenheit mit einem vertrauten Menschen negativ beeinflussen.

- **Wandlung.** Abgesehen von dieser chemischen Steuerung ist das Phänomen Liebe auch von psychologischen und sozialen Bedingungen abhängig. Einerseits verdichten sich in ihr so tiefe Sehnsüchte, dass eine rein wissenschaftliche Annäherung unmöglich ist. Andererseits gibt es doch eine gesellschaftlich bedingte Wandlung des Liebesbegriffes. Der Schluss liegt nahe: Jede Gesellschaftsform und jeder Entwicklungsstand steht in einem wechselseitigen Verhältnis jener Gehirnsysteme, die für das Sexual- und Bindungsverhalten mitverantwortlich sind.

**Zeitreise.** Werfen wir einen Blick zurück. Was war »Liebe« für Oma? Für Urgroßvater? Für dessen Eltern? Vielleicht können Sie Ihren Stammbaum bis ins Mittelalter zurückverfolgen. Halten wir also hier unsere kleine Zeitreise an.

Der mittelalterliche Mensch begreift sich noch nicht als selbstverantwortliches Individuum. Er fühlt sich von Gott gelenkt und gewinnt seine Identität durch die Zugehörigkeit zu seinem Stand und seiner Schicht. Dieser Weltbezug charakterisiert auch die Liebe. Es gibt die »gemeine«, leicht stillbare und daher befristete Liebe und die »hohe«, unerfüllte, kontinuierliche und daher als »echt« empfundene Liebe. Ritter und Minnesänger lieben unerreichbare Frauen, die sie verehren und anhimmeln. Die Aussichtslosigkeit der Liebe macht die Identität des Ritters und Minnesängers aus. Sie unterscheidet ihn vom Nichtadeligen, der seine »fleischlichen« Triebe ungehindert befriedigen kann.

Nach dem Mittelalter sieht sich der Mensch nicht mehr als Teilchen eines Räderwerkes und in allem göttlicher Allmacht ausgeliefert. Er erkennt sich als eigenständiges, selbstverantwortliches Wesen – die boomende Portraitmalerei zeigt diese Individualisierung. Damit ist verbunden, dass Liebe nicht mehr durch die Schichtzugehörigkeit bestimmt wird, sondern durch eigenständige Gefühle.

**Geschlechtertypologie.** Im 18./19. Jahrhundert wird das konkrete Liebesverhalten durch die Geschlechtertypologie vorgegeben: Der Mann ist aktiv, die Frau passiv. »Er« ist für materielle Versorgung, Schutz und Führung zuständig. »Sie« ist sanft, dankbar und gefühlsbetont.

Knigges »Benimmbuch« schreibt vor, was »Liebe« zu sein hat, nämlich sittliches Verhalten, Achtung und Respekt für den Partner. Bei diesem Bemühen geht es nicht um Intimität und innigen Austausch, sondern um eine gemeinsame Bewältigung des Alltags. Es gibt die »trockene« Ehe und die »frivole« Außenbeziehung. Erst der Tod darf ein Paar trennen, das einmal »Ja« zu einander gesagt hat. Eigentlich müsste diese Epoche die Hochblüte der Schattenliebe gewesen sein.

**Respektgemeinschaft.** Die Arbeit des Mannes findet noch im

Haus statt, seine Frau und Kinder sind eine Arbeitsgemeinschaft. Erst mit der durch die Industrialisierung aufkommenden, außerhäuslichen Tätigkeit des Mannes werden Arbeitsgemeinschaft und Familienleben getrennt. Liebe wird mehr und mehr zum ausschließlichen Grund der Partnerwahl. Die kommunikationsarme Respektgemeinschaft wird zur kommunikationsbejahenden Partnerschaft. An der Wende zum 20. Jahrhundert heißt »Ich liebe dich« zwar immer noch »Ich werde meine geschlechtstypische Rolle erfüllen«, aber es schwingt zugleich ein »Ich will dir auch seelische und körperliche Zuwendung geben« mit. Trotzdem werden Konflikte nach wie vor beschwiegen und Scheidung ist nur eine ultima ratio.

Die 60er Jahre leiten endgültig eine Revolution der Liebe ein. Der sexuelle Aspekt der Liebe wird ebenso wichtig wie die offene Auseinandersetzung. Konfliktbereitschaft wird sogar als Zeichen der Intimität eines Paares gewertet. Die Frauen emanzipieren sich, ein Liebesversprechen gilt nicht mehr bis zum Tod, Beziehungen werden von Jahr zu Jahr kürzer. Heute haben 92 % der 30-Jährigen mehr Beziehungen hinter sich als die 60-Jährigen in ihrem ganzen Leben. Soziologen sprechen von »serieller Monogamie«. Man ist einem Partner treu, lässt sich scheiden, heiratet wieder und gründet eine neue Familie. In Großstädten wird bereits jede 1,7. Ehe geschieden.

**Idealismus.** Geheiratet wird allerdings nach wie vor mit großem Idealismus. Jedes Paar hofft und glaubt: »Wir werden einander ewig lieben.« Mit dem Gedanken »In vier Jahren trennen wir uns« heiratet keiner. Die mit Liebe und Hoffnung eingegangenen Beziehungen scheitern nicht nur durch ermüdete Lust, Mangel an Kompromissbereitschaft und Stress. Die Liebe zerbricht auch an dem neuen gesellschaftlichen Ideal, das einerseits Selbstverwirklichung proklamiert und andererseits Hingabe an ein »Du« verlangt.

Gibt es sie unter diesen Umständen überhaupt noch, die Liebe? Ja, es gibt sie. Obwohl jedes Kind weiß, dass – anders als bei der kameradschaftlichen Vernunftliebe der Vergangenheit – die romantische Liebe sehr zerbrechlich ist, hat gerade dieses Irrationale und Unbeständige Vorrang.

**Marionetten.** Die Unbeständigkeit des Herzens bedeutet nicht, dass wir die Liebe leicht nehmen. Im Gegenteil. Sie wird so wichtig genommen wie noch nie. Liebe wird idealisiert und als etwas Vollkommenes phantasiert. Was von Gott und Staat nicht mehr erwartet werden kann, wird vom Partner erhofft: »Gott nicht, Staat nicht, nur du!« Ist für die einen die romantische Liebe eine Ersatzreligion, reden sich die anderen darauf aus, Marionetten an einem DNA-Faden zu sein. Auch das stimmt nicht. Unser »neues« Gehirn hat so viele Informationen gespeichert, dass Liebe zwar nicht erzeugt, aber jene Alltags- und Verhaltensbedingungen geschaffen werden können, unter denen sie gedeihen kann.

Aber wie gesagt: Obwohl sich nahezu jeder Mensch grundsätzlich nach erfüllter Liebe und Treue sehnt, passieren Seitensprünge und konstelliert sich eine Schattenliebe. Egal ob die Ursache dafür eher im evolutionären, im biologischen Bereich, also im Gewöhnungseffekt, der so genannten »Habituation«, oder im psychologischen Bereich liegt – es passiert immer wieder ein »Liebesverrat«.

Emotionale Veränderungen dieses Kalibers machen sich natürlich im Alltag des Paares bemerkbar, vergleichbar mit Symptomen, die zwar nicht die Ursache einer Krankheit sind, aber dennoch anzeigen, dass Gefahr in Verzug ist.

# Im Mittelpunkt: Der Fortpflanzungserfolg

Folgen Sie uns auf eine kleine Expedition zum evolutionären Anfang der Liebe und Schattenliebe.

**Vermehrung.** Alles, was lebt, pflanzt sich fort. Die Fortpflanzung geschieht nicht unwillkürlich, sie unterliegt einer Selektion. Diese Genselektion treibt die Evolution voran. Noch bis vor kurzem betrachteten wir Menschen uns als Krone der Schöpfung. Die neue Evolutionsforschung belehrt uns eines Besseren: Wir sind nicht anders als Pflanzen und Tiere – »Überlebensvehikel« der Gene, die sich diese gebaut haben.

**Fortpflanzungserfolg.** Erfolgreiche Gene schufen erfolgreiche Überlebensvehikel und breiteten sich aus. Weniger erfolgreiche Gene verschwanden im Laufe der Jahrmilliarden von der Bühne der Evolution. Was im Leben also wirklich zählt, ist der Fortpflanzungserfolg, der wiederum von der Selektion abhängt. Das gilt in gleicher Weise für Bakterien, Insekten, Würmer, Pflanzen, höhere Säugetiere und natürlich auch für uns Menschen.

**Meme.** Mit unserem Selektionserfolg können wir recht zufrieden sein. Im Gegensatz zu den anderen Primaten ist es der menschlichen Spezies gelungen, spezielle Fähigkeiten auszubilden, die eine weitgehende Anpassung an praktisch jede Umgebung ermöglichen.

Anders als die übrigen höher entwickelten Säugetiere haben Menschen ein lern- und imitationsfähiges Gehirn. Über die geschlechtliche Vererbung werden Gene vererbt und verbreitet, von unserem Gehirn werden Meme kopiert. Ein Mem ist ein neuronales Muster im Gehirn, eine Gedankeneinheit, die von anderen Gehirnen kopiert wird, gleichzeitig aber auch selbst als Replikator (Vervielfältiger) wirkt. Einprägsame Melodien, zum Beispiel aus der Werbung, sind erfolgreiche Meme. Auch wenn ihr Inhalt oft geistlos ist, sind sie erfolgreich, weil sie von vielen Gehirnen kopiert werden. Sie sind aber auch deswegen erfolgreich, weil es ihnen gelingt, andere Werbebotschaften – ebenfalls Meme – in den Hintergrund zu drängen. Während die Vermehrung der Gene für die biologische Evolution verantwortlich ist, sind Meme Träger der kulturellen Entwicklung. Dem darwinistischen Algorithmus der Fortpflanzung und Selektion unterliegen die Meme genauso wie die Gene. Während die Fortpflanzung und Selektion der Meme über die Gehirne erfolgt, basiert die geschlechtliche auf der Vereinigung von Mann und Frau beim Koitus.

**Anziehung.** Was uns Menschen auf unserem Planeten wirklich einmalig macht, ist der Gegensatz von Kultur und Natur, der unser Wesen bestimmt. Wir sind weder reine rationale Kulturnatur noch irrationale, genetisch gesteuerte Triebnatur.

Das macht ein so simples Geschehen wie die sexuelle Anziehung und Vereinigung so ungeheuer kompliziert.

Erlauben wir uns ein kleines Gedankenspiel. Stellen Sie sich eine Gruppe von zwei Frauen und zwei Männern vor. Eigentlich müsste so ein Modell allen Beteiligten einen optimalen Fortpflanzungserfolg ermöglichen. Immerhin würden ihre Gene in der nächsten Generation fortleben. Alle Gruppenmitglieder hätten – unter der Bedingung, dass sie gleich viele Nachkommen hervorbringen – den gleichen Fortpflanzungserfolg. Grundsätzlich eine faire und gerechte Sache.

**Macht.** Trotzdem gibt es in der menschlichen Kulturgeschichte kein einziges Fortpflanzungsmodell, das so anständig und gerecht wäre. Im Gegenteil. In jeder frühen Hochkultur gab es an der Spitze einen Mann, einen totalitären Herrscher, der willkürlich und ohne Konsequenzen sogar Menschen töten lassen konnte. Seine uneingeschränkte Macht erlaubte ihm auch, sich jede beliebige Frau zu nehmen.

Bei unserem Gedankenspiel tauchen in diesem Zusammenhang einige logische Fragen auf: Warum begünstigt die Selektion Modelle, die heute aus unserer abendländischen Sicht verabscheuungswürdig sind?

Was wäre, wenn in unserer fiktiven Gruppe ein Mann dem anderen körperlich unterlegen ist? Warum eigentlich sollte ihm der Stärkere eine der beiden Frauen – und damit auch den Fortpflanzungserfolg – überlassen, wenn er doch selber beide haben könnte?

Aus der Perspektive der Genselektion macht das keinen Sinn. Wenn einer der Männer die Macht hat, beide Frauen für sich zu beanspruchen, wird er sie auch nützen und den Schwächeren am Fortpflanzungserfolg hindern. So ist es nun einmal.


## Warum Sex Spaß macht

Bleiben wir noch weiter bei unserem Bild der zwei Frauen und zwei Männer.

Das Gerangel, das in der Gruppe entstehen würde, ist gut vorstellbar. Aber warum ist es denn gar so wichtig, mit dem einen oder anderen Sex zu haben? Sind wir auf der Jagd nach einer sexuellen Vereinigung wirklich nur gengesteuert?

**Trick.** Jein. Die Natur ließ sich einen gewaltigen Trick einfallen, um nur ja die Fortpflanzung zu sichern: Erregung, Ekstase, Orgasmus, Lust mit einem Wort. Sex macht Spaß, weil das die beste und sicherste Methode ist, die Evolution in Gang zu halten. Bei Primaten wird die Empfängnisbereitschaft deutlich signalisiert. Zum Beispiel verfärben sich bei manchen Primaten Körperteile rosa, rot oder blau und die Brüste schwellen an, wenn die Weibchen einen Eisprung haben. Darauf reagieren die Männchen so, als würde eine Frau einen Mini, ein transparentes Top, Stöckelschuhe und Strapse tragen. Die bunt geschwollenen Weibchen können gar nicht schnell genug

76

schauen, werden sie von einem Testosteron überfluteten, sex-hungrigen Männchen befruchtet. Touché!

**Eisprung.** Der Eisprung der Frau passiert so unbemerkt, dass medizinische Details darüber überhaupt erst seit etwa 1930 existieren. Wissenschafter zerbrechen sich natürlich den Kopf, warum bei uns die optischen Signale eines Eisprunges und damit der Empfängnisbereitschaft verloren gingen.

Stellen wir uns doch einmal vor, wie es wäre, wenn Frauen sich an den fruchtbaren Tagen verfärben und die Männer darauf total verrückt reagieren würden. Wir sehen vor uns, wie es in einem Großraumbüro zuginge, in dem ein paar rot oder lila angelaufene Mädchen sitzen, um die die Männer wie von Sinnen herumscharwenzeln. Von Konzentration keine Rede mehr, alle hätten nur noch eins im Kopf: Sex! Sex! Sex!

**Chaos.** Die Frauen, die gerade nicht verfärbt und daher für die Männer nicht interessant sind, könnten immer nur an das Eine denken: Warum die und nicht ich? Chaos überall, die Arbeit stagniert, die Firma geht bankrott.

Für manche Evolutionsbiologen ist es daher logisch, dass sich der Eisprung und die Empfängnisbereitschaft der Frau im Sinne des Fortbestandes und der Weiterentwicklung der Gene im Verborgenen abspielen mussten. Andere wieder meinen, dass ein versteckter Eisprung die Beziehung zwischen einem Paar festigt, weil die Frau nicht nur für die kurze Zeitspanne der Fruchtbarkeit attraktiv ist – theoretisch könnte sie ja jederzeit einen Eisprung haben. Das anhaltende Interesse des Partners dient auch der Aufzucht des bereits vorhandenen Nachwuchses.

**Paarung.** Wie es wirklich war, wissen wir nicht. Wir wissen auch nicht, wie und warum es kam, dass wir Menschen unter allen in Gruppen lebenden Primaten offenbar die einzigen sind, die sich zum Geschlechtsverkehr zurückziehen. Die anderen treiben es ungeniert vor den Augen ihrer Gefährten. Stellen Sie sich das in unserem Alltag vor! Ihr Nachbar paart sich vor Ihrer Nase am Balkon mit seiner verfärbten Frau, die auch Sie ganz kirre macht. Ihre bessere Hälfte, gerade naturfarben, dreht angesichts Ihrer Stielaugen durch. Im öffentlichen Bad geht es mit rosa und rot angelaufenen Mädchen und entfesselt koitierenden Paaren drunter und drüber. Nicht auszudenken. Ist es da nicht einleuchtend, dass ein versteckter Eisprung und Geschlechtsverkehr ganz im Sinne eines sozialen Friedens und Fortkommens sind?

Wir sind die einzige Art, die ihr Sexualleben vor anderen Artgenossen verbirgt. Wir haben Sex, wenn die Frau schwanger oder in den Wechseljahren ist oder ihre unfruchtbare Phase hat. Andererseits signalisieren Frauen den Männern nicht ihre Fortpflanzungsfähigkeit durch Düfte, Farbveränderungen oder Laute, wie es die meisten Säugetiere tun.

Im dritten Jahrtausend der menschlichen Entwicklungsgeschichte betreiben wir Sex vorwiegend zum Vergnügen und nicht mehr ausschließlich zur Fortpflanzung.

Dieses Vergnügen, das ursprünglich von einem gar nicht wahrgenommenen Fortpflanzungsimpuls gesteuert wurde und wird, ist uns viel wert. Wir riskieren dafür Niederlagen, berufliches Ansehen, häuslichen Frieden und Familienglück.

**Kampfbereitschaft.** Im Fokus dieser Thematik steht die Bereitschaft zu kämpfen. Auch hier hat die Evolution ihre Hand im Spiel: Die Frage, welche Frau sich mit welchem Mann paart und noch dazu unter welchen Bedingungen, hat es buchstäblich »faustdick« hinter den Ohren.

*»Ein Jahr lang hat sie mir ohne Unterlass Chancen gegeben. Ich glaube schon, dass sie die Bereitschaft dazu gehabt hätte, sich auf diese Liebe zu mir ganz und gar einzulassen. Aber ich habe zu wenig um sie gekämpft. Erstens hat sie den Freund schon jahrelang gehabt. Zweitens war ich finanziell arg unter*

*Druck. Und drittens hat sie dem Freund nie gesagt, dass ich existiere.*« (Patrick, 38)

Wer mit wem tatsächlich die »Chance« zur Fortpflanzung bekommt, hängt nicht nur von der sexuellen Anziehung der Beteiligten, sondern auch von der »Kampfbereitschaft« ab. Sexuelles Begehren, Rivalität und Fortpflanzungserfolg sind bei allen höheren Säugetieren untrennbar miteinander verbunden. Dieses genetische Fortpflanzungsprogramm ist kein bewusstes Vorhaben, es läuft unbemerkt ab.

Rivalisiert wird sehr unterschiedlich: Aktiv, also mit offenem Visier. Oder passiv, durch scheinbare Unterwürfigkeit gegenüber dem/der RivalIn. Letztlich entscheiden der Mut und die Bereitschaft zu rivalisieren über die Rolle, die jemand in einem Liebesdreieck einnimmt.

**Macht.** Männliche Überlegenheit und Durchsetzungskraft sind unbestreitbar Liebeselixiere für Frauen. Es ist kein Zufall, dass Menschen, die im Schatten leben, oft weniger dominant sind. Aber wenn der offene Weg zur Machtausübung versperrt ist, werden eben subtilere Formen angewendet. Eine naheliegende Möglichkeit wäre, den Liebespartner unter Druck zu setzen oder ihn sogar regelrecht zu erpressen. Der Film »Eine gefährliche Affäre« führt den Irrsinn einer erpresserischen Leidenschaft dramatisch vor Augen. Dass mit dieser Art von Aggression und ohnmächtiger »Kampfeswut« nur das Gegenteil erreicht wird, ist nachzuvollziehen.

# Sebastians Geschichte oder
# Wenn Männer den Schwanz einziehen

Ein Liebesdreieck, wie es jeder kennt: Zwei Männer werben um eine Frau. Noch steht nicht fest, wer von den beiden das

Rennen machen wird. Aller Wahrscheinlichkeit nach wird der Mann die begehrte Frau bekommen, der zu mehr Einsatz bereit, kreativer, grundsätzlich fähig ist, überhaupt zu einem »Kampf« anzutreten und diesen dann auch konsequent durchzuhalten.

**Verlierer.** Selbstverständlich ist das nicht. Sebastians Geschichte zeigt, warum so viele Männer buchstäblich den Schwanz einziehen.

Sebastian begegnet schon seit längerer Zeit in der U-Bahn einer Frau, die er unbedingt näher kennen lernen will. Er weiß, wann sie die U-Bahn benützt und wohin sie fährt. Er beobachtet sie und träumt von ihr. Aber schon bei dem ersten Versuch, sie anzusprechen, schlägt sein Herz wie wild, sein Mund wird trocken, die Kehle ist wie zugeschnürt. Voll Panik senkt er seinen Blick und gibt auf.

Sebastians körperliche Reaktionen sind die Folgen eines gewaltigen Adrenalinstoßes. Um einen Organismus in einer lebensbedrohlichen Situation auf Kampf oder Flucht einzustellen und die notwendigen Energien dafür bereitzustellen, werden jede Menge Stresshormone ausgeschüttet.

Sebastian kämpft nicht, er flüchtet – archaische Überlebensstrategien, wie sie alle höheren Säugetiere praktizieren. Aber worin besteht die lebensbedrohliche Gefahr, vor der er die Flucht ergreift? Welchem gefährlichen Gegner müsste er sich stellen? Real ist doch weit und breit kein Rivale in Sicht, der ihm die Frau abspenstig machen würde. Also kann der Angst einflößende Gegner nur in seiner Fantasie existieren. Im Unbewussten, wo innere, imaginierte und äußere, beobachtbare Realität noch nicht getrennt sind, schreibt Sebastian der harmlosen Situation des Ansprechens eine lebensbedrohliche Bedeutung zu.

**Alpha-Männchen.** Sebastians Verhalten wird verständlich, wenn Sie an die Sozialisierung von Schimpansen denken:

Schimpansen sind unsere nächsten Verwandten. Sie leben in losen Gruppen mit strenger, sozialer Rangordnung. Bei ihnen ist die Paarung ausschließlich dem Alpha-Männchen, dem Rang höchsten Affen, vorbehalten. Bevor sich ein männliches Jungtier paaren kann, muss es zuerst den Alpha-Affen im Kampf besiegen. Dazu braucht es viel Mut. Wenn das Jungtier im Kampf unterliegt, wird es aus der Gruppe verjagt oder brutal getötet.

Unter diesem Aspekt ist Sebastians Haltung erklärbar. Menschen werden wie Affen in Gruppen sozialisiert. Innerhalb der menschlichen Primärgruppe, der Familie, ist das Alpha-Tier der »Vater« und das dominante Weibchen die »Mutter«. In der realen Welt geht es bloß um eine simple Kontaktaufnahme. In Sebastians Unbewusstem bedeutet die Werbung aber, dass er dem Alpha-Affen sein Revier streitig machen und ihn zu einem tödlichen Zweikampf herausfordern würde.

## »Der König ist tot, es lebe der König!«

**Furcht.** Wie alle Söhne machte auch Sebastian dem väterlichen Alpha-Tier seine privilegierte Position streitig. Aber als er die Machtverhältnisse in der Familie begriff, gab er aus Furcht vor der Rache des Vaters, einem einfachen Mann und unberechenbaren Choleriker, seinen Anspruch auf die Alpha-Position auf. Das heißt aber nicht, dass Sebastian auf seine rivalisierenden Wünsche verzichtet.

Im Unbewussten besteht die ursprüngliche Rivalität zwischen Sohn und Vater bis heute. Insgeheim wartet Sebastian noch immer auf den Augenblick, in dem er den »Alten« vom Thron stürzen und seine Position einnehmen wird. Aber sobald dieser Augenblick in der fantasierten Realität kommen könnte, macht sich die ursprüngliche Panik vor dem übermächtigen Gegner breit. Sebastian unterwirft sich so wie in der U-Bahn. **Macht.** Anders als bei Affen spielen sich die Machtkämpfe beim Menschen nur selten auf der körperlichen Ebene ab. Bei der »Überwindung« des Vaters handelt es sich um einen inner-psychischen Reifungsprozess. Der Heranwachsende anerkennt zuerst einmal die Überlegenheit des väterlichen »Alpha-Tie-res«, dann identifiziert er sich mit seinen hervorstechenden Eigenschaften – Stärke, Mut, Schläue, Imponiergehabe. Spä-ter kann der Betreffende diese Eigenschaften erfolgreich gegen Rivalen im Kampf um die gesellschaftlichen Ressourcen ein-setzen.

Bis die Machtfrage geklärt ist, bleiben die Rollen festgeschrie-ben: Der Sohn ist der Herausforderer, der Vater der Reviever-teidiger. Sobald ein »Vater« zu schwach ist, sein Revier erfolg-reich zu verteidigen, fällt es an denjenigen Sohn, der sich im Kampf um die Nachfolge nicht nur gegen ihn, den Älteren, sondern auch gegen die Rivalen der eigenen Generation erfolg-reich durchsetzen kann. Um zu verhindern, dass sich die Söhne bei blutigen Nachfolgekämpfen zerfleischen, wurde die Erb-folge beim Menschen gesetzlich festgelegt. In vielen Kulturen tritt bis heute noch der älteste Sohn die Nachfolge des Vaters an. Der König ist tot, es lebe der König.

Auch die Reviere wandelten sich im Laufe des menschlichen Zivilisationsprozesses. An den Revierkämpfen selbst hat sich wenig geändert, gleichgültig ob diese in den Wäldern und Savannen Afrikas oder in den Chefetagen von Industrieunter-nehmen ausgetragen werden. Damals wie heute geht es um die-selben Ziele: Nahrung und Fortpflanzungserfolg. Auch in der menschlichen Gesellschaft haben Alpha-Männchen mehr »Nahrung« – Macht, Geld, Sicherheit – und sind daher für Frauen als Paarungspartner wesentlich interessanter als devote Männchen.

# Zum Sieger geboren?

Wenn heute von Selbstbewusstsein und Durchsetzungsvermögen als positive menschliche Eigenschaften gesprochen werden, ist einem die aggressive, sogar tödliche Bedeutung dieser Eigenschaften oft nicht bewusst.

**Mut.** In keiner Gruppe wird einem Männchen die Alpha-Rolle kampflos zugestanden. Ein Mann, der sich in seiner Gruppe durchsetzt, kann dies nur auf Kosten seiner Rivalen tun, indem er sie geschickt ausbootet, einschüchtert oder unterwirft. Nur mutige, risikobereite Männer, die sich auch von einer möglichen Niederlage nicht abschrecken lassen, haben Chancen, in einer Gruppe die Alpha-Position zu erobern.

Wovon hängt es denn ab, ob jemand mutig seinen Mann stellt oder ängstlich verunsichert Revierkämpfen ausweicht, um sich dem jeweils stärkeren zu unterwerfen? Darüber entscheidet nicht nur unsere genetische Ausstattung. Genauso wichtig ist die psychosoziale Prägung durch die Dynamik in der Primärgruppe, also in der ersten Bezugswelt.

**Töten.** Sebastians Vater schüchterte den kleinen Sohn ein, aber er verstärkte gleichzeitig auch seine feindseligen Impulse ihm gegenüber. Je unerbittlicher und grausamer der Vater seine Macht gebrauchte, umso intensiver hasste ihn Sebastian. Wäre er als Kleinkind dazu in der Lage gewesen, hätte er seinen Vater genauso vertrieben oder getötet, wie es heranwachsende Jungaffen mit einem alternden Alpha-Tier tun.

Aber in der menschlichen Sozialisation gilt nicht mehr das radikale Gesetz des Stärkeren. Der heranwachsende Sebastian hatte keine realen Machtmöglichkeiten, also musste er seine Hassimpulse gegenüber dem Vater unterdrücken. Nicht nur das: Er verkehrte sie aus Angst vor Entdeckung und der befürchteten Rache ins Gegenteil. Damals gab er vordergründig seine männliche Identität auf und verhielt sich dem Vater gegenüber so, als wäre er geschlechtsneutral. Gleichzeitig spaltete er die sexuelle, weibliche Komponente von der Mutter ab und idealisierte sie zu einer asexuellen Heiligen.

## Der magische Blick

Unterwürfiges, devotes Verhalten bei Männern und Frauen wurzelt immer in einer Aggressionshemmung. Je stärker die Hemmung, desto stärker der Hass. Es ist kein Zufall, dass gehemmte Menschen Blickkontakt vermeiden. Viele Tiere tragen ihre Revierkämpfe durch beharrliches gegenseitiges Anstarren aus, damit es nicht zu schweren Verletzungen kommt. Wer als erster den Blick senkt und sich zurückzieht, hat den Kampf ums Revier verloren.

**Unterwerfen.** Auch unter Menschen wird der direkte Blickkontakt oft noch als offene Herausforderung gewertet und das Vermeiden als Zeichen von Unsicherheit und Schwäche. Bei unserem Paarungsverhalten spielt der Blickkontakt, der wortlose Flirt mit den Augen, eine entscheidende Rolle.

Außer der typisch weiblichen Demutshaltung der gesenkten Augen beherrschen Frauen auch das raffinierte Spiel, sich mit koketter Unterwerfung als »Beute« anzubieten, um dem Mann das bitternotwendige Gefühl des Sieges und der Macht zu vermitteln. Damit haben Frauen nicht nur das Spiel im Blick, sondern auch in der Hand.

Ein Mann, der wie Sebastian Hemmungen hat, einer Frau offen in die Augen zu schauen, hat das Werbungsspiel meist schon verloren, noch ehe es richtig begonnen hat. Indem er den Blick zu Boden richtet, unterwirft er sich dem imaginären väterlichen Rivalen aus der Kindheit.

**Imponierend.** Umgekehrt wird es jenem Mann, dem es gelungen ist, die unbewusste Angst vor dem Vater zu überwinden, leichter fallen, um die Rolle des Alpha-Tieres zu konkurrieren. In einer Dreiecksbeziehung wird dieser Mann »den Schwanz nicht einziehen«. Er wird mutig Blicken standhalten und beherzt agieren und unvermeidlichen Rivalitätskämpfen nicht ausweichen. Falls er selbst einmal in die Rolle eines Schatten-mannes geraten sollte, wird er sich damit nicht oder nur kurz-fristig abfinden.

Dass die Art, wie »ein ganzer Mann« sein Revier verteidigt oder das eines Rivalen angreift, einer potenziellen weiblichen Sexu-alpartnerin imponiert, ist einleuchtend. Schließlich signalisiert er damit die Bereitschaft, seine Frau und ihren gemeinsamen Nachwuchs gegenüber Feinden zu verteidigen.

**Urangst.** Wenn also in einem Liebesdreieck ein Mann auf den Kampf um die begehrte Frau verzichtet oder er grundsätzlich Schwierigkeiten beim Erobern einer Partnerin hat, steckt dahinter eine Urangst: Die Angst, in der Rivalität um das Sexu-alobjekt von einem anderen Mann unterworfen zu werden.

Dieser Unterwerfungsakt wird von den meisten Männern als Kastration erlebt. »Fuck or get fucked« heißt die Devise nicht nur in amerikanischen Gefängnissen. Männer, die sich zur Wehr setzen und sich von anderen Männern nicht zur »Frau« machen lassen, haben beim anderen Geschlecht einfach die besseren Karten.

Auch wenn es viele nicht wahrhaben wollen: Männer, die wei-nen statt zu kämpfen, sind auch bei Frauen unten durch, die pfeifen statt mit Puppen zu spielen.

# Männer wollen einen Harem,
## Frauen einen Mann

Die Tatsache, dass Sex ein ungeheures Maß an Lust und Befriedigung ermöglicht, veranlasst nicht nur dazu, um eine/n einzige/n GefährtIn zu kämpfen. Nach dem anfänglichen, befriedigenden Glücksrausch locken immer wieder auch andere mögliche Sexualpartner.

Die/der eroberte PartnerIn erscheint nach Jahren der Gewöhnung nicht mehr so begehrenswert wie anno dazumal. Der Alltag zehrt an den sexuellen Kräften. Der Libidoverlust und der Wunsch nach neuen, stärkeren sexuellen Reizen sind vorprogrammiert.

**Vielweiberei.** Die Geschichte der Sexualität im Patriarchat beweist: Wenn der Mann könnte, wie er will, hat er einen Harem. Der Inkakönig Atahualpa hielt sich 1.500 Frauen, der legendäre König Salomo hatte 700 Hauptfrauen und 300 Nebenfrauen.

Je mächtiger in der Geschichte Männer waren, umso mehr Frauen beanspruchten sie für sich. Die meisten vorgeschichtlichen Nomadenstämme hatten gar keine Besitzvorstellungen, weder in Bezug auf Land noch auf Frauen. Besitzvorstellungen bekommen erst im Patriarchat Bedeutung. Nicht nur Grund und Boden, auch Frauen werden als Besitz des Mannes gesehen.

**Macht.** Von nun an wird die Macht des Mannes nur mehr durch die Macht eines anderen Mannes eingeschränkt. Derjenige, der in den gleichgeschlechtlichen Machtkämpfen als Sieger hervorgeht, ist im Besitz der »Weibchen«.

Auch wenn heute noch viele Männer von der »Vielweiberei« träumen, ist die Polygamie keine echte Alternative zur bewährten Zweierbeziehung. Weder für Männer noch für Frauen. Das Ergebnis so eines anarchistischen Zustandes wären schwere

Rivalitätskonflikte und die Rückkehr zum Faustrecht. Dennoch bleibt die Frage aktuell: Wie geht es weiter, wenn der Wunsch nach sexueller Abwechslung übermächtig wird?

Hier zeichnet sich als Zukunftsmodell die serielle Monogamie ab. Sie wird mit der hohen Scheidungsrate und Wiederverheiratung ohnedies schon praktiziert. Trotzdem: Die geheime Sehnsucht des Mannes nach einem Harem besteht weiter fort.

**Bordell.** Nachdem sich in unserer Kultur die meisten Männer aus finanziellen und/oder moralischen Gründen keinen eigenen Harem leisten können oder wollen, hat sich vor vielen tausend Jahren die Institution eines Kollektivharems ausgebildet – das »Bordell«.

Prostitution ist die älteste Form der Schattenliebe. Dieser Harem steht allen Männern zur Verfügung. Auch zu Preisen, die sich die meisten leisten können. Viele Männer tragen ihr Geld zu Prostituierten, weil sie die Beziehung zu ihrer Frau nicht durch eine Freundin, die früher oder später Ansprüche stellt, gefährden wollen.

## Lenas Geschichte oder Warum Männer ins Bordell gehen

Lena ist eine attraktive Powerfrau. Obwohl ihr Mann Benedikt beruflich nicht mit ihr mithalten kann, funktioniert ihre Ehe gut. Ein Wermutstropfen ist die unterschiedliche Haltung der beiden dem Sex gegenüber.

Was ihm gefällt, findet sie abscheulich. Wonach sie sich sehnt, törnt ihn nicht an. Benedikt findet sich damit schon seit Jahren ab. Er schweigt so lange, bis ihm eine Erbschaft unerwarteten Geldsegen beschert.

**Doppelleben.** Kurze Zeit danach kommt Benedikt mehrmals

im Monat verspätet von der Arbeit nach Hause. Er schimpft vor seiner Frau über seinen Chef, der ihn ohne Vorankündigung zu Überstunden verdonnert. Angeblich ist Benedikt in seinem Betrieb immer unentbehrlicher, manchmal muss er sogar bis spät in die Nacht arbeiten. Obwohl sein Hemd beim Nachhausekommen öfter nach Parfüm duftet, reagiert Lena nicht darauf.

Erst als ihr zufällig eine Abrechnung von Benedikts Kreditkarte in die Hände fällt, ist sie alarmiert. An dem Tag, an dem Benedikt angeblich bis drei Uhr morgens Überstunden machte, hatte er in einer Bar auf einen Schlag 3.900 Euro ausgegeben. Noch am selben Tag stellt Lena Benedikt zur Rede. Im Laufe der Auseinandersetzungen kommt zutage, dass Benedikt schon seit einigen Jahren Prostituierte aufsucht. Er verteidigt sich damit, dass er in seiner Ehe sexuell auf der Strecke bleibt. Andererseits will er deshalb seine Ehe nicht aufgeben oder riskieren.

Lena ist wie vom Donner gerührt, denn aus ihrer Sicht hat die Sexualität in ihrer Beziehung keine so große Bedeutung. Für Benedikts Wünsche hat sie allerdings seit jeher wenig Verständnis gehabt, bei dem Gedanken an Fellatio ekelt sie sich. Andererseits verstehen sie sich blind und können gut miteinander reden. Lena liebt es auch, am Abend vor dem Schlafengehen mit Benedikt lange zu kuscheln. Wenn er »mehr« von ihr will, ist sie fast ärgerlich. Es müsste doch möglich sein zu kuscheln, ohne dass er ihr gleich zwischen die Beine greift!

Lena ist von Benedikts Schattenleben deswegen so enttäuscht, weil sie überzeugt war, dass er in der Beziehung genauso viel Erfüllung findet wie sie. Als sie erfährt, dass es für Benedikt quälend ist, treu zu sein, stürzt für sie eine Welt zusammen. Wie kann sie Benedikt glauben, dass er sie wirklich liebt, wenn er neben ihr noch andere Frauen für sein Glück braucht?

**Handel.** Benedikt beteuert Lena, dass seine Besuche bei Prostituierten dieselbe Bedeutung haben, als würde er masturbieren. Emotional sei er ihr kein einziges Mal untreu gewesen.

So sehr er gegen seine Prostituiertenbesuche ankämpft, sei er letztlich doch immer wieder schwach geworden. Auch wenn er ihr jetzt verspräche, das nie wieder zu machen, könne er in Zukunft nicht für sich die Hand ins Feuer legen.

**Lügen.** Aus diesem Grund wird eine Frau, die einen verheirateten Mann liebt, oft Opfer einer sexuellen Ausbeutung: Er stellt ihr eine spätere Beziehung in Aussicht, obwohl er von Anfang an weiß, dass er sein Versprechen nie einlösen wird.

So gesehen hat Benedikt »verantwortungsvoll« gehandelt – er hat die Ehe mit Lena nie gefährdet oder in Frage gestellt und keiner anderen Frau falsche Versprechungen gemacht. Indem Benedikt für seine Schattenliebe bezahlt, kauft er sich von den Ansprüchen frei, die jede andere Frau in der Beziehung zu einem Mann, den sie liebt, früher oder später ja doch stellt: Entweder ich oder die andere.

Sobald sich eine Frau auf eine sexuelle Beziehung mit einem Mann einlässt, erwartet sie sich eine »Gegenleistung«. Sie kann in der sexuellen Befriedigung bestehen, die ihr der Mann ermöglicht – oder in einer definierten Beziehung. Wenn sie ihn liebt, wird sie beides wollen, Befriedigung und Beziehung.

Es ist verständlich, dass Lena über Benedikts Schattenbeziehungen nicht glücklich ist. Schließlich hat er Lenas Narzissmus, für ihn die Einzige zu sein, mit der er Sex hat, schwer gekränkt.

**Vorteile.** Außer der professionellen Prostitution gibt es im Reich der Schattenliebe noch eine andere Form der Prostitution, bei der es nicht unmittelbar und vordergründig um das Geld des Mannes geht. Es handelt sich dabei fast immer um eine jüngere Frau, die sich »prostituiert«. Ihr geht es darum, mit sexueller Raffinesse und erotischer Verführungskunst persönliche Vorteile zu erreichen. Das kann ein Karrieresprung genauso sein wie ein luxuriöses Leben oder Hilfe für Verwandte.

Bei dieser Form von Schattenliebe geht es nicht nur um die sexuelle Befriedigung, die ein alternder Mann von einer jungen Geliebten erhält. Wichtiger noch ist die Bestätigung seiner männlichen Eitelkeit, die ihm nur eine junge, erotische Frau geben kann. Von ihr will er hören, dass er ein »ganzer« Kerl ist, der mit den Jungen noch leicht mithalten kann. Sie soll ihm bei der Realitätsverleugnung helfen, dass sein Haar zwar schütter und seine Haut welk ist, er aber von ihr trotzdem stärker begehrt wird als seine jungen Rivalen.

## Libidoverlust und das »Untreue-Gen«

Aber warum hat eine andere, egal ob jung oder alt, Chancen? Sind wir überhaupt monogame Wesen? Oder ist in unseren Genen die Untreue verankert?

Die regen Untersuchungen der Evolutionsbiologie brachten mehr Klarheit in diese heikle Frage: Libidoverlust entsteht auch unabhängig von der Qualität der Partnerschaft. Es kommt dazu aus unbewussten, evolutionär gesteuerten Gründen im Zusammenhang mit der Fortpflanzung.

**Biologie.** Auch wenn es nicht sympathisch klingt – biologisch verankert ist die Monogamie nicht. Schließlich halten zwar 92 % aller Frauen und Männer viel von der Treue, aber zumindest jede fünfte Frau und jeder zweite Mann geht fremd.

Etwa einmal in der Woche telefoniert Joachim, seit 23 Jahren verheiratet, mit seiner Frau Beate länger als gewöhnlich: Er erzählt ihr von geschäftlichen Terminen oder Schulungen, von denen er heute erst spät in der Nacht nach Hause kommen würde. Dann trifft Joachim seine Geliebte in einem Hotel an einer Autobahnausfahrt.

**Tabu.** Die 32-jährige Anita, seit sieben Jahren verheiratet, sagt ihrem Mann, dass sie einen »Damenabend« hat – ihre beste Freundin ist eingeweiht in Anitas Affäre mit einem Vorgesetzten, den sie seit einem halben Jahr regelmäßig in der Absteige seines Freundes trifft.

Joachim und Anita gehören zu jenen 61 % fest gebundener Menschen, die fremdgehen. Fragt man Joachim und Anita, ob sie glücklich verheiratet sind, würden beide mit »Ja« antworten. Und fragte man sie, ob sie etwas von Treue halten, würden sie ebenso spontan »Ja« sagen.

Treue ja, Seitensprung oder Dreiecksbeziehungen aber auch – es gibt kein verleugneteres und tabuisierteres Thema als den Seitensprung. Zu ähnlich widersprüchlichen Ergebnissen kommen nahezu alle Umfragen der westlichen Welt. Offenbar überschneiden sich beim Thema »Seitensprung« Kultur und Natur ganz dramatisch. Einerseits schuf die menschliche Gesellschaft strenge, einengende Heirats- und Treueregeln, andererseits sind unsere Wurzeln ja doch in der tierischen Instinktausstattung verankert.

**Tierisch.** In letzter Zeit mehren sich evolutionsbiologische Erklärungen für das menschliche Scheitern am Treueideal. Das Fazit dieser Ansätze klingt einleuchtend, kratzt aber am menschlichen Hochmut: Der Mensch ist ein Tier. Egal ob Präsident, Prinzessin oder Universitätsprofessor – alle werden von Impulsen geplagt, die auf unsere tierischen Vorfahren zurückgehen.

Was allgemein für Verliebtheit, Hunger nach Abwechslung oder unbezähmbare Lust gehalten wird, wurzelt nach Ansicht der Evolutionsbiologen in dem Trick der Natur, die ausschließlich den Fortbestand der Gene im Sinn hat. Vordergründig fliegt »er« auf »ihre« kornblumenblauen Augen. Unterhalb seiner Bewusstseinsschwelle wird er von dem Drang geleitet, seine Gene möglichst weit zu verbreiten.

**Aufzucht.** Das evolutionsbedingte Interesse des Mannes besteht darin, mit möglichst vielen Frauen möglichst viele Nachkommen zu zeugen. Damit ist nicht nur der Fortbestand der Art gesichert, sondern auch die Machtposition des Mannes. Für einen gesunden Mann ist es eine Kleinigkeit, ohne großen Aufwand mit hunderten, ja sogar mit tausenden Frauen sexuell zu verkehren. Der Nachteil: Der sexuell hochaktive Mann hat keine Zeit, sich um die Aufzucht seiner Brut zu kümmern.

Bei der Frau, die mit einer Schwangerschaft im Jahr die Zahl der Nachkommen nur begrenzt vermehren kann, richtet sich das evolutionsbiologische Interesse darauf, die Neugeborenen auch erwachsen werden zu lassen – nur so kann sie ihre Gene in die nächste Generation weitergeben.

Damit tut sich schon die nächste Frage auf: Wie gelingt es der Frau, den rastlosen Mann dazu zu bringen, sie bei der Aufzucht der Jungen zu unterstützen? Ganz einfach: Sie gibt sich ihm nur dann hin, wenn er ihr Treue verspricht. Damit ist der »gute Kerl« gesichert, der das Nest baut und Futter heranschafft.

**Macho.** Dieser gutmütige Versorger hat vermutlich nicht die starken Gene eines Kraftkerls, der nicht zu zähmen ist. Dessen Gene kämen dem evolutionsbiologischen Ziel, nämlich für eine kräftige, künftige Generation zu sorgen, näher.

Die »Lösung« besteht darin, dass die Frau mit dem »Macho« fremdgeht, während der »gute Kerl« Nistmaterial und Futter zusammenrafft. Das Anliegen der Natur ist erfüllt – die Supermann-Gene werden weiter getragen, Frau und Brut werden versorgt.

**Kuckuck.** Für die Theorie sprechen etliche westeuropäische Untersuchungen, von denen öffentlich nicht gerne gesprochen wird. Sie zeigen eindeutig, dass etwa jedes zehnte Kind aus einer außerehelichen Beziehung stammt. Außerdem zeigen mehrere Befragungen untreuer Frauen, dass diese zum Zeitpunkt des Eisprunges eher zu einem Seitensprung bereit sind. Die beiden britischen Forscher Bellis und Baker gingen der Sache nach und stellten fest, dass Frauen durchwegs einen Liebhaber wählten, der dem eigenen Ehemann genetisch überlegen war – er war dominant, älter und hatte ein symmetrisches Erscheinungsbild. Dasselbe tun übrigens die Schwalbenweibchen. Sie wählen für ihren Seitensprung nur Männchen, deren Schwanzfedern länger sind als die des eigenen Mannes.

## Der geheime Spermienwettbewerb

Der Grund für das Ungleichgewicht zwischen Frauen und Männern in Sachen Liebe ist also ersichtlich: Männer können ihre Gene auch unabhängig von einer längerfristigen Beziehung zu einer Frau vermehren. Die vielen unehelichen Geburten beweisen, dass Kinder auch ohne persönliche Fürsorge ihres biologischen Vaters groß geworden sind und sich später weiter vermehrt haben.

Wenn ein Mann möglichst viele Frauen schwängert und die »Aufzucht« ihr bzw. anderen überlässt (indem er sich aus dem Staub macht), erhöht er die Wahrscheinlichkeit, seine Gene durchzubringen. Eine längerfristige Beziehung zu einer Frau kann er nur als Beschränkung seiner sexuellen Möglichkeiten erleben.

**Schutz.** Frauen sind anders. Sie sind bei der Brutpflege – denken wir dabei nicht nur an unsere Kultur, sondern vor allem an die Frühzeit der menschlichen Entwicklung – von einem Partner, der sie und ihren Nachwuchs in dieser Zeit schützt und ernährt, viel abhängiger. Ob es sich bei dem Partner um den leiblichen Vater des Kindes handelt oder die Gruppe beziehungsweise Gemeinschaft, in der sie lebt, spielt dabei keine Rolle. Frauen brauchen einen Partner, um die Überlebenschancen ihres Nachwuchses und damit natürlich auch ihrer Gene zu sichern und zu optimieren.

**Aktiv.** Trotz Computertechnik und Atomkraft sollten wir beim Thema Liebe die geheime Macht unseres evolutionären Erbes nicht unterschätzen. Wir sind die einzige Art, die zu jedem Zeitpunkt sexuell aktiv ist. Auch dann, wenn es keine Vermehrungschancen gibt, zum Beispiel während der Schwangerschaft oder nach den Wechseljahren einer Frau. Im Gegensatz zu unseren tierischen Verwandten betreiben wir Sex zum Vergnügen anstatt zur Fortpflanzung. Aber gerade auf diesem Gebiet schleppen wir ein riesiges, evolutionäres Erbe mit uns herum. Obwohl heute keine wilden Tiere mehr das Leben bedrohen oder schwere Felsbrocken vor Höhlen geschleppt werden müssen, sind Frauen unbewusst noch immer auf »starke« Männer programmiert, um sich und ihre Brut zu schützen. Männer wiederum haben unbewusst Angst vor der sexuellen Untreue ihrer Gefährtin, weil dann womöglich ihre eigenen Gene »zu kurz kommen« könnten. Das klingt zwar nicht romantisch, ist aber aus evolutionspsychologischer Sicht plausibel.

**Sieg.** Eine amerikanische Forschergruppe berichtet von einer Studie mit 175 Paaren, die so manche männliche Leidenschaft auch in einem anderen Licht sehen lässt: Wenn Männer von zuhause abwesend sind, nimmt mehr und mehr ihre Überzeugung zu, dass auch andere Männer ihre Partnerin attraktiv finden. Gleichzeitig steigt ihr Verlangen, nach der Heimkehr mit der Gefährtin so schnell wie möglich ins Bett zu gehen – unabhängig davon, ob die sexuelle Beziehung gut ist. Die Männer sind auch überzeugt davon, dass der Wunsch nach Sex bei ihrer Partnerin genauso stark ist wie bei ihnen.

**Ferngesteuert.** Ist es so? Eben nicht. Da dieser Effekt bei den

Frauen absolut nicht festgestellt werden kann, sind sich Evolutionsforscher darin einig, dass es sich um einen »Spermawettbewerb« handeln muss. Ferne der Heimat wallt weder romantische Sehnsucht auf noch spürt der einsame Wolf, dass er nur die und keine andere begehrt. Der betreffende Mann ist womöglich nur ferngesteuert von seinen Genen, die unter allen Umständen siegen wollen.

Die unbewusste Vorstellung, dass ein anderer Typ seinen Samen ins Rennen geschickt haben könnte, muss sofort korrigiert werden. »Er fällt immer mit der Tür ins Haus«, sagen Frauen oft von Männern, die nach einer Abwesenheit sofort Sex haben wollen. Kaum heimgekehrt, gibt für es Spermien-Wettkämpfer nur eine Devise: Ab in die Heia und möglichst schnell die eigenen Spermien loslassen. Wäre doch gelacht, wenn nicht der Beste gewinnt!

## Und führe mich nicht in Versuchung …

Evolutionspsychologen wie Helen Fisher oder Geoffrey Miller und Sozialbiologen wie zum Beispiel Edward Wilson konfrontieren uns mit der unbequemen Tatsache, dass wir uns unter dem Druck der Zivilisation und Kultur zwar moralisch zur Treue verpflichtet fühlen, aber dass das Fleisch schwach ist.

Die moralischen Gesetze unserer Gesellschaft und Religion drängen uns zwar dazu, unsere gesamte, sexuelle Energie nur auf eine Frau bzw. einen Mann zu richten. Aber der Urtrieb, die eigenen Gene zu vermehren, stört mehr oder weniger stark den monogamen, partnerschaftlichen Frieden. Da werden ernsthafte Treueschwüre und inbrünstige Versprechungen abgelegt, da ist man voll der guten Vorsätze – und doch endet man letztlich in einem fremden Bett.

*»Bei meiner Hochzeit habe ich mir selbst ernsthaft geschworen, treu zu sein. Vier Jahre lang habe ich es ausgehalten. Jetzt ist es wieder wie früher. Ich habe immer wieder eine Geliebte. Solange, bis sie mich vor die Wahl stellt: Entweder deine Frau oder ich. An eine Scheidung habe ich nie gedacht und denke ich nicht. Daher ist immer Schluss, sobald eine Frau diese Bedingung stellt ...«* (Stefan, 48)

**Urkonflikt.** Auf der psychischen Ebene geht dem Seitensprung in den meisten Fällen ein innerer Konflikt voraus. Einerseits ist da der Bindungstrieb mit seinem Bedürfnis nach Sicherheit, die man ja hauptsächlich in der Beziehung zu einem festen Partner erlebt. Die damit verbundenen Gefühle von Wärme und Geborgenheit sind lebenswichtig – man hatte sie schon als Baby im Schoß der Familie erfahren und strebt sie daher auch in einer erwachsenen Liebesbeziehung an.

Andererseits gibt es aber auch ein grundlegendes Bedürfnis nach Erregung und nach Neuem. Im Idealfall bleibt eine Beziehung im Fadenkreuz dieser Strebungen angesiedelt: Der Partner ist so vertraut, dass er Geborgenheit und Sicherheit spenden kann wie sonst die Mutter, aber doch so »fremd«, dass er nicht langweilt, sondern erregt.

An dieser Quadratur des Kreises scheitern irgendwann einmal viele Liebende. Der Schweizer Ethologe und Psychologe Norbert Bischof spricht von einem »Urkonflikt« zwischen Intimität und Erregung, der auch bei Tieren feststellbar sei. Tiere reagieren auf ein »Übermaß an Sicherheit« mit einer »Abkehr vom Objekt der Bindung«. Er nennt diese Abwendung eine »Übersättigungsreaktion«.

*»Anfangs war es mir unvorstellbar, dass mich eine andere Frau aus dem Gleichgewicht bringen könnte. Aber nach fünf Jahren war ich so anfällig für Versuchungen, dass ich einer Arbeits-*

*kollegin, die mich schon lange angeflirtet hatte, nicht mehr
widerstehen konnte.*« (Paul, 42)

**Liebesdroge.** Das Nachlassen der Verliebtheit, die auch schon
Norbert Bischof beschrieb, hat hirnphysiologische Gründe. Das
Molekül PHEA (Phenylethylamin) löst einen rauschartigen
Zustand der Verliebtheit aus, in dem man für andere Versuchun-
gen blind ist. Nach zwei bis vier Jahren lässt die Wirkung des
PHEA nach und das Fieber der emotionalen Erregung verebbt.
Nun übernehmen Endorphine die Gefühlsherrschaft und es
dominieren Gefühle der Sicherheit, der Geborgenheit und des
Friedens: Die Zeit der Seitensprünge und Schattenliebe ist
gekommen.

**Versuchung.** Nicht nur Männer erliegen dem Reiz des Neuen.
Helen Fisher verweist auf eine Untersuchung unter 600 britischen Frauen und Männern, die in den Siebziger Jahren geheiratet hatten. 4,5 Jahre nach der Eheschließung kam es bei den
Frauen zum ersten Seitensprung, bei den Männern erst ein
weiteres halbes Jahr später.

> *»Eines Tages war diese verrückte Anziehung, die es in den ers-
> ten Jahren zwischen uns gegeben hat, weg. Es war alles so lieb,
> so mild. Dann ist mir im Tennisclub ein Mann aufgefallen,
> den ich die Jahre vorher nicht wirklich registriert habe. Ich war
> wieder völlig aus dem Häuschen, so wie vor meiner Ehe. Es war
> einfach stärker als ich.*« (Tamara, 33)

Dass die stimulierende Wirkung der Liebesdroge PHEA süch-
tig machen kann, ist kein Geheimnis. Kaum lässt die Wirkung
der Moleküle nach, halten diese Frauen und Männer schon
Ausschau nach einer neuen Erregungsquelle. In ihrer blinden
Gier nach PHEA schlittern sie von einem Seitensprung in den
nächsten und machen damit häufig sich selbst und ihre festen
und geheimen Partner unglücklich.

Kultur. So sehr am Fremdgehen auch unsere genetische Matrix und unsere Hormone beteiligt sein mögen – sich auf die »Natur« zu berufen und Untreueimpulsen ungezügelt freien Lauf zu lassen, wäre zu einfach.

Es gehört zu unserem kulturellen Selbstverständnis, einen biologisch angelegten Konflikt zu lösen: Man überprüft, wie groß das Risiko eines Seitensprunges ist, und wägt ab, wie tief Verletzungen gehen würden. Der Verzicht auf den Erregungskitzel und die Fähigkeit zur Frustrationstoleranz sind dann der Triumph der Kultur über die Natur.

## Treue ist eine kulturelle Leistung

Von den 853 bekannten Kulturen schreiben nur 16% Monogynie vor, das heißt, dass dem Mann nur eine Ehefrau gestattet wird. Die westlichen Industrieländer gehören dazu. Aber immerhin 84% aller Gesellschaften erlauben die Polygynie, also dass der Mann mehrere Ehefrauen gleichzeitig haben darf. Helen Fisher berichtet, dass trotzdem nur 5 bis 10% der Männer tatsächlich mehrere Frauen zugleich haben. Das kann zwar mit mangelnden wirtschaftlichen Voraussetzungen gedeutet werden, aber diese praktische Erklärung genügt nicht.

Der Anthropologe Peter Murdock untersuchte die Bindungsformen in hunderten Kulturen und kam zu dem Schluss, dass die Paarbindung das Hauptmerkmal des Lebewesens Mensch sei. Was immer auch versucht wurde, ob Gruppenehen oder Kommunen, letztlich fixieren wir uns auf einen bestimmten Partner. Wir werben, verlieben uns in einen einzigen und gehen mit diesem freiwillig eine Bindung ein.

Augenkontakt. Die Basis des Phänomens Liebe zu einem Partner entstand nach Ansicht vieler Anthropologen vor etwa vier

Millionen Jahren. Als sich unsere noch auf allen Vieren gehenden Vorfahren aufrichteten, kam es zu einer Umorientierung des Sexualverhaltens: Der Mensch entwickelte sich vom »Nasentier« zum »Augentier«.

Eine Frau und ein Mann standen einander gegenüber, sahen einander in die Augen und der göttliche Funke sprang über. Der Anfang für ein personengebundenes Liebesleben war getan. Damals entwickelten sich vermutlich die für die Liebesgefühle verantwortlichen chemischen Systeme. Viel später führten sie dazu, dass ein Mann zu einer Frau eine ausreichend starke Bindung entwickeln konnte. Im Idealfall sollte er so lange bei ihr bleiben, bis die gröbste Aufzucht des Nachwuchses erledigt war. Nach Ansicht von Helen Fisher waren das vier Jahre. Dann war das Kind entwöhnt und eine neue Paarbindung und die nächste Empfängnis kamen zustande.

Dementsprechend steigt die Scheidungsrate ab dem vierten Beziehungsjahr rasant an. Im »verflixten« siebenten Jahr sind bereits 50 % der Lebensgemeinschaften wieder getrennt. Die unerfreuliche Nachricht: Je länger eine Beziehung dauert, umso wahrscheinlicher ist eine Scheidung. Nach 15 Jahren sind bereits 60 % der Paare geschieden.

Nach unseren Untersuchungen häufen sich auch die Seitensprünge und Schattenlieben zwischen dem vierten und fünften Beziehungsjahr.

**Bedeutung.** Wenn eine Schattenliebe zu Tage kommt, ist das meist kein harmloser Zwischenfall, sondern eine emotionale Tragödie für den Betrogenen. »Du liebst mich nicht«, klagen die Betrogenen. »Es hat nichts zu bedeuten«, rechtfertigen sich die Betrüger.

*»Das hat doch gar keine Bedeutung für eine so gute Ehe wie unsere. Schnaps ist Schnaps und Geschäft ist Geschäft.«* (Norbert, 56)

*»Wenn ich während einer Geschäftsreise mit einer Frau ins Bett gehe, die vielleicht gerade im selben Hotel übernachtet, ändert das nichts an der Liebe zu meiner Frau. Ein einmaliger Ausrutscher zählt nichts.«* (Andreas, 49)

Lüge? Wahrheit?

**Ausrutscher.** Andreas empfindet seiner Frau Claudia gegenüber ein starkes Zugehörigkeitsgefühl. Er fühlt sich ihr verpflichtet, für sie verantwortlich und will mit ihr alt werden. Andreas spürt eine Art Seelenverwandtschaft ihr gegenüber, er ist seiner Frau emotional und geistig treu.

Genau genommen sind seine Ausrutscher während seiner Geschäftsreisen wirklich kein seelischer Treuebruch, sondern eine Unterbrechung des körperlichen Gebundenseins.

**Treue.** Dass Claudia, wie 86,1 % der Frauen, »Liebe« und »sexuelle Treue« gleichsetzt, ist erst seit dem 18. Jahrhundert üblich. Damals kam die Liebesehe auf, deren Grundlage nicht wie bisher das wirtschaftliche Bündnis und die Kinderaufzucht waren, sondern sexuelle Anziehungskraft war.

Natürlich wird eine Beziehung in Frage gestellt, wenn ihr das Fundament – die exklusive Sexualität – entzogen wird. Deshalb die Panik, wenn der Partner einen Seitensprung begeht. Der Zwischenfall könnte ja das Ende der Beziehung bedeuten. Außerdem sind die Folgen einer Kränkung des Selbstwertgefühles – »Ein/e andere/r ist wichtiger als ich« – nicht zu unterschätzen.

**Tugenden.** Von der genetischen Ausstattung her ist der »Homo sapiens« offenbar nicht monogam veranlagt, so wie es vielleicht die Graugans oder der Pinguin sind. Andererseits ist er nicht so polygam wie die Beifußhühner, deren Verbindungen bestenfalls Minuten dauern. Heute ist unser Paarungssystem die Monogamie. Sie ist allerdings eine kulturelle Leistung.

Nach Ansicht von Anthropologen lautet das erfolgreichste Evo-

lutionsprinzip: »Monogamie mit heimlichen Seitensprüngen«.
Die »offene Ehe«, in der Seitensprünge nicht verheimlicht werden, sondern einer dem anderen sexuelle Freiheiten einräumt,
wird nach unseren Studien und auch nach deutschen Ergebnissen nur von 2 % der Paare praktiziert. Übrigens nicht immer
leichten Herzens. Heulen und Zähneknirschen bleibt auch diesen Liebenden meist nicht erspart.

> *»Wer sagt denn, dass es mir leicht gefallen ist, ein Arrangement*
> *einzugehen. Ich habe Angst gehabt, ich war wütend und*
> *beschämt. Aber trotzdem habe ich die bessere Lösung darin*
> *gesehen, dass er eine Freundin hat, als dass er eine Trennung*
> *will. Letztendlich tun es doch alle Männer, machen wir uns*
> *nichts vor. Also nehme ich es als unabänderlich hin und mache*
> *das Beste daraus.«* (Ines, 49)

## Der Hunger nach Reizen

Der Hunger nach sexuellen Reizen, die Gier nach neuen, erotischen Erfahrungen stecken in jedem Menschen. Die einen
können sie besser sublimieren, verdrängen oder kontrollieren,
die anderen nicht. Aber grundsätzlich sind wir alle neugierig,
alle. Wir gieren nach Neuem, hungern nach Frischem, Frem-
dem, Ungewohntem. Langeweile ist der Feind des Gehirns.
Aufregende Hobbys, schnell wechselnde Mode, innovative
Produkte und »Neuigkeiten« von nebenan sollen die Sehnsucht nach Neuem befriedigen.
**Spüren.** Die Begegnung mit Neuem ermöglicht ein vitales,
körperliches und seelisches Spüren, ein intensives Seinsgefühl.
Lebendigkeit, fremde Frauen und Männer locken: »Komm mit
mir! Ich bin neu, ich bin aufregend! Ich bin das ›wahre‹ Leben!«

Eine oft gefährliche Verlockung. Wir sehen immer wieder, dass für viele Menschen Sex die einzige Möglichkeit ist, Freiheitsbedürfnisse, Risikolust und Hunger nach Neuem auszuleben. Das sexuelle Neue hat Wirkung.

**Orgasmen.** Eine US-Studie zeigt, dass die Zahl der Orgasmen – vorübergehend – hochschnellt. Bewährte Bindungen zählen plötzlich nichts, das Neue wird überschätzt und überbewertet. Wie jede Gier ist auch die Gier nach Neuem anfänglich maßlos. Dann eine Schattenliebe und danach die Reue: »Ich möchte wieder zu dir zurück.«

> »Noch habe mir nicht vorstellen können, dass ich wieder den Frieden und die Ruhe von zuhause will. Das hat mich ja genervt, dieses Einerlei und dieses Leben ohne Höhepunkte, das kann man ruhig wörtlich nehmen. Und auf einmal war da so ein Verlangen danach, dass ich alles daran gesetzt habe, dass mir meine Frau verzeiht und mich wieder nimmt.«
> (Vinzenz, 52)

Die Geborgenheit, die in der Stammbeziehung so beengte, wird plötzlich wieder ersehnt. Das Heimweh nach Sicherheit und dem Vertrauten schmerzt oft meist noch mehr als die unerfüllte Sehnsucht nach Neuem.

Trotzdem: Neugier ist hartnäckig. Besonders, wenn die Sicherheit allzu vertrauter Beziehungen der sexuellen Lebendigkeit zusetzt. Kaum ein Mann ist mit einer vertrauten Partnerin nach vielen Jahren so potent wie am Anfang, als der Reiz des Neuen noch zu Sondertaten beflügelte. Kaum eine Frau ist nach Jahrzehnten noch so leidenschaftlich wie anno dazumal. Schon im Laufe des ersten Ehejahres sinkt die Häufigkeit der sexuellen Frequenz ungefähr auf die Hälfte des ersten Monats und dann noch weiter. Bei jedem.

**Verleugnung.** Je sexuell unbefriedigender eine sexuelle Beziehung wird, desto mehr neigen viele Menschen dazu, gerade das, was sie am dringendsten bräuchten – die Abwechslung, den Reiz des Neuen – zu verleugnen.

*»Ich bin da völlig immun.«* (Sophie, 42)

*»Mich kann niemand rumkriegen.«* (Günther, 38)

Eine unserer Freundinnen kommentierte den Anblick eines überaus attraktiven nackten Mannes einmal mit der Bemerkung: »Ach was, schauen sowieso alle gleich aus!« Würde es wirklich so sein, dass es keine Rolle spielt, mit wem man Sex hat, gäbe es keine Seitensprünge. Warum sich um einen anderen Sexualpartner bemühen, wenn es ohnedies keinen Unterschied gibt?

Machen wir uns nichts vor: Das Sexualobjekt, die Dauer und die Qualität der Beziehung und das Umfeld, in das sie eingebettet ist, haben starken Einfluss auf die Intensität des sexuellen Erlebens.

*»Wir sind tagelang nicht aus dem Bett gekommen. Von dem Hotel habe ich eigentlich nur die Zimmerdecke gesehen. Sogar beim Essen haben wir uns nur in die Augen geschaut und von unserem eben erlebten oder bevorstehenden Sex gesprochen.«* (Vivien, 35)

*»Solange wir uns nur heimlich und selten gesehen haben, waren wir praktisch sofort im Bett. Sogar im Auto und auf Parkplätzen haben wir miteinander geschlafen. Dann hat mich meine Frau rausgeschmissen, wir sind zusammen gezogen und alles hat sich normalisiert. Zweimal Sex pro Woche. So wie ehemals zuhause, als ich noch keine Geliebte gehabt habe.«* (Dominik, 40)

**Vertrautheit.** Die bemerkenswerte sexuelle Aktivität mit neuen Geschlechtspartnern ist auch dem Botenstoff Dopamin zu verdanken: Je vertrauter eine Sexgefährtin, desto niedriger der

Dopamin-Spiegel, je größer der Reiz des Neuen, desto höher der Dopamin-Spiegel.

Andererseits brauchen wir einen satten Dopamin-Spiegel, um uns lebendig zu fühlen. Der hält ja unter anderem das Begehren und den Reizhunger auf Trab. Seit jeher locken unerforschte Gebiete oder ein neues Leben in fremder Umgebung. Aber in unserer gesicherten, geregelten Welt kann neues Land nicht mehr erobert werden. Umso interessanter wird für viele das Sexabenteuer. Es gibt keine körperlichen Mutproben mehr zu bestehen, aber womöglich rast man mit 160 km/h durch den Nebel. Oder man lässt sich wider besseren Wissens auf Sex ohne Kondom ein. Das wilde Leben in der Natur ist unmöglich, dafür gibt es im Urlaub Sex im Freien.

Vorsicht, Mogelpackung! Der ungezügelte Hunger nach neuen Reizen kann schwerwiegende Nebenwirkungen haben – gesundheitliche Gefahren, seelische Verletzungen und Selbstwertzweifel sind nur einige davon. Auch Achterbahnfahren provoziert Gefühle. Aber man steigt aus, spürt noch einen Kick und ist leer.

## Und ewig lockt das Neue

Evolutionsbiologisch fördert unser Verliebtsein die Paarung und die Fortpflanzung. Sobald Nachwuchs da ist, wird die Verliebtheit – das auf Ausschließlichkeit begründete leidenschaftliche Begehren – zum Bumerang. Liebende wollen das Liebesobjekt nicht teilen. Auch die großen Liebespaare der Welt wären nie in die Geschichte eingegangen, hätten sie eine Familie gegründet: Der familiäre Alltag bricht den Bann der Liebe.

# Bettinas Geschichte oder
## Die Sehnsucht nach der ewigen Liebe

Als Bettina und Alexander vor dem Traualtar standen, waren beide überzeugt, für einander die ganz große, ewige Liebe zu sein. Während der ersten Ehejahre war alles eitel Wonne Sonnenschein. Bettina und Alexander bauten ein gemeinsames Unternehmen auf, gingen oft aus und machten schöne Reisen. Alexander spürte zwar, dass sein sexuelles Interesse an Bettina mit den Jahren abflaute, maß dem aber keine besondere Bedeutung bei.

**Alltag.** Nach der Geburt ihres einzigen Kindes war Bettina für Alexander endgültig sexuell uninteressant. Mit jeder Frau hätte er lieber Sex gehabt als mit Bettina. So sehr sich Bettina auch bemühte, ihren Mann wieder auf Touren zu bringen, zum Beispiel durch aufreizende Dessous und erotisch inszenierte Abende – er schlief immer häufiger vor dem Fernseher ein. Bettina war ratlos. Sie fühlte sich hilflos und in ihrer Weiblichkeit unendlich gedemütigt.

Alexander wusste, was er an seiner Frau hatte. Auf seine Art liebte er sie. Er wollte um nichts auf der Welt mit einer anderen zusammenleben. Das änderte aber nichts daran, dass ihm die »Erfüllung der ehelichen Pflicht« immer schwerer fiel. Während Alexander immer dicker und sexuell desinteressierter wurde, kompensierte er sein fehlendes Begehren mit teuren Geschenken. Seine sexuellen Bedürfnisse stillte er so, dass seine Beziehung zu Bettina dadurch nicht gefährdet wurde.

**Träume.** Bettina zehrte von der gemeinsamen Vergangenheit. Jedes erotische Detail kostete sie aus, jede Berührung, jeden zärtlichen Blick, jede leidenschaftliche Umarmung. Ihr wurde bewusst, wie flüchtig die Liebe war. Einige wenige glückliche Augenblicke, dann die Endlosigkeit des Alltags: Ein langweiliger, übergewichtiger Mann, der ein Fußballspiel und drei Krügel Bier einer Nacht mit ihr vorzog.

In Bettina wurde die Sehnsucht nach einem anderen immer stärker. Zunächst war er noch ein gesichtsloser Unbekannter. Allmählich nahm er Konturen an. Bei ihrem »Traummann« fand Bettina all das, was sie bei Alexander vermisste. Noch war sie durch ihr Kind gebunden. Aber eines Tages würden sich ihre Wege mit seinen kreuzen. Er würde ihr in die Augen sehen und sie, ohne ein Wort zu sagen, lieben.

**Desillusionierung.** Jahre später lernte Bettina tatsächlich ihren »Traummann« kennen und nach ihm sogar noch weitere. Jeder neuen Liebe folgte eine neue Enttäuschung. Wie die Mehrzahl der Menschen konnte Bettina nicht anerkennen, dass Liebe nicht dazu da ist, um uns glücklich zu machen. Sie ist ein genetisch verankerter, emotionaler Katalysator, der die Paarbildung erleichtert. Sobald diese stattgefunden hat, verliert die Liebe an Bedeutung. Sie wird zur Gewohnheit, die man nicht missen will.

Ein Liebespaar, das sich wie am Anfang der Liebe nur selbst im Blick hat, wäre für die »Brutpflege« denkbar ungeeignet. Menschen, die sich einander freundschaftlich verbunden fühlen, eignen sich besser für ein Familienleben. Trotzdem ist die Intensität der Liebe der lustvolle Kern einer späteren Partnerschaft. Als Erinnerungsspur zieht sie sich wie ein roter Faden durch das Beziehungsleben und gibt ihm Stabilität.

**Symbiose.** Die Erinnerung alleine reicht jedoch auch nicht aus, um eine längere Beziehung in Schwung zu halten. Es ist notwendig, die erotische Spannung künstlich aufrecht zu halten. In erster Linie ist das eine Frage des Nähe-Distanzverhältnisses. Allzu viel Nähe schadet einer Beziehung genauso wie zuviel Distanz. Zwei Menschen, die in einer symbiotischen Partnerschaft zu siamesischen Zwillingen zusammenwachsen, nehmen ihr jede Spannung. Das Ergebnis so einer Entwicklung ist bekannt. Der eine kann ohne den anderen zwar nicht leben, das Zusammenleben entspricht aber mehr einem öden Nebeneinanderherdümpeln als einer erotischen Partnerschaft. Nichts ist für eine Liebesbeziehung zerstörender als die Regression auf ein frühkindliches Beziehungsschema, bei dem einer die Elternrolle und der andere die Rolle des Kindes einnimmt. Nicht zufällig reden einander manche Paare im Alltag so häufig mit »Mama« und »Papa« an. Eine Lebensgemeinschaft, in der die Partner ausreichend Distanz halten, sich nicht gehen lassen und mit Respekt behandeln, vielleicht sogar etwas von der ursprünglichen Fremdheit erhalten können, ist in den meisten Fällen lustvoller und weniger gefährdet.

**Kompensation.** In vielen Fällen hat die Schattenliebe zu einem Dritten ausschließlich die Funktion, das fehlende Begehren in der bestehenden Beziehung zu kompensieren. Es geht um das Gefühl der frischen Verliebtheit, das man noch einmal erleben will. Nachdem das in einer langjährigen Partnerschaft kaum möglich ist, entsteht die Sehnsucht nach einer neuen Liebe. Sie soll endlich das halten, was die bestehende Beziehung vor langer Zeit versprochen hat.

# Vom Fest zum Drama

Schattenbeziehungen beginnen für die Beteiligten fast immer harmlos. Wer geht schon mit der Absicht und dem Bewusstsein auf den anderen zu, nun für Wochen, Monate oder gar Jahre in seinem Schatten zu leben. Am Anfang ist es nur ein kleiner Flirt. »Sie« ist ungebunden, »er« verheiratet. Beide sind sich einig: Wir wollen niemandem wehtun. Also keine Verbindlichkeit, nur den Augenblick genießen. Aber was so erfrischend und leichtfüßig wie ein Fest beginnt, entwickelt sich oft zum Drama.

## Der Zyklus der Schattenliebe

Der Augenblick ist so erfüllend, dass es weitere Zugaben gibt. Nur noch einmal diese leidenschaftlichen Küsse! Nur noch einmal diese Zärtlichkeit! Nur einmal miteinander aufwachen. Nur einmal das Einmalige wiederholen.

Entgegen der souveränen Abmachungen werden Anrufe und SMS immer drängender: »Du fehlst mir«, »So schön war Sex noch nie«, »Keiner hat mich so verstanden« … Beteuerungen der Leidenschaft. Aber auch Entschuldigungen sich selbst gegenüber.

»Er« erkämpft sich immer mehr freie Stunden für sie. »Sie« zieht sich immer mehr von ihren Freunden zurück und erzählt nichts mehr von ihrer geheimen Beziehung. »Er« befindet sich in einer Art seelischen Krankenstand und muss geschont werden. Schließlich hat er Kinder und eine Frau, die ihn brauchen.

**Notbremse.** Die Erkenntnis, einen Geliebten zu haben, der nicht zu ihrem Leben gehört, gibt manchen Schattenfrauen einen Energieschub und die Notbremse wird gezogen. Nur wenige können wie Camilla damit rechnen, dass ein Prinz sie nach 35 Jahren heiratet. Also wird ein Ultimatum gestellt, das der Geliebte nicht einhält. Oder man versucht, den Teufel mit dem Belzebub auszutreiben und lässt sich noch zusätzlich auf eine Affäre ein. Wird dieser Seitensprung nicht zum Absprung aus der Schattenbeziehung, ist die traurige Geschichte von der Schattenfrau voll im Gange.

**Phasen.** Unsere Untersuchungen zeigen, dass die meisten Schattenbeziehungen ein kurzes Ablaufdatum haben: In Einzelfällen gibt es allerdings Schattenlieben, die über Jahrzehnte hinweg existieren und die Heirat, Scheidung und Wiederverheiratung eines Partners überdauern.

*»Ich war zwanzig, als ich seine Geliebte wurde. Er war mein Chef und war verlobt. Dann hat er seine Verlobte geheiratet, kurz danach bekam sie Zwillinge. Ich war immer noch die Geliebte. Eine Scheidung kam für ihn nicht in Frage, dazu fühlte er sich der Familie seiner Frau gegenüber zu sehr verpflichtet. Aber sie hat ihn verlassen. Von einem Tag zum anderen. Ich habe ihn damals getröstet und aufgefangen. Trotzdem hat er kurz darauf eine andere geheiratet. Eine Frau, mit deren Firma er sein Unternehmen fusioniert hat. Es war ein notwendiger Schritt. Er mag sie aber, das gibt er zu. Ich arbeite schon lange nicht mehr für ihn. Er hat mir einen guten Posten bei einer Bank verschafft. Geheiratet habe ich nie. Ich habe mich nie in einen anderen verliebt, nie. Inzwischen sind 26 Jahre vergangen und er kommt noch immer zweimal in der Woche*

*zu mir. Das ist wie das Amen im Gebet. Seit eh und je.«*
(Marie, 46)

Gewohnheit und das Vertraute spielen eine große Rolle. Unabhängig davon wird mit zunehmender Dauer das Aussteigen immer schwieriger.

Längere Schattenbeziehungen haben einen typischen Verlaufszyklus. Die Stationen einer Schattenliebe, in der sich die Geliebte nicht aus einer emotionalen Verstrickung lösen kann, gleichen einer seelischen Talfahrt:

* **Leidenschaft**
* **Rückzug**
* **Isolation**
* **Idealisierung**
* **Persönlichkeitsabbau**

Cornelias und Peters Schattenbeziehung ist eine von vielen, die so einen typischen Verlauf nahm. Um Sie für das Charakteristische der Schattenliebe im Wortsinn von »Licht und Schatten« zu sensibilisieren, heben wir bei dieser Geschichte die typischen Ausdrücke heraus.

**Verlauf.** Cornelia ist 42 und die Geliebte von Peter, 48, seit 16 Jahren verheiratet. Als sie sich vor sechs Jahren auf einen Flirt mit ihm einließ, dachte Cornelia nicht, dass aus dieser heiteren Begegnung eine **unklare** Dauerbeziehung werden würde. Sie war auf einen Flirt mit einem verheirateten Mann eingestellt. Aber aus dem unverbindlichen Abenteuer entwickelte sich eine Schattenliebe mit einem typischen Verlaufszyklus.

**Leidenschaft.** Es beginnt mit einem Urknall der Gefühle. Dieses hinreißende Lachen … Was für ein erregender Duft … Diese wunderbare Haut … So schöne Gespräche … Und diese atemlose Erregung.

Im Taumel der Leidenschaft sind beide bereit, für ihre Lust

einen hohen Preis zu zahlen: Geheimhaltung. Peter kommt, wenn es dämmert, und geht, wenn es dunkel ist. Cornelia deckt den Tisch für zwei und macht sich schön wie für ein Fest.

*»Lange Zeit war es wie ein ›strahlendes‹ Fest. Aber nach und nach ist es immer ›düsterer‹ geworden.«*

Das Schattenpärchen ist sich einig – nur kein Gerede, nur keine Öffentlichkeit, nur keine Zerstörung der bestehenden Familie. »Erwarte nichts von mir«, stellt Peter vom ersten Moment an klar. »Ich bin verheiratet. Ich habe Familie.« Cornelia schätzt seine Ehrlichkeit, er führt sie nicht hinters Licht.

Auf dem Weg zur Schattenfrau ist Cornelia wie viele andere Frauen regelrecht verblendet. Sie glaubt selbst, dass sie sich nichts von Peter erwartet. Und sie ist überzeugt, dass sie ein Leben im Schatten hinnehmen wird können. Schattenfrauen sind anfänglich blind für die Wirklichkeit.

*»Ich habe doch gehabt, was ich haben wollte. Einen tollen Mann, der sich für mich als Geliebte entschieden hat. Phantastischen Sex, Spaß, Lebenslust. Und einen wunderbaren Gleichklang.«*

Aber nach und nach entstehen in Cornelia geheime Bilder und Sehnsüchte.

*»Plötzlich war da die ›Vision‹, dass wir eigentlich ewig zusammen bleiben sollten. Ich wollte mir nicht mehr vorstellen, dass diese Liebe einmal beendet sein könnte. Ich stellte mir vor, dass wir Kinder haben und später als älteres Ehepaar am Strand spazieren gehen, das Abendrot anschauen und ein schönes, ruhiges Leben führen.«*

**Rückzug.** Es schmerzt Cornelia immer mehr, dass der Mann, mit dem sie so leidenschaftliche Stunden erlebt, in einer Welt lebt, zu der sie keinen Zutritt hat. Die Welt, die Cornelia mit Peter teilt, ist eine Schattenwelt.

> *»Wir hatten keine gemeinsamen Freunde. Wir mussten uns verstecken. Essen gehen konnten wir nur in Vorstadtlokalen. Kino und Theater gab es für uns überhaupt nicht.«*

Trotzdem: Es ist so schön, in den Armen des Geliebten zu liegen, seinen Körper und seine Küsse zu spüren, ihm zuzuhören, mit ihm zu reden. Die Stunden mit ihm sind rar und kostbar.

**Isolation.** Peter muss sich die Zeit mit Cornelia stehlen, also ist sie immer verfügbar. Aber das Warten auf ihn hat nicht mehr diese sexuell erregende Qualität. Es belastet und verstört. Auch deshalb, weil Cornelias Freunden nicht einleuchtet, warum sie für einen verheirateten Mann so viel aufgibt.

Cornelia bleibt unbeirrt. Sie sagt gemeinsame Unternehmungen unvermittelt ab und lässt sich nicht auf längerfristige Pläne ein. Sie will sich frei halten für Peter. Durch ihre Bereitschaft, immer für ihn da zu sein, schlittert sie wie viele Schattenfrauen in eine soziale Isolation.

> *»Wenn andere etwas unternommen haben, bin ich zuhause gesessen und habe gewartet, ob er vorbeikommt. Neue Männer habe ich nicht kennen gelernt, alte Freunde haben sich zurückgezogen.«*

Der Kontaktverlust zu Freunden und zur Außenwelt verursacht nicht nur Einsamkeit: Durch den Mangel an gut gemeinten, kritischen Einflüssen wird der Geliebte als etwas Besonderes gesehen und idealisiert.

**Idealisierung.** Die Geliebte im Dunkel, er im Fokus ihrer Aufmerksamkeit und ihres Alltags – da bekommt alles eine andere Wertigkeit. Peter erscheint Cornelia als der einzige Mensch, der Verständnis, Einfühlung und Interesse für sie hat. Andere, positive soziale Erfahrungen macht sie nicht mehr – sie ist ja von regulierenden Außenkontakten abgeschnitten.

Die Abhängigkeitsschraube beginnt sich zu drehen: Jeder Gedanke und jedes Handeln der Geliebten ist nur auf den Mann ausgerichtet, mit dem sie ihr Schattendasein teilt.

Die zärtlichen SMS, die er ihr schickt, während er bei seiner Familie ist, verdichten die Überzeugung, mit keinem anderen so eine Erfüllung finden zu können. In der Welt der Schattenliebe kommt es nicht nur zu Trübsinn, sondern buchstäblich auch zu einer Bewusstseinstrübung.

Der Geliebte wird der einzig erstrebenswerte Mensch der Welt. Alles dreht sich nur noch um ihn. Die Idealisierung wird auf die Beziehung ausgedehnt und die Geliebte meint, ohne diese Partnerschaft gar nicht mehr leben zu können. Alles soll ihr Recht sein, nur verlieren will sie ihn nicht.

**Abbau.** Von da an ist ein Persönlichkeitsabbau oft nicht mehr aufzuhalten. Realitätsverlust, Selbstwertzweifel, Verlustängste und Depression sind typisch.

In den zahllosen Stunden ihres sehnsüchtigen Wartens gehen Cornelias Gedanken im Kreis: Endlich Schluss mit dieser Heimlichtuerei. Endlich raus aus dem Schatten. Cornelia beginnt zu agieren. Irgendetwas muss passieren. Sie bricht ein Tabu, ruft immer öfter zu Hause bei Peter an und legt auf. Während er nach dem Sex mit ihr noch schnell duscht, besprüht sie seine Jacke heimlich mit ihrem Parfum.

> »Da gab es ja fast nur noch Heimlichkeiten, Ausreden und Tränen. Bei mir ist das Gefühl immer stärker geworden, dass das doch nicht alles sein kann. Aber ich war unfähig, Schluss zu machen. Obwohl ich öfter sagte, nein, das geht nicht mehr mit uns, bin ich doch in der Situation geblieben.«

Peter schenkt Cornelia immer noch für Stunden Scheinglück und Scheinfrieden. Und er stützt immer wieder ihren inzwischen ziemlich lädierten Selbstwert. Zum Beispiel sagt er, dass er zuhause eine ungeliebte Frau hat und nur bei ihr Verständnis und Sinnlichkeit findet (»Du bist meine Traumfrau«). Oder er nimmt für Cornelia Schwierigkeiten und Strapazen in Kauf, um sie für fünf lächerliche Minuten heimlich auf einem Parkplatz zu treffen (»Das habe ich noch nie getan«). Oder er schleicht sich spätnachts zum Telefon, um ihr zuzuflüstern, wie sehr er sie liebt und braucht (»Ich kenn mich selbst nicht mehr«). Diese Momente sind Cornelias Drogen. Trotzdem: Die Zeit, in der sie unglücklich ist, nimmt zu.

*»Die Stunden im Büro gingen halbwegs. Aber die Abende, Wochenenden und Feiertage waren die Hölle. Ich habe mich von ihm mindestens sechsmal getrennt und dann wieder versöhnt.«*

Viele Geliebte unternehmen verzweifelte Trennungsversuche, aber der verheiratete Liebhaber setzt gerade dann alles daran, sie zu halten. Der Sex ist dann intensiv wie nie. Er beschenkt sie, ruft ständig an, feuert SMS im Stundentakt.

Cornelia respektiert immer wieder Peters Hinweis, dass sie ja ursprünglich mit dem Arrangement einer Schattenbeziehung einverstanden war. Peter bemüht sich, Cornelias Toleranz für seine Situation zu gewinnen. Er ist eben ein loyaler Ehemann, der sich nicht von seiner Frau scheiden lassen kann. Immerhin gab sie wegen der Kinder ihren Beruf auf. Seine Frau lebt nur für die Familie, eine Trennung würde sie zerstören.

Außerdem: Was hat Peters Liebe zu Cornelia mit seiner Familie zu tun? Das ist eine reine Formsache. Wenn eine Frau im Schatten lebt, dann ist es seine. Sex gibt es da schon längst nicht mehr. Er hatte überhaupt noch nie so guten Sex wie mit Cornelia. Vielleicht ist später, wenn die Kinder groß sind, alles viel leichter. Dann müsste man noch einmal alles neu überdenken. Aber jetzt zählt ihre Leidenschaft, sonst nichts.

Wie eine Süchtige wird Cornelia immer wieder rückfällig: Sie hat ja nur noch ihn.

Durch die Anstrengungen des Mannes, die Schattenfrau zu halten, wird die betrogene Ehefrau oft alarmiert. Eine dunkle Ahnung hatte sie ja schon länger, jetzt will sie Klarheit. Sie kontrolliert ihn, filzt seinen Computer, hört das Handy ab. Dann: Filmriss.

**Skandal.** Peters Frau begreift, dass sie handeln muss, wenn die Sache mit der Geliebten ihres Mannes ein Ende habe soll.

Um sich aus einer erstarrten Dreiecksbeziehung lösen zu können, ist der Skandal – meist eine Konfrontation zwischen Ehefrau und der Geliebten – für die Schattenfrau oft der Königsweg in eine neue Freiheit. Erst jetzt kann sie Trennungsarbeit leisten, weil dem Geliebten von der Ehefrau ein Ultimatum gesetzt wurde: »Entweder sie oder ich.«

Falls es eine informierte Ehefrau klüger findet, die Augen zuzumachen, auf eine Klarstellung zu verzichten oder ihrerseits zu einem Arrangement bereit zu sein – zum Beispiel, weil sie ihren Status als Ehefrau oder wirtschaftliche Vorteile nicht verlieren will – muss die Geliebte weitaus mehr Energien aufbringen, um endlich ihrem Schattendasein zu entkommen.

Cornelia ist heute froh darüber, dass Peters Frau ihrem Mann das Messer ansetzte und damit die Liebesgeschichte beendete. Aber den Moment, als ihr ein Licht aufging, wird Cornelia nicht so schnell vergessen:

> »Eines Tages läutete es an der Tür und da stand Peters Frau. Sie sagte: ›Es ist Zeit, dass wir uns kennen lernen.‹ Noch im Vorzimmer habe ich erfahren, dass sie wieder schwanger ist. Erst habe ich das gar nicht kapiert. Unmöglich! Dann habe ich gewusst: Sie kriegt das Kind, das ich wollte. Jetzt ist es endgültig vorbei.«

# Skandal im Sperrbezirk

Schattenliebe und Schattenleben – Skandale sind daraus nicht wegzudenken.

Vielleicht erlebten auch Sie in einer Schattenbeziehung schon einmal einen ebenso schmerzlichen wie peinlichen Skandal. Vielleicht waren Sie dabei ein Opfer oder sogar die/der Täter-In. Auf jeden Fall fragten Sie sich: »War das notwendig?«

**Auftrag.** Erschrecken Sie nicht über die Antwort: Vermutlich war es notwendig. Ein Skandal hat meist einen geheimen Auftrag. Er ist eine Durchbruchshandlung, nach der kein Stein auf dem anderen bleibt.

Plötzlich ist alles anders – genau das sollte passieren! Auf einmal kommen Themen zur Sprache, denen man bisher auswich: Was ist für dich Verantwortung? Wie viel Geheimhaltung ist mir/dir noch zumutbar? Wie viel Belastung kann eine Beziehung aushalten? Bin ich polygam? Womöglich bisexuell?

Wenn in einer belasteten Beziehung, wie es eine Schattenbeziehung ist, lange Zeit alles nach Plan verläuft, explodiert oft unversehens eine Bombe. Einer von beiden tut oder sagt etwas, was bis dato nicht einmal in Gedanken vorstellbar, geschweige denn ausgesprochen oder gar realisiert worden wäre.

*»Wenn ich heute so zurückblicke, muss ich diese Liebe in zwei Epochen unterteilen. In der ersten Phase war sie für mich eine Überfrau. Etwas Unvergleichliches, etwas Einmaliges, etwas, was den Rahmen meines bisherigen Lebens absolut gesprengt hat. Daher war ich auch bereit im Hintergrund zu bleiben. Aber sie hat sich mit mir gespielt. Einmal hat sie gesagt, sie wird sich trennen, dann wieder nicht. Da habe ich diese überirdischen Gefühle vollkommen umgedreht und bin auf ein Fest von ihr und ihrem Mann gegangen und hab ihn offen gefragt, ob er seine Frau frei geben würde. Es war ein Skandal, denn ein*

*paar Leute haben mitgekriegt, was da läuft. Danach hat sie*
*mit mir Schluss gemacht.«* (Mario, 34)

**Lebendig.** Das skandalöse Verhalten verhindert, dass man sich
in einer Beziehung wie tot fühlt. Durch einen offen ausgespro-
chenen, »unmöglichen« Wunsch oder ein egoistisch durchge-
setztes Verhalten, fühlt man sich wieder lebendig. Mit Schmerzen und Ängsten zwar, aber lebendig. Die Routine ist
aufgebrochen. Alles wird in Frage gestellt und neu definiert:
Ich bin nicht nur ein gefügiger Schattenmensch, ich kann auch
fordern, wagen, kämpfen.

Erinnern Sie sich an den alten Schlager »Skandal im Sperrbezirk«? Auch Beziehungsskandale spielen sich in einem Sperrbezirk ab. Sie rühren aus jenem Schattenteil der Persönlichkeit,
der verdrängt, verleugnet und unterdrückt wurde.

Dass ein Skandal eine Krise verursacht, ist unbestreitbar. Aber
die Wortbedeutung von Krise heißt »Wende«. Ein Skandal
kann gerade in einer erstarrten Dreierbeziehung die Wende
zum Besseren sein, zumindest aber zur Klarheit bringen.

# Die Abhängigkeit der Schattenfrau

Dass Frauen keine Heiligen sind, zeigen alle neuen Treue-
untersuchungen, auch unsere Studien. Frauen sehnen sich
ebenso wie Männer nach sexueller Abwechslung und intensiven erotischen Erlebnissen. Trotzdem muss es gesagt sein: Das
Phänomen der Schattenliebe ist weiblich. Frauen sind abhängiger und gezwungenermaßen zu Beziehungsinvestitionen
bereiter.

Auch hier kommen wir nicht um einen evolutionären Gedanken herum: Durch die Tatsache, dass die Frauen und nicht die

Männer Kinder bekommen, sind Frauen während der »Aufzucht« des Nachwuchses mehr auf stabile Beziehungen angewiesen.

Für einen Mann ist es oft entlastender, eine Affäre mit einer verheirateten Frau zu haben. So kann er den Sex genießen, ohne dafür Verantwortung und Konsequenzen übernehmen zu müssen. Dagegen hat es eine Frau, die sich mit einem verheirateten Mann einlässt, viel schwerer. Vor allem dann, wenn mit ihrer Liebe auch ein Kinderwunsch verbunden ist.

**Fruchtbarkeitslust.** Nahezu jede Frau, die sexuelle Abwechslung sucht, denkt zumindest unbewusst die Möglichkeit einer Schwangerschaft immer mit. 81,4 % spielen bei einem Mann, den sie lieben, auch mit dem Gedanken an ein Kind und eine Schwangerschaft – auch in einer Zeit, in der es möglich ist, durch die Pille sexuelles Erleben und Fortpflanzung zu entkoppeln und der Staat viele Verpflichtungen übernimmt. Die Gebärfähigkeit der Frau macht die Möglichkeit einer Schwangerschaft zu einem immanenten Empfinden, sobald Verliebtheit oder gar Liebe im Spiel sind.

Eine Frau, die einen Mann liebt und von ihm ein Kind will, hat es ohnedies oft schwer genug, ihn von seinem Vaterglück zu überzeugen. Wie schwer hat es da erst eine Frau, die einen verheirateten Mann liebt und zumindest im Stillen davon träumt, mit ihm eine Familie zu haben.

Die Koppelung zwischen sexueller Lust und Lust an der Fruchtbarkeit bringt eine Frau zwangsläufig in eine abhängige Position.

**Schmerzbereitschaft.** Wie viel Schmerz eine Frau in einer Partnerschaft zu ertragen bereit ist, hängt in erster Linie von der subjektiven Bedeutung ab, welche die Beziehung für sie hat. Abhängige Menschen, denen die Vorstellung, alleine zu leben, Angst macht, legen eine wesentlich höhere Schmerzbereitschaft an den Tag als andere. Sie lassen sich von ihrem Partner daher auch wesentlich mehr gefallen, ohne die Konsequenzen zu ziehen. Letztlich ist die Vorstellung, »ganz alleine« zu sein, immer schlimmer als die Kränkungen, die vom Partner zugefügt werden.

Es ist also kein Zufall, dass Menschen, die zu Abhängigkeitsbeziehungen neigen, nicht nur häufiger in unglücklichen Beziehungen leben, sondern auch öfter in unglückliche Dreiecksbeziehungen verstrickt sind. Schattenliebe und Abhängigkeit sind untrennbar miteinander verbunden.

Unter den Menschen, die im Schatten lieben und leben, gibt es also nicht zufällig mehr Frauen als Männer ($^2/_3$ : $^1/_3$).

Ein Mann zwischen 45 und 50 Jahren, der sich im Laufe seiner 15-jährigen Partnerschaft gemeinsam mit seiner besseren Hälfte etwas geschaffen, vielleicht auch eine Familie gegründet hat, wird möglicherweise von wildem Sex mit einer anderen Frau träumen. Aber seine Bereitschaft, wegen »der anderen« alles aufzugeben, hält sich in Grenzen. Erst recht, wenn er spürt, dass seine bestehende Partnerin es ohnedies nicht mehr so genau wissen will.

*»Eine innere Stimme, die klüger war als meine Gefühle für sie, hat mir gesagt, dass es gut ist, wenn es nicht weiter geht. Sie lebt mit einem anderen und für mich gibt es auch eine andere, die mir ganz gehört und mit der ich viel aufgebaut habe.«*
(Niko, 45)

*»Es war nicht leicht, auf sie zu verzichten. Aber die Familie hat gesiegt. Ich habe mich daran erinnert, wie ich zum ersten Mal ins Gymnasium gekommen bin. Da waren über 30 Schüler und ich habe mir damals gedacht: »Mein Gott, all diese Namen werde ich mir nie merken und all diese Kinder werde ich nie kennen.« Daran habe ich gedacht, an dem letzten Abend mit ihr. Und natürlich auch daran, dass ich mir doch alle Namen gemerkt habe und alle kennen gelernt hatte. Das*

*hat etwas sehr Tröstliches für mich gehabt. Da habe ich gewusst, ich tu das Richtige und werde drüber hinweg kommen, ohne dass ich meine Familie zerstören muss.«* (Albert, 51)

*»Ich bin mir sicher, dass meine Frau gewusst hat, dass ich eine Freundin habe. Ich war so viel weg, das Handy hab ich zuhause immer abgedreht, den Zugang zu meinen E-Mails hat sie nicht mehr gehabt und wir haben nicht mehr so regelmäßig wie früher, sondern einmal sehr oft, dann wieder sehr selten miteinander geschlafen. Alles war irgendwie anders. Aber ich muss sagen, sie hat das alles irgendwie weggesteckt.«* (Norbert, 43)

38,4 % der 40- bis 50-jährigen Frauen vermuten, dass ihr Partner gelegentlich eine andere hat. 65,3 % der über 50-Jährigen sind sich dessen sicher. Aber knapp die Hälfte der befragten Frauen über vierzig glaubt nicht, dass ein Seitensprung ihres Partners die Beziehung dauerhaft verschlechtert.

**Versprechungen.** Warum also sollte ein Mann, der beides haben kann, eine sichere, vertraute Beziehung mit einer Frau, die er schon lange kennt, und den sexuellen Reiz einer Geliebten, an dieser für ihn eigentlich sehr angenehmen Situation etwas ändern? Dazu kommt es nur, wenn es tatsächlich auch die große Liebe ist. Aber wie oft ist das schon der Fall?

Viel häufiger kommt es vor, dass ein Mann seine Geliebte glauben lässt, sie sei für ihn die wirklich ganz große Liebe. Indem er sie im Glauben bestärkt, dass sie eines Tages zusammenkommen werden ... wenn seine Kinder groß sind ... wenn er sich von seiner Frau hat scheiden lassen ... wenn er seine Schulden abbezahlt hat. Mit solchen Versprechungen kann ein Mann seine gutgläubige Geliebte mühelos über Jahre hinhalten, ohne an seinen Lebensumständen tatsächlich etwas ändern zu müssen.

# »Agency« und Unterwerfungslust

Dorothea ist seit drei Jahren eine Schattenfrau. Sie führt über Severins Versprechungen penibel Buch. Ihre Ängste, ihre Wut und all die Qual des Wartens, Versprechens, Verschiebens werden von ihr Wort für Wort festgehalten. Was hat Dorothea mit diesem Dokument des Schreckens vor? Verwendet sie es als Anklageschrift gegen ihren verheirateten Geliebten? Will sie damit bei sich selbst gegen Severin Stimmung machen, um ihn endlich zum Teufel schicken zu können? Weder noch. Dorothea spürt nur eine eigenartige Genugtuung, wenn sie an ihrer Liste von Severins Schreckenstaten arbeitet: Dieser Schuft! Dieser gemeine Kerl! Das habe ich nicht verdient. Ich bin da ganz anders …

**Masochismus.** Jeder, der in Dorotheas Beziehung zu Severin Einblick hat, fragt sich, was mit dieser hübschen, erfolgreichen Frau eigentlich los ist. Ist es möglich, dass Dorothea mit dem Langmut einer wahrhaft Liebenden diesen Egoismus erträgt? Hat sie vielleicht Angst vor einer ungewissen Zukunft? Besser man kennt den Schrecken seines Lebens, als man weiß nicht, was morgen sein wird.

> *Ich war ganz bestimmt die Untergeordnete, Ergebene, die Schwächere. Ich habe mir irrsinnig viel von ihm einreden lassen, was man wie macht und wie man sich anzuziehen hat. Er hat sich in alles eingemischt und ich habe alles getan, was er wollte. Wenn er gesagt hat »umziehen«, hab ich mich sofort umgezogen. Wenn er verlangt hat, dass ich zuhause bleibe, war klar, dass ich es mache. Dabei war er nur ein Jahr älter als ich.«*

Ist Dorothea vielleicht gar eine Masochistin?

**Agency.** Dorothea hat tatsächlich masochistische Neigungen. Die Grenzen dieses Phänomens sind unscharf. Einerseits ist da die durchaus »gesunde« und bewundernswerte Fähigkeit, sich für andere aufzuopfern. Diese Eigenschaft ist nicht krankhaft. Sie entsteht aus der langen, kindlichen Abhängigkeit und aus der für ein Kind notwendigen Unterwerfung unter die elterliche Autorität. Würde sich so ein abhängiges, kleines Wesen nicht den Wünschen der Eltern unterordnen, riskierte es den Verlust von deren Liebe. Ohne die gibt es aber kein Überleben.

Sich mehr um den anderen zu kümmern als um sich selbst, lernen vor allem kleine Mädchen. Diese Tendenz, von sich selbst weg zu gehen und sich verstärkt für ein Du einzusetzen, wird in der Psychologie auch »agency« – Agententum genannt.

**Identifikation.** Die eigene Befriedigung entsteht durch die Identifikation mit dem Glück des Partners. Eine »Umwegsrentabilität«, die typisch für viele karitativ engagierte Menschen ist.

Möglich ist auch, dass eine Frau sich deshalb ganz und gar einem Mann verschreibt, weil sie selbst einmal als kleines Kind so einen verwöhnenden Menschen gehabt hatte.

**Sadismus.** Wenn sich tolle Frauen jämmerlichen Männern unterwerfen, inszenieren sie meist selbst die Angst, Wut und Schmerzgefühle, die sie als Kind empfunden haben. Ganz nach dem Motto »Was ich nicht will, das man mir tut, füg ich mir lieber selber zu«.

Es stimmt, dass Frauen öfter als Männer in Beziehungen leben, in denen sie der masochistische Teil sind. Bei 33,4 % der Frauen, aber nur bei 14 % der Männer ist das der Fall.

Die Unterwerfungsbeziehungen der Männer spielen sich nicht so oft privat, sondern häufiger im Berufsleben ab. Auch Sebastian ist an seinem Arbeitsplatz so masochistisch wie Dorothea ihm gegenüber. Auch er »tröstet« sich in seinen beruflichen Unterwerfungssituationen mit der moralischen Genugtuung: »Ich bin nicht so.« Severin ist kein Einzelfall, im Gegenteil. Sie würden staunen, wenn Sie wüssten, wie viele fiese Kerle zu-

123

hause ihre Partnerinnen oder ihre Schattenfrau martern, aber im Beruf auf befremdliche Weise unterwürfig sind.

Sadist und Speichellecker – beides ist möglich, vielleicht sogar wahrscheinlich.

## Ich darf mir nichts erwarten

Hanna hofft seit vier Jahren, dass sich Robert endlich von seiner Lebensgefährtin trennt, die er angeblich schon längst nicht mehr liebt. Wenn er ein Ultimatum wieder einmal nicht eingehalten hat, macht sie nicht Robert Vorwürfe, sondern sich selbst: Ich habe zu viel verlangt/Ich war zu kleinlich/zu wenig tolerant/zu Besitz ergreifend/nicht genügend sexy usw.

**Geben.** Würde man Hanna sagen, dass ihrem Problem mit Sebastian ihre unbewusste Einstellung zugrunde liegt, von Männern nichts Gutes annehmen zu dürfen, würde sie das nicht glauben. Aber zu dieser Einstellung kommt es häufig, wenn sich ein kleines Mädchen nicht von der Mutter akzeptiert fühlt. Ob das wirklich so ist oder ob sich das nur in der Phantasie abspielt, ist gleichgültig. Als Folge davon entwickeln sich so starke, feindliche Gefühle gegen die Mutter, dass die arme kindliche Seele zu einer ersten Hilfemaßnahme greift. Um nicht auch noch unter der Last der Aggression gegenüber einem Menschen zu leiden, der ja gleichzeitig ja auch geliebt wird, suggeriert sich das Mädchen: »Nicht ich bin böse, sondern meine Mutter. Sie gibt mir nicht das, was ich mir wünsche.«

Als Erwachsene sucht sie sich immer nur Männer, denen sie etwas geben kann. Diese Frauen sind prädestinierte Schattenfrauen. Sie ziehen egoistische Nehmertypen an wie die Motten das Licht. Meist sind diese Männer sehr begabt für plumpe

124

Schmeicheleien, die von den Schattenfrauen für Liebesbeweise und Zukunftsversprechungen gehalten werden.

**Gefühlsvernunft.** Wie ist das möglich, dass eine erwachsene, kluge Frau in Liebesfragen so wenig Vernunft und Kritik besitzt? Vermutlich war die Beziehung des Mädchens zur Mutter gestört, daher konnte es sich nicht ausreichend mit der Mutter identifizieren. Als erwachsene Frau fehlen ihr daher die Gefühlsvernunft und das Gespür dafür, was von dem einen Mann zu erwarten ist und von dem anderen nicht.

*»Das war eine Form von Gebundensein, in der ich immer wieder hin- und hergerissen worden bin zwischen der Hoffnung, dass es etwas wird, und dem Wissen, dass es ja doch nichts werden kann, weil er verheiratet ist und Kinder hat. Trotzdem habe ich es immer wieder versucht.«* (Linde, 43)

*»Ich frage mich, wie ich es überhaupt so lange aushalten konnte mit einem Mann, der mir immer wieder das Gefühl gegeben hat, für ihn nicht wichtig zu sein. Nur im Bett, da hat er mir etwas Anderes vermittelt. Aber davon kann so eine Beziehung nicht auf Dauer leben. Wenn man innerlich zutiefst verunsichert ist, genügt der Sex als Stärkung nicht.«* (Christine, 39)

*»Ich habe gespürt, dass ich da in eine Art von Abhängigkeit hineinschlittere. Und je deutlicher das geworden ist, desto mehr habe ich mich verloren. Wenn er einmal etwas Negatives gesagt hat, dann war das für mich gleich die totale Katastrophe. Ich bin überhaupt an seinen Lippen gehangen und alles, was er getan oder gesagt hat, war für mich von immenser Bedeutung.«* (Franziska, 31)

*»Es sind da gewaltige Gefühle der Einsamkeit gewesen. Das habe ich mir auch eingestanden, trotz aller Liebe. Ich habe auch sehr viel geweint in dieser Zeit. Ich war sehr viel alleine und habe sehr isoliert gelebt. In dieser Zeit war ich sehr inak-*

*tiv und es hat mir überhaupt nichts gefallen. Ich war depressiv und ängstlich.«* (Rosa, 46)

**Angst.** Auch Versagensgefühle sind ein Hauptgrund, warum sich die Trennung von einem gebundenen Partner manchmal jahrelang hinzieht. Dazu kommt die Angst vieler Frauen vor dem echten Alleinsein: Wer zumindest einen Geliebten hat, von dem man träumen kann, muss sich der Tatsache »Ich bin allein« nicht wirklich stellen.

## Warum aus Spaß so oft Ernst wird

Vorherzusehen sind Schattenbeziehungen und die damit so oft verbundene Trostlosigkeit nie. Anfangs tut es einfach nur gut, mit funkelnden Augen wahrgenommen zu werden, zu lachen und zu flirten. Man fühlt sich durch und durch lebendig. Erhabene Gefühle stecken am Beginn meist nicht dahinter. Es geht um Spaß, nicht um Liebe.

**Spaß.** Auch Andrea, hübsch, modern und souverän, dachte so. Bis die Sache mit Florian passierte. Die Geschichte ist schnell erzählt.

Andrea war bereits länger Single. Weit und breit kein Mann zum Verlieben in Sicht. In diesem Moment tauchte Florian auf. Mittelmäßig intelligent, mittelmäßig attraktiv und mittelmäßig interessant. Nach einem wehmütig schönen Sommerabend im Garten von Freunden ließ sich Andrea von Florian nach Hause bringen. Andrea wusste, dass Florian verheiratet ist. Sie wusste auch, dass seine Frau während der Ferien mit den Kindern an einem See ist und Florian immer zum Wochenende zu seiner Familie fährt.

*»Unter ›normalen‹ Umständen hätte er keine Chance gehabt: Ein verheirateter Mann! Und nicht einmal etwas Besonderes.*

*Aber in dieser Nacht war alles anders. Ich habe so eine Sehnsucht in mir gespürt. Ich war unkritisch, ganz bestimmt. Verliebt war ich jedenfalls nicht in Florian. Trotzdem habe ich mit ihm geschlafen. Vermutlich aus einer grundsätzlichen Sehnsucht heraus. Die hat gar nicht ihm gegolten.«* (Andrea, 31)

**Frosch.** Florian ist heute noch stolz, dass er mit einer coolen, jungen Frau ins Bett ging und kurz darauf eine in ihn vernarrte Geliebte an seiner Seite hatte.

Andrea wiederum ist es unerklärlich, dass sich für sie ein Frosch in einen Prinzen verwandelt hatte: Wie erotisch sich Florian bewegte … wie humorvoll er sein konnte … und eigentlich war er auch geistreich. Andrea sah Florian an und hatte das Gefühl, ihn zum ersten Mal zu sehen.

Ein paar Wochen war alles wie im Bilderbuch. Heimlicher Sex. Begeisterung. Lust. Engagement. Dann schickte Florian nicht mehr fünf SMS am Tag, sondern nur noch eins. Schließlich vertschüsste er sich endgültig. Andrea war unglücklich, richtig unglücklich.

Zum Glück dauerte es nicht lange und sie sah Florian wieder so wie früher – als mittelmäßigen Langeweiler. Andrea stand vor einem Rätsel: Wieso hatte sie sich überhaupt in diesen uninteressanten Typ verliebt?

**Oxytocyn.** Vielleicht war alles nur ein verrückter Tanz des weiblichen Bindungshormones Oxytocyn. Forscher der Universität von San Francisco untersuchten das Oxytocynniveau von Frauen zwischen 23 und 35 Jahren vor und nach dem ersten sexuellen Verkehr mit einem Partner. Fazit: »Danach« war der Oxytocynspiegel im Blut deutlich höher als vorher. Dass Oxytocyn Wehen auslöst, die Milchbildung fördert und in einer Frau geradezu irrationale Liebesgefühle erzeugt, die sie zu einem Rundumeinsatz für ihr Baby bereit machen, weiß man seit einigen Jahren.

Offenbar profitieren auch die Männer von diesem Trick der Natur. So manche Frau verliebt sich nach dem ersten Liebesakt nicht deshalb in ihren Gefährten, weil er so toll im Bett ist, sondern weil der erhöhte Oxytocynspiegel massive, emotionale Veränderungen ausgelöst hat. Vor ein paar Stunden war sie nur auf einen Flirt aus, nach einer Liebesnacht erwacht sie als Schattenfrau.

**Testosteron.** Dass Männer von dieser magischen Wandlung nicht so oft erfasst werden, liegt möglicherweise am Testosteron. Die männlichen Sexualhormone schwächen die Oxytocynwirkung offensichtlich um einiges ab. Für einen Mann bleibt der Sex das, was er anfänglich auch für die Frau sein hätte sollen – ein unbeschwertes, sinnliches Vergnügen …

Für die magische emotionale Wandlung einer Frau gibt es aber auch eine andere Erklärung: Selbstbetrug. Zu Anfang des dritten Jahrtausends erlauben sich die meisten Frauen noch immer nicht »Sex pur« zu leben. Das sexuelle Begehren und Fühlen wird in Liebe »eingebettet«.

Die traditionelle Doktrin, Sex und Liebe nicht zu trennen, ist in Frauen auch heute noch tief verankert. Entwicklungsgeschichtlich gesehen war Sex ein Bindemittel zwischen den Pflanzen anbauenden Frauen und den jagenden Männern. Lustvoller Sex veranlasste den Urmann dazu, sich immer wieder mit Beutefleisch bei einer Auserwählten einzustellen. Davon profitierten beide, da gemeinsame Kinder durch das herangeschleppte Beutefleisch besser versorgt wurden und höhere Überlebenschancen hatten.

Später waren Frauen von Männern wirtschaftlich und sozial abhängig. Ihr einziges »Kapital« waren ihre Ehrbarkeit und Jungfernschaft. Frauen lernten, ihre Sexualität nur sparsam und vor allem nur dann einzusetzen, wenn es »etwas Ernstes« war. Wenn Frauen noch heute ihr sexuelles Empfinden als gut oder falsch bewerten – je nachdem, ob der Mann liebenswert, buchstäblich »der Liebe wert« erscheint, hängt das aller Wahrscheinlichkeit auch damit zusammen.

## Liebesbarometer Eifersucht

Egal in welcher Konstellation sich eine Dreiecksbeziehung abspielt, ein zentrales Thema ist die Eifersucht. An der Uni Berlin wurde im Rahmen des Forschungsprojektes »Tötung eines Intimpartners« festgestellt, dass in mehr als 90 % der Tötungsdelikte, die von Männern begangen werden, Eifersucht das Motiv ist. Der Schmerz trifft Frauen und Männer zentral. Kein Wunder also, dass Eifersucht auch in Schattenbeziehungen gerne als Liebesbarometer eingesetzt und dazu benutzt wird, die Gefühle des/der anderen zu schüren.

Anna zum Beispiel machte vor Lukas, ihrem verheirateten Geliebten, einem anderen Mann schöne Augen und flirtete ungeniert mit ihm. Und das während ihres verschwiegenen Wochenendes in einem Romantik-Hotel.

Was für ein Theater! Vor einer PISA-Studie in Sachen Flirt müsste Anna keine Angst haben. Und warum tut sie das alles vor Lukas? Weil sie sein Engagement für sich steigern will. Wenn er sieht, dass sie auch andere, attraktive Angebote hat, ist er – zumindest vorübergehend – auf eine gemeinsame Zukunft und auf eine Trennung von seiner Lebensgefährtin ansprechbarer. Anna atmet dann auf: »Er liebt mich ja doch!«

**Biologisch.** Das Schüren von Eifersucht als Liebesbarometer gehört zu unserer biologischen Grundausstattung. Die Liebe wird belebt, die Wachsamkeit steigt, die Bindung festigt sich. Oder die Rechnung geht nicht auf …

> *»Eines Tages ist sie gekommen und hat mir gestanden, dass sie wieder mit ihrem Mann geschlafen hat. Ich habe darauf nur*

*gefragt: › War es schön?‹ Das hat sie nicht verkraftet. Es ist dann*
*noch insgesamt weitere viermal vorgekommen, dass sie behaup-*
*tet hat, sie war mit ihrem Mann im Bett. Sie hat mir das*
*immer drei, vier Tage später gesagt, aber ich habe darauf nicht*
*reagiert. Da hat sie dann Schluss gemacht und ist wieder zu*
*ihrem Mann zurück. Das war's. Vielleicht ergibt sich wieder*
*einmal so eine Situation. Möglich ist es. Mir ist das nicht so*
*wichtig.«* (Albin, 32)

Etwa ein Drittel der Männer und mehr als zwei Drittel der
Frauen versuchen, das Engagement der Partnerin/des Partners
zu steigern, indem seine/ihre Eifersucht geweckt wird. Wenn
Männer das Gefühl haben, dass das emotionale Gleichgewicht
in ihrer Beziehung nicht stimmt, gehen sie es bei einer anderen Frau offen und direkt an. Eine Frau lächelt einem anderen
Mann zu. Der vermutet, dass sie sexuelles Interesse an ihm hat
und macht seinerseits Annäherungsversuche. Daraufhin
erwacht im Partner Kampfesgeist und Eifersucht. Bingo!

Manche Frauen kleiden sich provokant, andere kaufen sich
selbst Blumen, disziplinierte gehen nicht zum Telefon oder
ignorieren im Beisein anderer den Gefährten ganz bewusst.
Dieser kreativen Erzeugung von Distanz gebührt die Sieges-
palme zum Schüren von Liebesgefühlen.

**Verwundbar.** Eifersucht dockt zielsicher dort an, wo wir alle
verwundbar sind, wo Sehnsucht, Scham, Kränkung und Verlustangst angesiedelt sind. Eifersucht ist sogar noch da spürbar, wo es gar keine Liebe mehr gibt. Dieses Phänomen ist ein
Vermächtnis unserer frühen Kindheit.

Für ein Kind ist die Mutter alles. Kleine Kinder sind die
intimsten, glücklichsten und treuesten Partner. Die ausschließliche Beziehung zur Mutter genügt ihnen. Sie wollen
sie nicht teilen und begleiten sie sogar aufs Klo. Aber dann
muss jedes Kind feststellen, dass ihm die Mutter ja doch nicht

ganz gehört. Sie muss auch für andere da sein und alle die sind Rivalen.

**Kämpfen.** »Rivalis« hießen die Anwohner eines Flusses, die um den exklusiven Zugang zum lebenspendenden Wasser eiferten. Ein Mensch, der wichtige Bedürfnisse erfüllte – zum Beispiel nach Sicherheit oder Bestätigung – ist so eine Quelle, zu der man exklusiven Zugang haben will. Taucht ein anderer auf, der von dieser Quelle schöpfen will, kämpft man um sie: »Mir gehört sie! Mir allein!«

Tut uns leid, Ihnen die Illusion nehmen zu müssen. Aber was Sie nach einem taktischen Manöver als Liebesbeweis auslegen, ist oft nur der Kampf um emotionale und sexuelle Exklusivität.

Eifersüchtige Reaktionen gehören zur Liebe dazu, erst recht zur Schattenliebe. Wenn in einer Schattenbeziehung ein Partner auf Eifersuchtsstrategien überhaupt nicht reagiert, kann das ein Signal dafür sein, dass die Gefühle für einander ja doch ohne Gewicht sind. Man hat sich zwar im Namen der Liebe zusammengetan, aber sie ist nur ein Schattengewächs, weil sich einer weigert oder die Verbindung nicht im Zeichen des totalen Engagements leben kann.

# Der Mythos von glücklichen Schattenfrauen und -männern

In letzter Zeit ist immer wieder die Rede davon, vom Opfermythos der Geliebten Abschied zu nehmen. Die Geliebte eines verheirateten Mannes sei oft gar nicht unglücklich. Tatsächlich ist »nur« Geliebte zu sein für so manche Frau nicht ein unerträgliches Schicksal, sondern eine willkommene, freiwillig gewählte Lebensform.

**Schönfärberei.** Wir bezweifeln das. Vielleicht behauptet die eine oder andere Schattenfrau, dass sie »ohnedies wunschlos glücklich« sei, aber dabei handelt es sich meist um Schönfärberei. In den meisten Fällen geht dem Zustand, in dem man sich nichts mehr erwartet, ja doch eine Phase voran, in der auf mehr gehofft wurde. Darauf, dass sich ein Mann für einen entscheidet. Auf ein gemeinsames Leben. Auf formale Anerkennung. Man hat lange gehofft und gewartet, schließlich ist es für vieles zu spät. Die Angst vor einem Leben, in dem alles neu geordnet und geplant werden muss, ist für eine 50-, 60-jährige Frau natürlich ungleich größer als für eine 30-jährige.

Unsere Studien zeigen, dass die wirklich »glückliche Geliebte« zwar eine Seltenheit, aber durchaus zu charakterisieren ist. Stellen Sie sich eine Frau »in den besten Jahren« vor. Sie hat bereits eine längere Beziehung hinter sich und will nicht wieder ihre Freiheit und Unabhängigkeit für einen Mann aufgeben. Oder sie war noch nie in einer formalen, »richtigen« Beziehung. Vielleicht hat sie, obwohl schon über 30, noch intensiven Kontakt zu den Eltern. Sie ist berufstätig und schätzt es, für schmutzige Socken nicht verantwortlich sein zu müssen, bei Bedarf einen Sonntagsmann ohne die Krux der Alltagslasten zur Verfügung und wenig abgenützten Sex zu haben. Die glückliche Geliebte akzeptiert ihr Schattendasein, weil es ihr keine Verantwortung abverlangt.

> »Wir haben uns immer nur in schönen Dingen gesehen, in den tollsten Hotels, haben wunderbare Reisen gemacht. Dann hat mir mein Freund ein Ultimatum gestellt für den Tag, an dem er es seiner Frau sagen und sich für mich entscheiden will. Wenn ich das nicht will, würde er sich von mir trennen, denn er kann das nicht mehr aushalten. Er will endlich eine Familie und Kinder. Das hat mich erschreckt. Ich wollte, dass er bei seiner Frau bleibt und mit ihr Kinder und Alltag hat.« (Ines, 36)

**Doppelleben.** Möglich ist auch, dass die glückliche Geliebte in einer festen Beziehung lebt. Daneben führt die scheinbar solide Ehefrau ein Doppelleben, in dem es ein gut gehütetes Geheimnis gibt – einen Liebhaber.

Lilly ist seit elf Jahren verheiratet und Mutter von Zwillingen. Bald feiert sie mit ihrem Geliebten den 5. Jahrestag. Über Nacht wird sie auch diesmal nicht wegbleiben. Sie ist immer vor ihrem Mann zuhause und macht es ihm gemütlich. Ihr fürsorglicher, aber verschlossener und sexuell desinteressierter Mann würde sich wundern, sähe er seine ruhige Lilly in den Armen ihres Liebhabers – sinnlich, wie er sie nicht kennt.

*»Eine Scheidung kommt für mich nie in Frage. Übrigens auch nicht für meinen Freund. Er lebt seit Jahren von seiner Frau getrennt und findet die heimliche Beziehung mit mir sogar angenehm.«* (Lilly, 34)

Theresa hat alles, wovon eine Frau träumt. Einen erfolgreichen Ehemann und einen potenten Geliebten. Theresa ist sechs Jahre verheiratet. Sie hat seit drei Jahren einen Geliebten, mit dem sie alles das macht, was sie bei ihrem 62-jährigen Mann nie suchte und fand. Theresa genießt es, die Frau eines erfolgreichen Mannes zu sein. Sie liebt den Luxus, die exklusiven Reisen, schicke Feste und den elitären Freundeskreis ihres Mannes.

*»Ich habe gewusst, worauf ich mich mit meiner Ehe einlasse. Auf meine Weise liebe ich meinen Mann. Auf jeden Fall bin ich ihm dankbar dafür, dass ich ein Leben führen kann, in dem mir eigentlich nichts fehlt.«* (Theresa, 32)

Ludwig, der Schattenmann an Theresas Seite, ist ein schlecht bezahlter Angestellter ohne Ehrgeiz. Er könnte Theresa nicht bieten, was sie sich vom Leben erwartet. Ludwig rechnet auch gar nicht damit, dass Theresa sich für ihn scheiden lassen wird. Eine Schattenliebe muss nicht zwangsläufig eine Situation sein, in der ein Mensch unglücklich ist, weil er eigentlich etwas anderes will. Nicht jeder Schattenliebende lebt »gegen den Strich«. Es gibt Frauen, die – wie Schattengewächse – ganz gerne im Dunklen leben und mit einer Dreiecksbeziehung recht zufrieden sind.

*»Ein paar Jahre ist es wunderbar gegangen. Wir sind zu viert auf Urlaub gefahren. Ich habe mit ihm in einem Zimmer geschlafen, seine Frau war daneben mit dem Kind. Wir haben uns durch Klopfzeichen verständigt, wann wir zum Frühstück- gehen aufstehen. Wir sind auch zu dritt ins Theater und essen gegangen, wir waren immer zusammen.«* (Greta, 50)

*»Ich war nie mit ihm allein, das hat es ihr erleichtert, dass er eine Geliebte hat. Mir hat es nichts ausgemacht. Dann sind die zwei übereingekommen, dass die Sache beendet werden muss, und sie wurde beendet. Aber nicht von meiner Seite.«* (Petra, 46)


# Der Schattenmann

**Stolz.** Männer, die sich mit der Rolle eines Schattenmannes zufrieden geben, sind noch rarer als glückliche Geliebte. Vorausgesetzt, ein Schattenmann liebt wirklich, verletzt es sei- nen männlichen Stolz, die Geliebte mit einem anderen teilen zu müssen. Auch hier tut sich ein deutlicher Unterschied auf: Während Frauen einen Mann für sich alleine wollen, weil es ihnen primär um die Beziehung geht, steht bei Männern das narzisstische Motiv, der Stärkere, das »Alpha-Tier« (siehe Seite 80f.) zu sein. Daher lassen sich nur wenige Männer auf eine längere Schattenbeziehung ein – kaum einer zieht gerne den Schwanz ein.

*»Ich war fünf Monate ihr heimlicher Lover. Mir war das extrem unangenehm, dass sie mir nicht alleine gehört hat. Ich hab keine andere gehabt während dieser Zeit, aber weder aus Liebe noch aus Moral. Ich wollte nur sie. Aber sie hat so herumgezogen, da hab ich Schluss gemacht.«* (David, 26)

*»Ich war viel allein und hatte viel Zeit, über gewisse Sachen nachzudenken, ohne dauernd auf jemand anderen reagieren zu müssen. Ich habe nur auf mich selber reagiert. Man lernt sich sehr gut kennen. Man kommt auf neue Gedanken. Natürlich geht es einem schlecht. Aber dann waren vier Monate vorbei und ich sagte mir, so jetzt geht's los, jetzt werd ich wieder ein toller Mensch. Ich lass mich nicht mehr auf Warteschleife legen.«* (Erwin, 35)

*»Vor die Alternative ›Er oder ich‹ habe ich sie nur einmal gestellt. Sie hat herumgeeiert. »Bleib bei ihm«, habe ich dann gesagt. »Ich versteck mich nicht mehr.« Man hat es im Griff und zieht sogar noch was heraus aus der Geschichte.«* (Jonas, 43)

*»Knapp ein Monat hab ich das heimliche Getue mitgemacht. Dann dachte ich, du musst zeigen, wo der Herr im Haus ist. Das hat mir Mumm und Energie gegeben, raus zu gehen aus dieser destruktiven Beziehung.«* (Albin, 26)

Sie erinnern sich: Wenn ein Mann in einem Liebesdreieck auf den Kampf um die begehrte Frau verzichtet (oder grundsätzlich Schwierigkeiten beim Erobern hat), kann dahinter die Urangst stecken, von einem anderen Mann unterworfen zu werden. Genauso gut kann es aber auch sein, dass die Frau ja doch nicht einen Kampf auf Biegen und Brechen wert ist. Eine Zeitlang reizt der Sex mit einer Partnerin, die eigentlich einem anderen gehört, das geheime Rivalisieren und Ausstechen des unbekannten anderen, aber wenn es darauf ankommt, räumt man(n) das Feld.

Allerdings: Es gibt immer mehr jüngere Männer, die ein Schattenleben in Kauf nehmen und sich sogar von einer Frau aushalten lassen ...

## Die süße Last

Da ist der 34-jährige Konrad, der in seiner Wohnung als selbständiger Ingenieur arbeitet. Es gibt einen riesigen Zeichentisch, Pläne an den Wänden und schicke Arbeitsleuchten. Ein Vorzeigeplanungsbüro für Freunde und Eltern. Alles ganz echt und voll finanziert von der 44-jährigen verheirateten Dorothea.

**Theater.** Konrad ist ihr Geliebter, der Mann für zärtliche Stunden. Dorothea kommt zu ihm, wenn sie Lust auf Sex und Zärtlichkeiten hat, die ihr der Ehemann schon jahrelang verweigert. Dorothea verbringt aber auch gesellige Stunden mit Konrad. Seine Freunde kommen gerne, wenn er Spaghetti kocht. Alle spielen mit und tun so, als würden sie Konrads Geschichten von ausständigen Aufträgen glauben: »Im Osten tut sich momentan wahnsinnig viel.«

Bei Georg liegen zuhause die teuersten Kameras und Objektive herum. Angeblich arbeitet er für eine Agentur. Aber warum sieht man nie ein veröffentlichtes Foto von ihm? »Er ist ein großer Künstler«, sagt Judith, die Georg mit ihrer Witwenpension sponsert. Die High-Fi-Anlage, den Flachbildfernseher und das sündteure Mountainbike hat sie ihm geschenkt.

**Geheimnis.** »Er ist es wert«, rechtfertigt sie sich, wenn Georg wieder einmal einen »kleinen Wunsch« hat. »Warum suchst du dir nicht einen Mann?«, fragt ihre erwachsene Tochter manchmal. »Du siehst doch noch immer gut aus.« Sehr gut sogar. Aber Judiths Familie ahnt nicht, dass sie sowieso einen Geliebten hat, mit dem sie ein geheimes Leben führt.

**Dauergeil.** Noch die Geschichte von Luki, dann hören wir auf. Luki schreibt Gedichte, Helene die Schecks. Sie verdient nicht gut, aber Luki, der heuer 32 wird und sich noch immer halbstark kleidet und benimmt, verdient gar nichts. Während Helene Überstunden schindet, tut er nur das, was ihm Spaß macht. Kein Wunder, dass er dauergeil ist. Er ist ja nicht so ausgepowert wie die um 12 Jahre ältere Helene.

Dass sie sich zeitweise noch älter vorkommt, liegt nicht nur an ihrer Dauererschöpfung. Sie schämt sich auch vor ihren Bekannten dafür, dass Luki so tut, als hätte er zum Erwachsenwerden noch 20 Jahre Zeit. Besser also, sie tritt mit ihrem Geliebten nicht öffentlich auf.

**Outen.** Was fällt bei all diesen Schattenmännern auf? Sie outen sich nicht als ausgehaltene Männer. Stattdessen nennen sie sich Aussteiger, Künstler, Schriftsteller, Makler oder Repräsentanten für irgendetwas, was kein Mensch kennt und braucht. Eine Zeitlang glauben die Umwelt und sogar die zahlende Frau den Schwindel von innerer Freiheit, Verachtung für die Leistungsgesellschaft und überschüssiger Jugendlichkeit.

Spätestens nach ein paar Jahren sieht auch die Verliebteste wieder klar, nämlich einen Mann ohne Substanz – uninteressant, matt und trotz Potenz und Streichelfestigkeit seltsam unerotisch. Würde sie einem Mann begegnen, der sich dem Erwachsensein nicht verweigert, könnte sie sich leichten Herzens von ihrem Schattenmann befreien. Sein Schmerzensgeheul kann schrecklich sein. Aber vermutlich wird es nicht lange dauern, und er kriecht wieder schutzsuchend in den Schatten einer anderen, starken Frau.

**Unterschied.** Natürlich ist nicht jeder Geliebte einer verheirateten Frau ein Schmarotzer. Aber eins gilt für nahezu alle Schattenmänner: Sie driften nicht so leicht in einen jahrelangen Sumpf der Abhängigkeit und Depression. Meistens bleibt ein Mann seinen Erwartungen treu. Er will nicht im stillen Kämmerchen von der großen Liebe nur träumen. Gelingt das nicht, schließt er mit dem, was war, ab und gibt der Zukunft eine Chance.

>*Dann gab es diesen entscheidenden Urlaub. Es war heiß bei uns, sie war mit ihm am Meer. Ich hab geweint und war wütend. Es gab Stunden, wo ich im Bett lag, in die Luft starrte und über diese einseitige Situation nachdachte. Das habe ich zugelassen. Wie sie zurückgekommen ist, habe ich Schluss gemacht. Ich bin nicht der Mann für gewisse geheime Stunden. Leicht war es nicht, aber notwendig. Jetzt kann ich wieder mit jeder – das ist doch irgendwie auch nicht schlecht. Diesbezüglich niemandem verantwortlich zu sein, nur sich selber.*« (Ossi, 38)

>*Ich habe ihr klar und deutlich gesagt, dass ich zu allem bereit wäre, auch zu einer ganz offiziellen Bindung. Aber wenn sie nicht dazu bereit ist, sich überhaupt zu mir zu bekennen und sich endlich scheiden zu lassen, soll sie mich überhaupt aus ihren Gedanken streichen. Unsere Beziehung war eine aufregende, wahnwitzige Zeit. Aber ich will nicht als Notnagel herhalten.*« (Dominik, 32)

# Bizarre Schattenliebe

Die Schattenliebe spielt sich zwar in der Grauzone unseres Lebens ab, aber sie ist alles andere als grau und eintönig. Im Gegenteil. Vieles geschieht ohne Rücksicht auf Vernunft und Logik. Manches ist bizarr, verzerrt und paradox.

Paradoxe Bindungen und Inszenierungen von Schattenbeziehungen entstehen häufig, wenn es Männern in der Rivalität unbewusst nicht um das Liebesobjekt, sondern um einen homosexuellen Unterwerfungsakt geht (Siehe auch »Kurts Geschichte oder Wie man zum Othello wird«). Männer dieses Schlages drängen ihre Frau oft regelrecht in die Arme eines Schattenmannes.

## Annas Geschichte oder
## Wie man sich Rivalen inszeniert

Anna erging es so. Eduard behandelte sie jahrelang rücksichtslos und eiskalt. Er ließ keine Gelegenheit aus, ihre früheren Liebesbeziehungen schlecht zu machen. Gleichzeitig wollte er detailliert hören, was sie mit den anderen Männern beim Sex gemacht hatte.

**Schuld.** Auf Festen flirtete Eduard ungeniert mit anderen Frauen. Anna ließ er den ganzen Abend links liegen. Er beherrschte es meisterhaft, seine Lieblosigkeit als eine Reaktion auf ein angebliches Fehlverhalten Annas darzustellen. Letztlich endete es damit, dass Eduard Anna mies behandelte, aber sie sich schuldig fühlte.

Eduard wusste, was Anna beim Sex gefiel, machte aber das Gegenteil. Annas Bitten und Drohungen, dass sie so nicht mehr weiter machen könne, änderten nichts. Eduard zog sich sogar immer häufiger trotzig zurück und tat so, als hätte Anna ihm etwas Schreckliches angetan. Je mehr sich Anna um Eduard bemühte, umso unnahbarer und zurückweisender wurde er.

**Inszenierung.** Er warf ihr Untreue vor, arrangierte aber immer wieder Zusammenkünfte, bei denen Anna plötzlich mit einem Freund oder einem Arbeitskollegen von Eduard alleine war. Angeblich hatte er auf das Treffen zu dritt vergessen. Obwohl Eduard Anna mit seinem sadistischen Verhalten in die Arme eines anderen trieb, hielt sie ihm viele Jahre lang die Treue.

Dann tauchte Phil auf. Ein lebenslustiger, neuer Kollege, mit dem Anna viel lachen konnte. Sein heiteres Gemüt war ein krasser Gegensatz zu Eduards zähem Trotz. Als Phil mit Anna ausgehen wollte, wusste sie intuitiv, dass ihr dieser Mann gefährlich werden könnte. Trotzdem, Anna sagte zu. Sie verliebte sich leidenschaftlich in den Mann, der wieder Licht und Wärme in ihr Leben brachte.

**Verwandlung.** Eduard verfolgte misstrauisch und lauernd die Veränderung, die mit Anna vor sich ging. Sie war plötzlich wieder gut aufgelegt, achtete mehr als früher auf ihr Aussehen und traf häufiger ihre »Freundinnen«. Als er durch einen Zufall die Ursache für Annas Veränderung entdeckte, rastete er kurzfristig aus. Dann war er schlagartig so, wie es sich Anna all die Jahre gewünscht hatte: Aufmerksam, liebevoll gewandt und ein einfühlsamer Liebhaber.

Anna war verwirrt. Was sollte sie tun? Sie stand vor der Wahl: Sollte sie sich offiziell zu ihrer heimlichen Liebe bekennen und mit Phil ein neues Leben beginnen? Sollte sie Eduard eine zweite Chance geben? Der Gedanke, Phil nicht mehr privat zu sehen, brach ihr fast das Herz. Trotzdem entschloss sie sich dazu. Sie war es Eduard schuldig.

**Verleugnung.** Eine Zeitlang ging alles gut. Umso größer war Annas Enttäuschung, als Eduard ab dem Zeitpunkt, als sich Anna innerlich von Phil löste und bereit war, sich neuerlich auf Eduard einzulassen, wieder seine feindselige Seite zeigte. Plötzlich wollte er nichts mehr davon wissen, dass er Anna angefleht hatte, nicht zu gehen. Großspurig erklärte er ihr, sie müsse froh sein, dass er sie nicht verlassen habe. Sie soll sich bloß nicht einbilden, dass es nach all dem, was sie ihm angetan hätte, jemals wieder so sein würde wie früher.

Um begehren zu können, brauchen Männer wie Eduard immer einen Rivalen. Fällt dieser Schatten weg, erlischt auch ihr Interesse an der jeweiligen Frau.

## Liebe über den Tod hinaus

Ein anderes Phänomen, dem wir bei unseren Untersuchungen begegneten, ist die Schattenliebe zu einem Toten. Vielleicht kennen Sie das Libretto der Oper »Die tote Stadt« von Erich Wolfgang Korngold. Ein Mann ist in Trauer versteinert, vegetiert in einem gruftartigen Haus dahin und lebt nur für seine verstorbene Geliebte. Ein Ausnahmefall, gewiss. Aber in abgeschwächter Form ist die Bindung an eine/n Tote/n häufiger als Sie glauben.

*»Mein Mann ist vor 13 Jahren gestorben. Seit damals lebe ich völlig zurückgezogen. Ich spreche jeden Tag mit ihm und gehe fünf Mal wöchentlich auf den Friedhof. Manchmal sogar zweimal am Tag. Mein Leben ist ausgefüllt damit und meine Liebe zu ihm wird immer größer und größer.«* (Annemarie, 59)

141

*»Er fehlt mir so sehr. Zu Lebzeiten hat er mir nie so gefehlt. Er war ja beruflich viel unterwegs, oft drei Wochen lang. Da hab ich mein eigenes Leben geführt. Jetzt interessiert mich nichts mehr. Ich bin in Gedanken und mit meinen Gefühlen immer mit und bei ihm.«* (Renate, 48)

**Gespenst.** Eine Schattenliebe über den Tod hinaus kann die Folge einer ambivalenten Beziehung zu dem verstorbenen Partner sein. Einerseits war da eine enge Bindung, gleichzeitig aber auch unbewusste Feindseligkeit, vielleicht sogar offene Angst oder Aggression. Auch eine zwanghafte Fürsorge gegenüber dem Verstorbenen kann sich als gespenstische Treue äußern.

*»Auch wenn es mir nicht leicht fällt, weil ich ein vitaler Mann bin, kommt für mich eine andere nicht mehr in Frage. Ich will die schönen Jahre mit meiner verstorbenen Frau nicht beflecken.«* (Anton, 55)

Wenn sich Menschen im Namen der Liebe vom Leben abwenden und sich für die Liebe zu einem Toten entscheiden, können – wie es übrigens bei Anton war – dahinter auch Ängste stecken: Vielleicht wäre eine lebendige Frau eigensinnig, kritisch und anspruchsvoll. Aber sie wäre eine Frau aus Fleisch und Blut und nicht ein Gespenst.

## Im Schatten des Bösen – Frauen, die Mörder lieben

Nicht weniger bizarr als die phantastische Liebe zu einem/r Toten ist die fanatische Zuneigung, die Frauen manchmal gegenüber inhaftierten Mördern entwickeln.

Ted Bundy war ein besonders attraktiver Mann. Schlank, dunkelhaarig, ein ebenmäßiges Gesicht, charmant. Ted Bundy war aber auch eine Bestie. Die Polizei vermutete, dass er 100 Frauen grausam ermordet und verstümmelt hat. 23 sadistische Morde gab er zu. Er hatte Sex mit den Leichen, biss sie, zerstückelte sie und spielte mit Leichenteilen im Wald.

**Bestien.** Als Ted Bundy der Prozess gemacht wurde, bekam er waschkörbeweise Post von Frauen. Während der Gerichtsverhandlungen stürmten die Frauen den Saal. Eine von ihnen heiratete den bestialischen Killer im Gefängnis und blieb bis zu seiner Hinrichtung auf dem elektrischen Stuhl seine Frau.

Es gibt viele Beispiele von Mördern, die von Frauen angehimmelt wurden und werden. Sam Sheppard, in den sich eine Millionärin verliebte, war einer von ihnen, der vierfache Kindermörder Jürgen Bartsch ein anderer. Der österreichische Prostituiertenmörder Jack Unterweger gehört ebenfalls dazu.

Dieses schwer nachvollziehbare Verhalten der meist bürgerlichen Frauen ist mit verschiedenen Trugbildern zu erklären.

**Traummann.** Eine häufige Phantasie besteht darin, dass der inhaftierte Mörder eigentlich der Traummann sei, die einzige und letzte Chance zum Glück. Frauen, die in ihren Beziehungen oft enttäuscht wurden und womöglich schon in der Kindheit Gewalt kennen lernten, neigen vermehrt zu dieser Phantasie. Sie verharmlosen und verleugnen das Verbrechen und statten den Täter mit Eigenschaften aus, die er meist gar nicht besitzt: »Er ist gar nicht so. In Wahrheit ist er ganz anders. Keiner außer mir kennt ihn wirklich.«

Häufig steht hinter der Phantasie vom Traummann der unbewusste Wunsch nach Kontrolle und Sicherheit. Ein inhaftierter Mörder ist kontrollierbar. Er kann nicht mehr verletzen. In einem Spiegel-Interview sagte Uschi Degowski, die Ehefrau des Gladbecker Geißelmörders wörtlich: »Er hört mir zu, wenn ich rede, und ich habe die Sicherheit, dass der Mann mich nicht vergewaltigt, mich nicht betrügt und nicht verlässt. Das gibt mir Halt.«

**Idealisierung.** Andere Frauen wieder idealisieren die Liebe. Sie können nicht akzeptieren, dass die Liebe den Verschleißerscheinungen des Alltags unterliegt, Empfindungen verflachen und hochgeputschte Gefühle sich normalisieren. Echte Nähe würde das unweigerlich bewirken.

Wenn der Liebespartner weit weg hinter Schloss und Riegel ist, können die Gefühle für ihn nicht alltäglich werden. Das Feuer der Idealisierung lodert in der betreffenden Frau und ermöglicht ihr eine emotionale Dauerekstase. Wenn dieses Motiv für die Liebe ausschlaggebend war, geht die Beziehung auseinander, sobald ein Leben zu zweit Wirklichkeit wird.

**Rettung.** Retterphantasien beflügeln Frauen zu ungeahnten Hilfsaktionen. Manche kämpfen jahrelang für den inhaftierten Mörder und investieren ein Vermögen in die Neuaufnahme des Verfahrens. Manche geben ihr ganzes Geld dafür aus, den Killer in einem Gefängnis zu besuchen, das womöglich tausende Kilometer entfernt ist.

Rettungsphantasien können darin wurzeln, dass die/der Betreffende unbewusst den Eltern ein gleichwertiges Geschenk für das Leben machen will, das sie schenkten. Wenn der inhaftierte Mann gerettet ist und ihm das Leben wieder geschenkt wurde, ist die Urschuld getilgt. Auf die körperliche Seite der Beziehung legen rettende Engel kaum Wert. Ihre Erotik erschöpft sich im Eifer des Helfens.

**Ausbruch.** Noch eine Erklärung gibt es: Der inhaftierte Mann symbolisiert die Aggression, die Wut und den Ausbruch aus der bürgerlichen Welt, den die betreffende Frau alleine nicht geschafft hat. Mit der Beziehung zu einem Mann, der jenseits aller Gesetze steht, lebt sie wenigstens im Schatten des Bösen die eigenen verdrängten Aggressionen und den eigenen Trotz aus.

Für diese »Befreiung« nehmen Frauen viel in Kauf: Den Bruch

mit der verzweifelten Familie, die Abkehr der entsetzten Freunde, Misstrauen im Berufsleben.

Gisela Deike, eine biedere, wohlbehütete Tochter aus bürgerlichem Haus, drängte dem Kindermörder Jürgen Bartsch ihre Liebe geradezu auf, obwohl sie dafür mit dem Ausschluss aus ihrem bisherigen, geordneten Leben bestraft wurde.

Schließlich darf bei der Erklärungssuche nicht vergessen werden, dass in uns allen eine verborgene, »mörderische Seite« steckt. Anders sind die Kassenerfolge brutaler Mörderfilme, wie zum Beispiel »Das Schweigen der Lämmer« oder »Der Totmacher«, nicht zu erklären ...

# Eriks Geschichte oder Männer, die nicht erwachsen werden

In vielen Erwachsenen stecken eigentlich ängstliche, anlehnungsbedürftige oder trotzige Kinder. Massive seelische Verletzungen im frühesten Kindesalter können den mühsamen Prozess des Erwachsenwerdens blockieren. Wirklich erwachsen ist ein Mensch erst dann, wenn er den Eltern zugesteht, dass sie sexuelle Wesen sind. Menschen, die diesen Schritt in Richtung Anerkennung der Realität nicht wagen, bleiben im späteren Leben an die Rolle des Kindes gebunden. So eine infantile Fixierung hat schwerwiegende Folgen. Eriks Geschichte zeigt das.

**Ablehnung.** Erik ist ein Einzelkind, ein »Betriebsunfall«, wie Erik selbst voller Bitterkeit sagt. Seine Mutter, eine kleinbürgerliche Frau, wollte wieder einmal ihren alkoholkranken Mann verlassen, als sie unerwartet schwanger wurde. Dass er kein Wunschkind war, sagte ihm die Mutter einmal zu Weihnachten vor allen Verwandten. Je stärker Erik von seiner Mutter abgelehnt wurde, umso mehr klammerte er sich an sie. Daran änderten auch ihre sadistischen und demütigenden Bestrafungsrituale nichts. Nach jeder lautstarken Entwertung, nach jeder Tracht Prügel mit dem Kochlöffel, nach jedem »Erbsen knien«, nahm Erik die Schuld bereitwillig auf sich und bat die Mutter »wieder gut zu sein«.

**Erregung.** Weil sie ihren nach Alkohol stinkenden, schnarchenden Mann in der Nacht nicht neben sich ertragen konnte, schlief Erik von Geburt an bei der Mutter im Ehebett, der Vater im Kinderzimmer.

Erik erregte die körperliche Nähe zu seiner Mutter und es kam vor, dass er sich in der Nacht unruhig an sie presste. Sie tat lange Zeit so, als würde sie die sexuelle Bedeutung dieser Annäherungen nicht bemerken. Erst als er sich einmal im Morgengrauen unter ihr Nachthemd tastete, stieß sie ihn empört zurück. Noch heute würde Erik am liebsten vor Scham im Boden versinken, wenn er sich daran erinnert.

**Hass.** Eriks Vater neigte im Rausch zu unberechenbaren Gewaltausbrüchen und schlug ihn aus nichtigen Anlässen mit einem Ledergürtel. Erik hasste seinen Vater und wünschte sich, dass er von einer seiner nächtlichen Zechtouren gar nicht mehr nach Hause käme. Hätte der Vater von den geheimen Wünschen seines Sohnes gewusst, hätte er ihn halbtot geprügelt.

Eines Nachts sah Erik, wie seine Mutter nackt vor dem Vater kniete und ihn mit dem Mund befriedigte. Obwohl er die Szene kognitiv noch lange nicht richtig deuten konnte, wusste sein Unbewusstes sofort Bescheid.

Nach diesem Vorfall wandelte sich in Eriks Vorstellung das Bild der Mutter. Sie wurde für ihn zu einem geschlechtslosen Neutrum, das einen sexuell erregten Mann verabscheute. Von nun an begann Erik, seine eigene Erregung vor der Mutter geheim zu halten – er fürchtete, sie könnte ihn für abartig halten.

146

**Nutten.** Die Erfahrungen, die Erik als Kind machte, überschatten heute sein erwachsenes Liebesleben. Sobald sich Erik einer begehrten Frau nähert, ist er wie gelähmt. Als er einmal neben einer attraktiven Frau im Bett lag und initiativ werden sollte, spürte er, wie sich sein Penis regelrecht zusammenkrümmte und seine Hände kalt wurden. Frauen, die ihr sexuelles Interesse offen zeigen, lösen bei Erik Angst aus. In seinen Augen sind sie »dreckige« Nutten, die es mit jedem treiben.

**Fantasien.** Die gleichzeitig sexuell verführende wie verweigernde Haltung der Mutter führten bei Erik zu paradoxen Reaktionen, die mit dem System eines Dampfdruckkochtopfs zu vergleichen sind. Einerseits erregte sie ihn mit der übergroßen körperlichen Nähe, andererseits blockierte sie mit ihren kastrierenden Reaktionen sein Entlastungsventil. Kein Wunder also, dass Eriks Sexualfantasien immer überhitzter, immer gewalttätiger wurden, während sich seine sexuellen Hemmungen als Reaktion darauf gleichzeitig ständig verschlimmerten.

**Schattenobjekte.** Heute spielt sich Eriks Liebesleben nur noch in seiner Fantasie ab. Er verliebt sich unsterblich in Frauen, denen er flüchtig begegnet, von denen er real aber so gut wie gar nichts weiß. Um sie herum spinnt er Geschichten, die mit der Zeit immer mehr Realitätscharakter bekommen. Er stattet seine Schattenlieben mit bestimmten Eigenschaften aus und unterstellt ihnen Verhältnisse mit Männern aus seiner Umgebung. Mit denen rivalisiert er dann in der Realität heftig, ohne dass sich die ahnungslosen Männer diese Feindseligkeit erklären können.

**Muster.** Erik lebt in der festen Überzeugung, dass die einzigartigen, schönen und erotischen Geschöpfe seiner Schattenwelt auch ihn lieben. Nur widrige Umstände erlauben es ihnen nicht, ihre Liebe zu ihm auch offen zu zeigen. Sobald es im realen Leben zufällig zu einer Begegnung mit der Angebeteten kommt, ist Erik wie paralysiert – er kann nicht zeigen, was sich in seiner geheimen, fantastischen Seelenlandschaft abspielt.

Erik hat nie mehrere Schattenlieben gleichzeitig, immer nur hintereinander und immer nach demselben Muster. Während die Frauen austauschbar sind, bleiben seine Fantasieinhalte die gleichen.

Für einen Außenstehenden ist durchschaubar, dass Erik in seinen erwachsenen Frauenbeziehungen das ödipale Muster seiner Kindheit wiederholt: Die einzigartige, reine, unschuldige Geliebte, die er mit seinen sexuellen Wünschen nicht beschmutzen darf, auf der einen Seite und auf der anderen die miese »Schlampe,« die ihn zuerst verführt, danach zurückweist und es zu guter Letzt noch mit anderen treibt.

## Sex und Liebe im Internet

Als Freud vor mehr als 100 Jahren seine Theorien vom Unbewussten und der infantilen Sexualität veröffentlichte, stieß er damit auf ähnlich erbitterten Widerstand wie Darwin fünfzig Jahre zuvor mit seiner Theorie von der natürlichen Auslese. Die Vorstellung, dass die Evolution nicht zielgerichtet nach dem Plan eines allmächtigen Schöpfers verläuft, mit dem Menschen als Krönung der Schöpfung, war schon schlimm genug. Aber dass der Mensch jetzt nicht einmal mehr Herr im eigenen Haus sein sollte, sondern angeblich von unbewussten infantilen sexuellen und aggressiven Triebkräften gesteuert wurde, das schlug dem Fass den Boden aus.

Bis heute rufen Freuds Theorien in der Fachöffentlichkeit starke, emotional gefärbte Ablehnung hervor, ohne dass sie bisher allerdings widerlegt worden wären. Wie irrational die Kritik an Freuds Thesen ist, lässt sich anhand eines Mediums erkennen, das es erst seit wenigen Jahrzehnten gibt, aber in diesem kurzen Zeitraum die Welt grundlegend verändert hat: Das Internet.

**Zensur.** Das Internet ist nicht nur ein einzigartiges Informations- und Kommunikationsforum. Es ist auch ein hervorragendes Beispiel für die darwinistische Funktionsweise der Evolution und ein Beweis für Freuds Auffassung vom Unbewussten. Durch die fehlende Zensur im Internet werden dort alle Inhalte des Unbewussten sichtbar, die ein Mensch, der Angsterregendes und Unliebsames verdrängt, weder bei sich selbst noch bei anderen wahrnimmt. So gesehen ist das Internet ein einzigartiger Spiegel des menschlichen Unbewussten.

**Spiegel.** Dieser Spiegel wirft zwar kein schmeichelhaftes Licht auf den Menschen, bestätigt aber Freuds Annahme von der Bedeutung der infantilen Sexualität für den Erwachsenen: Sex rangiert in der Top-Ten-Liste der am häufigsten besuchten Internetseiten an vorderster Stelle. Man darf ohne Übertreibung sagen, dass das Internet das Medium ist, in dem vor allem die bizarren Ausformungen der Schattenliebe blühen und gedeihen.

Alleine Google, die zurzeit bedeutendste Suchmaschine, fand 830 Millionen Sexseiten im Internet. Im Durchschnitt besuchen ein Drittel der Surfer zumindest einmal im Monat Sexseiten. Am längsten halten sich die Deutschen mit 70,4 Minuten pro Monat auf Erotikseiten auf (Net Value-Studie, 2001). Mit Ausnahme von Großbritannien interessieren sich vor allem jüngere Männer für Sex im Internet.

**Extremsex.** Dass es sich bei diesen Sexseiten nicht nur um »Kuschelsex« handelt, belegt die Tatsache, dass sich 71 Millionen Seiten dem »Extremsex« widmen. Die Dunkelziffer der sexuellen Hardcoreseiten ist noch weit höher, weil Sexseiten mit strafrechtlich relevanten Inhalten wie z. B. Kinderpornografie, im Netz häufig getarnt aufscheinen. Alleine 54 BDSM-

Praktiken werden aufgelistet. Laut Wikipedia ist BDSM »eine Abkürzung aus dem Bereich des Sadomasochismus, in der die Begriffe Bondage und Disziplin (B & D), Domination und Submission (D & S) sowie Sadismus und Masochismus (S & M) vereint sind«.

Aus psychoanalytischer Sicht handelt es sich bei diesen Praktiken um Reste der infantilen Sexualität: Wenn diese Reminiszenzen ihre ursprüngliche Stärke beibehalten, können beim Erwachsenen Perversionen oder, wenn diese abgewehrt werden, Neurosen entstehen. Einfach gesagt: Entweder ein Mann ist nur dann potent, wenn er eine Frau fesselt – oder er hat einen Waschzwang.

**Gewalt.** Welchen Grund sollte es für die rasante Verbreitung von extremen Sexseiten im Internet sonst geben, wenn nicht den, dass Menschen diese Sex & Gewaltinhalte erregend finden. Ganz im Sinne der Theorie von der natürlichen Auslese von Darwin: Internetseiten mit hoher Resonanz verbreiten sich und werden, wie es typisch für »Meme« (siehe Seite 74 f.) ist, oft imitiert, selten besuchte sterben aus.

Auch wenn es viele nicht wahrhaben wollen, ist ein Streifzug durch die Sexseiten des Internets immer auch ein Streifzug durch das menschliche Unbewusste. Das Internet offenbart und zeigt, was Menschen im Leben motiviert, ohne dass sie sich ihrer eigentlichen Beweggründe bewusst sind. Dafür hat schon die Verdrängung gesorgt.

## Gustavs Geschichte oder
## Im Web ist alles möglich

Auch von Gustav würde niemand annehmen, dass er am Abend häufig vor dem PC-Monitor sitzt und sich »Hardcore-

Seiten reinzieht«. Am allerwenigsten hätte das seine Frau Anita von ihm gedacht. Gustav war jahrelang ein liebevoller Ehemann und fürsorglicher Vater. Mit der Zeit flaute zwar sein sexuelles Interesse an Anita ab, aber betrogen hat er sie bis heute nicht. Zumindest nicht mit einer Frau aus Fleisch und Blut. Gustavs Geliebte ist virtueller Natur. Für ihn hat das viele Vorteile: Sie ist auf Knopfdruck verfügbar, stellt keine Ansprüche und kostet nur wenig.

Seit vielen Jahren ist das Internet Gustavs Schattenliebe. Dort findet er all das, was er bei Anita vermisst. Gustav ist ehrlich genug sich einzugestehen, dass er es nicht einmal im Traum wagen würde, seiner Frau jene Praktiken zuzumuten, die ihn im Internet so erregen.

**Faszination.** Obwohl sich Gustav vor sich selbst für seine sexuellen Vorlieben schämt, kann er sich ihrer Faszination nicht entziehen. Gustav jagt nicht nur einschlägigen Bildern und Videos nach, es törnt ihn auch an, sich in Chatrooms in verschiedenen Rollen zu präsentieren: Als junge, verführerische Frau, die Männern den Kopf verdreht, als einsamer Steppenwolf, als Schwuler oder als Lesbe.

Im Internet ist alles möglich, sogar leidenschaftliche Liebe. Gelegentlich kam es vor, dass Gustav sich in eine Frau verliebte, der er im Netz begegnete. Eben weil er nur via E-Mail im Netz mit Frauen verkehrte, konnte er sie mit Eigenschaften ganz nach seinen Idealvorstellungen ausstatten. Die Möglichkeit, dass es sich bei seinen virtuellen Schattengeliebten genauso gut um Männer oder unattraktive Frauen handeln könnte, ließ er erst gar nicht zu.

**Täuschung.** Isabelle war eine Cyber-Frau, die Gustav eine zeitlang mehr als alle anderen bedeutete, denen er im Web begegnete. Sie war zwar eine »echte« Frau, aber ganz anders als die zarte, erotische Fee, die sich Gustav in seinen Liebesträumen ausmalte. Immerhin brachte Isabelle rund 260

Pfund auf die Waage. Und das bei einer Körpergröße von 1,58 Meter.

Auch wenn Isabelle nicht wusste, wie Gustav aussah, war sie doch davon überzeugt, dass er im realen Leben kaum von ihr Notiz genommen hätte. Im Internet konnte sie ihre Qualitäten voll zur Geltung bringen. Isabelle war nicht nur eine Frau mit Gefühl, sie hatte auch außergewöhnliche sprachliche Fähigkeiten. Gustav fühlte sich von ihr so gut verstanden wie noch von keiner anderen Frau davor.

**Aschenputtel.** Isabelle wiederum spürte, womit sie Gustav emotional und erotisch berühren konnte und machte davon reichlich Gebrauch. Bis auf zwei peinliche, sexuelle Begegnungen mit betrunkenen Männern hatte Isabelle die Liebe noch nie kennen gelernt.

Aber jetzt war einer da, der sie wirklich liebte. Einer, der sie anhimmelte und der ihr die Welt zu Füßen legte. Leider nur in der Cyber-Wirklichkeit und leider nur solange er nicht wusste, wie sie aussah. Isabelle ging es nicht anders wie Aschenputtel. Um den Zauber zu erhalten, musste sie verhindern, dass der Prinz jemals erfuhr, wer sie wirklich war. So sehr Gustav auch nach einem Treffen drängte, entzog sich Isabelle geschickt seinem Ansinnen.

**Fantasie.** Das Internet bot Isabelle und Gustav die einzigartige Möglichkeit, Kraft ihrer Fantasie eine Schattenliebe zu führen, an die die Realität nicht einmal annähernd heranreichen hätte können.

**Entdeckung.** Eines Tages stieß Anita auf die Antwort. Gustav hatte vergessen, den Verlauf der Internetseiten zu löschen, die er in der Nacht davor besucht hatte. Als Anita aus Neugierde eine Seite öffnete, erschrak sie: Eine gefesselte Frau befriedigte oral einen Mann, dessen Gesicht gar nicht zu sehen war. Eine nackte Frau kniete in einem Käfig. Nie im Leben hätte Anita ihrem Gustav so etwas Perverses zugetraut. Was fand er an diesen widerwärtigen Abbildungen? Wünschte er sich wirklich, Frauen so zu behandeln?

Anita spürte natürlich, dass sich ihr Mann im Laufe ihrer Ehe innerlich mehr und mehr von ihr entfernte. Sie vermisste das begehrliche Glitzern in seinen Augen und merkte, dass er abends vermied, mit ihr gemeinsam zu Bett zu gehen. Anita fragte sich, was Gustav in der Nacht noch solange am Computer machte. Waren es wirklich dringende Arbeiten, die er unbedingt noch erledigen musste? Oder die Strategiespiele, die ihn angeblich so begeisterten?

**BDSM.** Anita, misstrauisch und alarmiert, filzte Gustavs E-Mails und bekam den nächsten Schock. Gustav hatte offenbar eine Liebesbeziehung zu einer anderen. Auch wenn diese Beziehung offenbar ausschließlich im Netz stattfand, fühlte sich Anita betrogen und verraten. Einerseits wollte sie ihren Mann zur Rede stellen. Andererseits wusste sie nicht, was sie Gustav vorwerfen sollte. Dass ihn BDSM-Darstellungen erregten? In ihrem Zusammenleben war davon nichts zu merken. Im Gegenteil, beim Sex war Gustav sanft wie ein Lämmchen. Anita hatte sich sogar oft gewünscht, dass Gustav forscher an die Sache heranginge.

Sollte sie ihm vorwerfen, dass er wie ein Pubertierender schmachtende Liebesbriefe an eine Frau schrieb, die er nicht einmal persönlich kannte? Was Gustav tat, war doch von einem realen Seitensprung meilenweit entfernt. Oder vielleicht doch nicht?

Anita suchte professionelle Hilfe und Aufklärung. Heute weiß sie, dass Gustav eigentlich dasselbe vermisst wie sie – eine leidenschaftliche Liebesbeziehung, Nähe und aufregenden Sex. Anita will Gustav und er sie nicht verlieren. Ob sich Gustavs süchtiges Ersatzverhalten abbauen lässt, ob er auf das Befriedigungspotenzial seiner Schattenbeziehungen verzichten und sich Anita mit der Neigung ihres Mannes so arrangieren kann, dass ein gemeinsamer, spielerischer Umgang mit den Schatten aus dem Internet möglich wird, ist fraglich.

## Zwanghafte Leidenschaft

Menschen, die heimliche Schattenbeziehungen zu Internetpartnern haben, sind nicht so im Blickpunkt wie Frauen und Männer, die zwanghaft an jemandem festhalten, der von Liebe gar nichts oder nichts mehr wissen will. Zwanghafte, besessene Liebe ist nicht nur ein Thema für Theaterstücke und Romane, sie ist alltäglicher Wahnsinn.

**Wahn-Sinn.** Was läuft bei diesem Wahnsinn eigentlich? Ist das nur Wahn ohne Sinn? In einer obsessiven Leidenschaft sind nahezu immer abgekapselte, also bewusst gar nicht mehr zugängliche, unerfüllte Wünsche nach Akzeptanz und Selbstwertproblematik enthalten. Die Zurückweisung durch den unerreichbaren Partner führt dann in diesen wahnsinnigen Strudel der Zerstörung: Entwürdigende Szenen, Angriffe, Selbsterniedrigung, Terror, abgrundtiefe Angst, Vereinsamung, emotionale Erpressung und und und.

Geraldine ist das Opfer so einer unstillbaren Leidenschaft, einer Obsession. Sie spioniert Markus, der längst eine andere hat, nach, lauert ihm auf, feuert hunderte SMS ab und malt auf das Auto seiner Freundin Totenköpfe. Zwei Jobs hat sie bereits verloren, weil sie nicht konzentriert arbeiten kann. Sie kann nicht mehr richtig essen und keine Nacht durchschlafen. Ihre Gedanken kreisen ohne Unterlass um Markus. Wo ist er? Was macht er? Wie kann ich Kontakt mit ihm aufnehmen?

**Obsession.** Man muss sich vorstellen: Geraldine ist eine attraktive Frau. Sie himmelt Markus an, legt ihm ihre Liebe zu Füßen. Markus versteckt Geraldine, verleugnet sie, wird aber hin und wieder schwach und schläft mit ihr. Dann möchte er am liebsten alles wieder ungeschehen machen und beteuert heftiger denn je: »Nur keine falschen Hoffnungen! Ich liebe dich nicht.« Aber Geraldine steht lichterloh in Flammen und ist in ihrem Verlangen nach Markus unersättlich. Andererseits ist für sie lustvoller Sex nicht wirklich möglich. Obsessiv Liebende können von ihren sexuellen Empfindungen ebenso abgeschnitten sein wie von den Gefühlen, durch die sie in diese verhängnisvolle Leidenschaft hineinschlitterten.

**Zwangserkrankung.** Eigentlich ist eine besessene Liebe, wie Geraldine sie erlebt, eine Form der Zwangserkrankung: Ein obsessiv Schattenliebender hat keine Wahl, er »muss« dem Menschen, der ihn zurückweist, nahe sein, »muss« ihn kontrollieren und besitzen. Auch wenn er selbst und erst recht der andere dieses Verhalten abstoßend finden – es muss sein. Wie ein Zwangskranker sich gegen seinen Willen dreihundert Mal am Tag die Hände wäscht und von diesem Zwang besessen ist, ist ein obsessiver Mensch von seiner Leidenschaft besessen.

Verglichen mit der Intensität einer besessenen Liebe wirkt jede andere Form der Liebe profan und stumpf. Diese romantisierende Sicht verdeckt die dunklen Seiten einer zerstörerischen Leidenschaft.

Eine Obsession hat mit Liebe nichts zu tun. Sie kommt zwar als absolute Leidenschaft daher, hat aber ebenso Krankheitswert wie ein durch eine unglückliche Schattenliebe gebrochenes Herz.

# Das gebrochene Herz

Studienergebnisse der John-Hopkins-Universität und australische Untersuchungen beweisen, dass eine unglückliche Liebe, die ja in vielen Schattenbeziehungen unvermeidlich ist, tatsächlich Herzen brechen kann.

**Symptome.** Die Betroffenen haben die typischen Symptome eines Herzinfarktes, allerdings gibt es keine klinischen Ursachen wie eben verstopfte Arterien. Die Herzattacke ist seelisch verursacht und hat gute Heilungschancen. Nach etwa 14 Tagen ist das »gebrochene Herz« wieder ganz.

> *»Mir war zum Heulen, dass ich sie nie anrufen durfte, wann ich wollte. Aber ich habe mich daran gehalten. Dann habe ich Herzbeschwerden bekommen und die Panik: Erst vegetier ich da so im Schatten einer verheirateten Frau dahin, dann krieg ich womöglich auch noch ein Herzleiden. Justament zu einem Zeitpunkt, wo ich beruflich topp sein musste. Ich kann es mir nicht leisten, wegen einer verheirateten Frau herumzueiern. Ich muss meinen Job tun. Keiner hat gemerkt, wie mies es mir geht. Ein paar Tage später bin ich mit Verdacht auf Herzinfarkt ins Spital gekommen. Ich habe alle Symptome eines Infarktes gehabt, aber die Ärzte haben mich beruhigt, die Arterien waren nicht blockiert.«* (Andreas, 49)

Was Andreas erlebte, ist nicht erstaunlich. Bei unseren Untersuchungen über Trennungsschmerz zeigt sich immer wieder, dass Männern leichter »das Herz bricht« als Frauen. Auch die Frauen haben »Herzweh«. Aber vor allem Männer, die über ihren Schmerz nicht viel sprechen und nicht ausreichend weinen können, spüren öfter als Frauen ihr Herz.

**Herzweh.** Erst kürzlich konnte nachgewiesen werden, dass durch negativen und positiven Beziehungsstress im Vorhof des Herzens Neuropeptide gebildet werden, welche die Herzphänomene verursachen. Eigentlich müssten wir nur auf den Volksmund hören, um die Bedeutung des Herzens im Zusammenhang mit Gefühlen und Liebesschmerz zu erkennen. Worte wie »Herzenswärme«, »Herzweh«, »Herzleid«, »Kummer, der das Herz zerreißt« nehmen die neuen Erkenntnisse der Neurobiologie längst vorweg.

Eine emotionale Stressreaktion, wie sie zum Beispiel durch die Zurückweisungen entsteht, die in einer Schattenbeziehung unvermeidlich sind, erzeugt 1.400 nachweisbare chemische und hormonelle Veränderungen! Dass diese veränderte Hormonchemie körperliche Auswirkungen hat – Magenschmerzen, Kreuzweh, Kopfschmerzen und so weiter, ist einleuchtend.

**Organsprache.** Leider erkennen viele Ärzte diese Organsprache und Hilferufe des Körpers nicht. Auch nicht die seelische Notlage, in der sich so mancher, in eine Schattenliebe verstrickte Mensch befindet. Ein Witz aus Psychologenkreisen veranschaulicht die Blindheit der praktischen Medizin für die organischen Notsignale der Seele:

Die Seele und der Körper gehen miteinander zum Arzt. Im Wartezimmer sagt die Seele: »Geh du voraus. Dich versteht er besser.«

## Zur Treue gezwungen

Eine besonders bizarre Ausformung einer Schattenliebe ist die zwanghafte Treue.

Ludwig wollte schon lange frei sein. Ohne feste Bindung könnte er sich mit jeder Frau, die ihm gefällt und die an ihm Interesse hat, etwas anfangen. Endlich keine geheimen Liebschaften mehr! Endlich der Welt ein Loch reißen, sich als begehrter Mann fühlen und genießen, wovon er bisher nur still geträumt hatte.

**Verheißungen.** Jahrelang erschienen Ludwig fremde Frauen wie Versprechungen. Der Glanz einer unbekannten Frau und die Phantasie mit ihr zu schlafen hatten oft und oft seinen realen, tristen Beziehungsalltag überstrahlt. Romantik gab es da längst nicht mehr, auch wenig Wertschätzung. Nur verstohlene Verhältnisse. Die Trennung war für Ludwig und seine langjährige Gefährtin eine Befreiung.

**Versagen.** Jetzt gibt es für Ludwig keine Verpflichtungen mehr. Nun dürfte er all das einlösen, wonach er sich jahrelang gesehnt hatte. Und was ist? Ludwig ist mit einem anderen Phänomen der Schattenliebe konfrontiert – er »kann« nicht. Nein, Ludwig ist nicht enttäuscht von seinen Partnerinnen. Im Gegenteil. Die Frauen, mit denen er Sex versucht hatte, sind attraktiver, als er es sich je ausgemalt hatte. Trotzdem – Ludwig versagt justament in dem Augenblick, in dem er haben könnte, wovon er immer träumte. Eine knifflige Situation: Ludwig ist zur Treue verdammt.

**Verweigerung.** Es kann passieren, dass die Potenz eines Mannes untrennbar an eine langjährige Partnerin gebunden ist, in die er nicht mehr verliebt ist. Alberto Moravia beschreibt diese verzwickte Lage in seinem Roman »Ich und Er«. Rico verlässt seine Frau, die im Laufe der Jahre nachlässig, dick und bösartig wurde. Er will frei sein und mit schönen, willigen Frauen schlafen. Aber ihm ergeht es wie Ludwig. »Er« verweigert. Eines Tages besucht Rico seine reizlose Ehefrau und siehe da – »er« ist zu Liebestaten aufgelegt.

**Potenzstörung.** Auch Moravias Romanheld ist so wie Ludwig ungewollt treu. Damit wir uns nicht missverstehen: Treue ist nicht gleich Treue. Ludwigs »Zwangstreue« zu einer Partnerin, in die er nicht mehr verliebt ist, muss man klar abgrenzen von einer gewollten, ethisch fundierten Treue. Im Gegensatz zur Treue im Sinne einer bewussten und freiwilligen körperlichseelischen Bindung ist die Zwangstreue eine Form der Potenzstörung, die auf unbewusste Schuldgefühle zurückzuführen ist. Im Kopf sagen sich diese Männer, dass sie frei für eine andere

Frau und bereit zu einer neuen Beziehung sind. Aber unbewusst ist da eine unaufgelöste, buchstäblich »ver-rückte« Bindung zur Partnerin: Empfindungen, die einmal der Mutter galten, verschieben sich auf die Partnerin. Ein Treuebruch der Mutter gegenüber ist unmöglich, die Impotenz ein Schutz davor.

**Schuld.** Auch ein vorzeitiger Erguss kann ein Hinweis darauf sein, dass für einen Mann die Frage der Schuld nicht so klar ist, wie er meint. Als der geschiedene Bernhard eine Schattenbeziehung mit der verheirateten Veronika hatte, war er das erste Mal in seinem Leben mit einem Potenzproblem konfrontiert.

>*Nach zwei Monaten Geheimniskrämerei bin ich viel zu schnell gekommen. Ein Stoß, und ich war schon da. Das war vorher nie, nie so. Ich war dann beim Arzt, aber es war organisch alles in Ordnung. Dieses zu frühe Kommen hat mich umgebracht. Ich hab gewusst, das ist diese Beziehung und die kann ich mir einfach nicht antun. Mir ist es schwer gefallen, auf diese Frau zu verzichten, aber es war das Richtige.*« (Bernhard, 42)

## Gestresste Schattenpaare

Theresa und Christoph sind ein Schattenpaar, sowohl sie als auch er sind verheiratet.

Theresa hat einen 40-Stunden-Job, zwei Kinder und eine pflegebedürftige Schwiegermutter. Die nervtötende Arbeit in der Firma, das Versorgen der anstrengenden Oma, Aufräumen, Kochen, Familie – das ist Stress pur. Christoph geht es nicht besser. Er muss noch dazu jedes Wochenende am Haus des Bruders mitbauen.

Und bei all dem Stress wollen die beiden auch noch ihre heimliche Beziehung unterbringen. Geredet wird bald nur noch über die Organisation der heimlichen Treffen, gelacht wird immer seltener. Im Bett geraten Theresa und Christoph unter Druck. Eine schöne Liebesstunde wäre fällig. Trotz körperlicher Müdigkeit, gedanklicher Ablenkung, Schuldgefühlen und Stress.

**Reaktionssystem.** Aber vor lauter Anspannung ist das Aktions- und Reaktionssystem nicht ausbalanciert. Theresa bezweifelt, ob sie in der knapp bemessenen Zeit schnell genug erregt sein und überhaupt zum Höhepunkt kommen wird. Sie agiert hektisch und spürt wenig. Christoph wird von der »sexual performance anxiety« geplagt – jetzt muss er's bringen, nur keinen Fehler machen! Fazit: Stress auch im Bett. Danach – Enttäuschung, innere Einsamkeit, noch mehr Schuldgefühle. Bizarr. Stress führt zu einer Verschlechterung der partnerschaftlichen Kommunikation und Sexualität, einer Zunahme negativer Signale, zum Beispiel zu bösen Blicken und zu einem Rückzugsverhalten. Für Schattenlieben bedeutet das: Sie scheitern oft nicht an der Geheimhaltung, sondern an dem damit verbundenen Stress.

## Im Schatten der Schuld

In etwa zwei Drittel der Schattenlieben gelingt ein »Sieg«. Die/der Verheiratete lässt sich scheiden und bekennt sich zu jenem Menschen, der bisher im Schatten stand.
Geht das gut? Häufig nicht.

**Scheitern.** Der amerikanische Psychiater Frank Pittman von der Georgia State University stellte fest, dass Ehen, die aus einer Affäre entstehen, angeblich fast zur Hälfte wieder mit einer Scheidung enden.

Schattenbeziehungen sind oft nur ein Vehikel auf dem Weg in einen neuen Lebensabschnitt. Diese geheimen Affären erfüllen die Aufgabe eines Übergangobjektes, das seine Funktion verliert, sobald das eigentliche Ziel erreicht ist. Oder das erreichte Ziel erscheint im Verhältnis zu den dafür aufgebrachten Opfern plötzlich zu wenig reizvoll. Oder die Fehler, welche die erste Verbindung zum Scheitern brachten, werden auch in der neuen Beziehung wiederholt.

Dazu kommt, dass »erfolgreiche« Schattenlieben mit einer großen Erwartungshaltung verbunden sind: Jetzt wird alles anders, jetzt bekomme ich, was ich bisher vermisst habe. Aber sobald die Schattenliebe ihren Ausnahmecharakter verloren hat und dem Alltag ausgesetzt ist, bleibt eine Desillusionierung nicht aus.

> *»So habe ich mir unser Leben wirklich nicht vorgestellt.«* (Monika, 32)

> *»Früher war sie eine Kanone im Bett. Jetzt muss ich sie genauso anbetteln wie meine Ex-Frau.«* (Arnold, 46)

> *»Solange er noch bei seiner Frau war, hat er sich wahnsinnig um mich bemüht. Jetzt ist das vorbei.«* (Evi, 29)

Hand in Hand mit der Desillusionierung belasten Reue, Misstrauen und Schuldgefühle die erkämpfte Partnerschaft.

**Reue.** In unseren Interviews hörten wir von rund einem Drittel der Frauen und Männer, dass sie die Trennung vom alten Gefährten bereuen. Wenn sie gewusst hätten, worauf sie sich mit der neuen Beziehung einlassen, wäre dieser Schritt nie erfolgt.

> *»Seine Eifersucht macht mich verrückt. Wenn ich daran denke, wie gut ich es da mit meinem Ex gehabt habe, könnte ich heulen.«* (Alma, 41)

161

*»Was mir zuerst wie ein Paradies erschienen ist, ist jetzt die Hölle für mich. Daniela hat mich mit ihrem Misstrauen komplett fertig gemacht. Ich bin ein seelisches Wrack.«* (Karl, 49)

**Misstrauen.** Als es Daniela schaffte, dass sich Karl scheiden ließ, jubelten alle. »Endlich!«, sagte Danielas Mutter. »Gratulation«, sagten ihre Freundinnen. Schließlich lebte Daniela fast zwei Jahre als Karls Geliebte. Mit all den Lügen eines Ehebruchs. Sie wusste auch, wie sehr Karls Frau litt. Als diese schließlich die Scheidung wollte, hätte sich Daniela freuen können. Sie tut es aber nicht, denn plötzlich hat sie Karl gegenüber tiefes Misstrauen: Was soll sie von einem Mann halten, dessen Lügen sie bis ins kleinste Detail kennt? »Zu wenig«, gestand sie einer Freundin. »Ich habe kein Vertrauen zu ihm. Eines Tages wird er mich genauso hintergehen wie seine Ex.«

**Schuldgefühle.** Nicht nur Misstrauen und Angst hindern Daniela daran, nun endlich ein offizielles Glück mit Karl zu genießen. Daniela stolpert vor allem über eigene, unerkannte Schuldgefühle. Schließlich hatte sie es darauf angelegt, Karls Ehe zu zerstören.

Ausgerechnet jetzt, da der Weg in eine gemeinsame Zukunft frei wäre, stehen ihr diese Schuldgefühle im Weg. Durch ihr unbewusstes Selbstbestrafungsbedürfnis wird Danielas Beziehung zu Karl immer schlechter. Anstelle von Liebe und Wärme wachsen plötzlich Kälte und Misstrauen. Wenn Karl nicht pünktlich ist, telefoniert Daniela hinter ihm her. Sie bricht ein Tabu und kontrolliert seine Anzugtaschen, während er schläft. Was passiert hier?

Daniela dreht ihre eigenen, unerkannten Schuldgefühle um und richtet die damit verbundenen, negativen Gefühle auf Karl. Ängste und Verdächtigungen dem neuen Partner gegenüber werden umso größer, je größer das eigene Schuldgefühl ist. Besonders diese Variante kommt öfter vor als man annimmt. Es handelt sich um eine Form der pervertierten Treue: Man ist nicht der Liebe, sondern den Schuldgefühlen treu.

**Entwicklungsprozess.** Ihren Schuldgefühlen hatte sich Daniela schon nicht gestellt, während sie noch ein Verhältnis mit Karl hatte und auf eine Scheidung drängte. Da sie sich auch jetzt nicht mit ihrem strengen Gewissen konfrontiert, können beide nichts aus dem Scheitern der Ehe lernen und durch einen Entwicklungs- und Lernprozess reifen.

Wie Danielas und Karls Schattenbeziehung endete? Die beiden heirateten nicht. Daniela wurde immer liebloser, Karl fand Trost bei einer anderen. Als er Daniela seine neue Beziehung gestand, triumphierte sie: »Ich habe es ja gewusst! Untreu bleibt untreu. Mit uns wäre es auch schief gegangen.«

# Im Reich der Schattenliebe

Dreiecksgeschichten und Schattenlieben bedeuten oft Ekstase, intensive Erotik, tiefe Bedürfniserfüllung. Sie sind aber auch traurig, chaotisch und kompliziert.

Warum lässt sich jemand auf eine komplizierte Beziehung mit einem Partner ein, der bereits in festen Händen ist? Wozu dieser Stress? Warum setzt jemand mit einer Schattenbeziehung seine Partnerschaft oder das Glück seiner Familie aufs Spiel? Wer sind die Menschen, die solche Wagnisse in Kauf nehmen? Was motiviert sie zum Treuebruch? Und was ist der Vorteil, den sie daraus beziehen? Gibt es bestimmte Persönlichkeitstypen, die für Dreiecksbeziehungen anfälliger sind oder hängt es bloß vom Zufall ab, wer das Reich der Schattenliebe betritt?

**Typologisierung.** Wir sind uns der Problematik psychologischer Typologisierungen bewusst. Kein Ei gleicht dem anderen. Auch Menschen, die eine Schattenbeziehung führen, lassen sich nicht über einen Kamm scheren. Mit unserer Charakterisierung wollen wir daher auch niemanden psychologischen Schubladen zuordnen. Aber in jeder Dreiecksbeziehung gibt es Sieger und Verlierer. Mit Hilfe statistischer Analyseverfahren gingen wir bei unserem Datenmaterial den Fragen nach, wie die »Sieger« aussehen, wer die »Verlierer« sind und was Getriebene treibt.

Eins vorweg: Die Grundfrage »Gibt es eine typische Schattenbeziehungspersönlichkeit?« ist mit Nein zu beantworten. Untreue und der Hang zur Schattenliebe sind nicht an eine bestimmte Persönlichkeit gebunden. Mauerblümchen sind genauso in Schattenbeziehungen verstrickt wie strahlende Prinzessinnen. Wenn es auch keine Schattenpersönlichkeit gibt, so kristallisierten sich aber doch bestimmte Persönlichkeitseigenschaften heraus, durch die sich die Wahrscheinlichkeit erhöht, eine Schattenbeziehung zu erleben.

## Wilderer, Strategen, Opfer und Unentschlossene

Durch die hochkomplexe Mischung von Konstitution, Fixierung, Ambivalenz, früher Beziehungserfahrungen und Traumatisierungen entstehen Charaktere mit typischen Verhaltensmustern. Denken Sie an eigene Erfahrungen oder schauen Sie sich um – im Reich der Schattenliebe existieren die unterschiedlichsten Wesen. Verführer und Verführte, Wilderer, Strategen, Opfer und Unentschlossene. Dem einen oder anderen sind Sie schon einmal begegnet ...

## Wilderer und ihre Beute

Wir könnten Ihnen Dutzende Geschichten von Frauen und Männern erzählen, die sich grundsätzlich nur in Partner verlieben, die schon vergeben sind. Vor allem Menschen, denen es im Laufe ihrer psychischen Entwicklung nicht gelungen ist, das ödipale Eltern-Kind-Liebesdreieck aufzulösen, neigen auch im späteren Leben dazu, die ursprüngliche Rolle des Wilderers, des »Beziehungszerstörers« einzunehmen.
Der infantile Wunsch, in eine bestehende Beziehung einzubre-

chen und die Position des gleichgeschlechtlichen Elternteiles einzunehmen, steuert bei den Betroffenen auch deren erwachsenes Liebesleben. Sie verlieben sich bevorzugt in Menschen, die schon vergeben sind. Der Reiz des Verbotenen hält allerdings nur solange an, bis sie ihr Ziel erreichen. In den USA wurde ein spezieller Ausdruck für jene Menschen geprägt, die immer wieder probieren, einem anderen die Ehefrau oder den Lebensgefährten abspenstig zu machen: »poacher« – Wilderer. Wilderer sind eher unzuverlässig und ausbeuterisch, allerdings an der Oberfläche auch sehr gewinnend und verführerisch. Dank ihrer Ausstrahlung haben sie vor allem bei extrovertierten Menschen Erfolg.

> *»Ich habe unserer Beziehung eine echte Chance gegeben. Deswegen habe ich meinem Lebensgefährten auch alles gebeichtet. Er hat mich sofort frei gegeben. Aber kaum habe ich angedeutet, dass wir jetzt ernst machen können, war er dahin. ›Ich will nichts zerstören‹, hat er gesagt. Aber zuerst hat er ja alles getan, um meine bestehende Beziehung zu zerstören!«* (Andrea, 41)

> *»Diese vielen Lügen, alles was er mir gesagt hat, war eine Lüge. Ich habe das nicht sehen wollen. Ich habe immer nur das Schöne geglaubt, und das Schönste daraus gemacht. Obwohl ich schon gespürt habe, das darf man nicht glauben, habe ich mich dann wieder beruhigt, warum sollte er es denn sagen? Da wird man als 35-Jährige ganz kindisch, wie eine 16-Jährige. Man lebt nur für die schönen Worte, für die Streicheleinheiten und dann meint der andere das gar nicht so und stellt einen in die zweite Reihe, wenn es darauf ankommt.«* (Elisabeth, 35)

Falls Sie schon einmal im Visier eines Wilderers waren, kennen Sie seine Jagdstrategien. Männer wissen, dass sie mit dem punkten, was Frauen am meisten fehlt – einfühlsame Gespräche und Anteilnahme.

*»Es gab nichts, worüber ich mit meinem Freund nicht sprechen konnte. Ich habe keine Freundin gebraucht, ich konnte mit ihm über Frauenprobleme, menschliche Probleme, über alles reden.«* (Anja, 32)

*»Bei ihm habe ich mich richtig verstanden gefühlt. Das habe ich mit Männern relativ selten erlebt.«* (Ulla, 29)

Auch mit Humor wird gerne in fremden Revieren gewildert:

*»Sein Humor war einfach unwiderstehlich.«* (Tamara, 43)

*»Wir konnten so gut miteinander lachen.«* (Hella, 32)

*»Ich habe mich so jung und unbeschwert gefühlt. Wir alberten wie Kinder herum.«* (Inge, 45)

Wilderer der Liebe setzen ihre Verständnisbereitschaft oder ihre humorvolle Weltsicht genauso strategisch ein wie richtige Wilderer, die gezielt auf die Pirsch gehen. Sie sind nicht grundsätzlich einfühlsam oder humorvoll, sie sind es bei der Frau, deren aktueller Partner genau diese Eigenschaft nicht hat. Sie spüren genau, was ihr Gegenüber braucht und können das passende Programm auf Knopfdruck abrufen.

Dass die Methoden der wildernden Frauen wiederum genau auf die Sehnsüchte und Bedürfnisse der Männer abzielen, liegt auf der Hand. Das Benehmen und die Optik dieser Frauen signalisieren sexuelle Verfügbarkeit. Ein bedürftiger Mann, der bei seiner festen Gefährtin sexuell nicht auf seine Rechnung kommt, andererseits aber nicht so einfallsreich ist, dass er sie zu mehr Sex animieren könnte, wird mit gezielten erotischen Verheißungen leicht zur Strecke gebracht.

*»Noch nie hat mich eine so angesehen wie sie.«* (Dieter, 46)

*»Die Art, wie sie sich mit der Zunge die Lippen leckte, hat mich verrückt gemacht.«* (Johann, 39)

Bei einem selbstunsicheren Mann haben jene Wilderinnen leichtes Spiel, die es verstehen, sein labiles Selbstwertgefühl zu steigern. Sie schmeicheln und bewundern, was das Zeug hält. Der bedürftige Tropf glaubt tatsächlich, dass er nur bei ihr und bei keiner anderen Wertschätzung und Anerkennung findet – Blattschuss!

> *Ich bin der Sonnenschein. Ich bewundere ihn trotz seiner Niederlagen, was sie ganz sicher zu wenig tut.«* (Barbara, 36)

Der Weg ins Schattenreich der Liebe erfolgt oft durch die Verführungskünste einer Schlange. Egal, ob Frau oder Mann, mit süßen Worten werden in einem anderen Sehnsüchte und Unruhe geweckt. Da nicht echte Verliebtheit das Motiv der Verführung ist, sondern Langeweile, bleiben die geschürten Hoffnungen ungestillt. Sex wird genossen wie süße Früchte, dann wird die/der Verführte hingehalten und hingehalten und hingehalten …

> *»Wir sind ein Jahr beisammen gewesen, bis ich angefangen habe mich zu fragen, ob das wohl das Wahre ist, dieses ewige: ›Es wird alles anders werden.‹ Aber erst nach den Feiertagen … Nach den Ferien … Nach meinem Fortbildungsseminar … Immer nur später, später …«* (Maja, 35)

Solange sie kämpfen und jagen, sind Wilderer im Reich der Schattenliebe hochaktiv. Sie sind immer auf der Lauer, aber sobald eine Beziehung enger wird und sie zu ihrer Verantwortung stehen müssten, geben sie auf.

## Strategen und ihre Ziele

Schattenbeziehungen entstehen oft dadurch, dass sich einer »heimlich anschleicht«, sich zuerst mit wenig zufrieden gibt und dann immer mehr erwartet und verlangt. Strategen verfolgen mehr oder weniger bewusst ihre Ziele.

*»Sie hat gesagt, dass es ihr genügt, wenn wir uns einmal im Monat auf zwei Stunden sehen. Dann wollte sie immer mehr. Einen Nachmittag, einen Abend, eine ganze Nacht. Wenigstens nur einmal. Dann wieder, dann ein Wochenende. Wenn ich das nicht organisieren konnte, hat sie mir gedroht: ›Ich weiß nicht, was ich tu. Ich kann für nichts mehr garantieren.‹ Es war ein Zustand zwischen Himmel und Hölle.«* (Nikolaus, 40)

*»Ich habe ihm angeboten, dass er auszieht, sich eine Wohnung nimmt, das Alleinleben probt, übt. Ich decke ihn, ich sage kein Wort. Ich werde niemandem sagen, dass er mit mir schon seit einem Jahr was hat. So spiele ich mit.«* (Sonja, 39)

Erpresserische Methoden, gewiss. Sie sollen dazu dienen, ans Ziel zu kommen und werden häufig praktiziert. Aber welcher Erpresser wird von seinem Opfer schon geliebt?

*»Er wusste, dass ich nicht mehr wollte als einen kleinen, unverbindlichen Flirt. Da gehört Sex natürlich dazu, aber nicht in Form einer regelmäßigen Beziehung. Aber plötzlich hat er von Verantwortung gesprochen. Er hat am Wochenende bei uns zuhause angerufen, obwohl ich ihn ausdrücklich gebeten habe, das nicht zu tun. Manchmal hat er sein Auto gegenüber von unserem Haus geparkt.«* (Margit, 37)

Je mehr Druck ausgeübt wird, umso mehr will der andere die Schattenbeziehung beenden: Das Risiko, eine bestehende Partnerschaft zu verlieren, wird zu groß, die Kosten-Nutzen-Rechnung stimmt nicht mehr.

*»So einen Stress wollte ich nicht. Druck hab ich im Beruf und zuhause genug.«* (Fritz, 51)

Eine angeblich ungewollte Schwangerschaft ist nach wie vor ein verzweifelter, oft der ultimative Versuch einer Schattenfrau, den Geliebten doch noch endgültig an sich zu binden.

## Druckmittel Kind

Margarethe spürt es: Ronny ist nicht mehr wirklich in sie verliebt. Seine Blicke sind nicht mehr so warm, seine Küsse nicht mehr so zärtlich.

Margarethe kämpft wie eine Löwin darum, dass Ronny die Affäre nicht beendet. Sie will das Gegenteil: Ronny soll seine Frau verlassen und sich für sie entscheiden.

Dass sich Margarethe für Ronny noch schöner macht und noch mehr hungert, findet sie selbstverständlich. Auch im Bett gibt sie ihr Bestes. Unter Verzicht auf ihre Würde, reißt sie sich sogar um jede noch so demütigende Arbeit, die sie als »Schattenfrau« für Ronny tun kann. Nicht nur einmal gibt sich Margarethe als Ronnys Sekretärin aus und organisiert Interrailreisen für seinen Sohn oder Opernkarten für seine Frau.

**Bemühen.** Hinter all ihrem Einsatz steht das Flehen: »Liebe mich! Erkenne meinen Wert!« Das Ergebnis ihres verzweifelten Bemühens? Ronnys Gefühle erholen sich nicht mehr. Weder erwacht seine Liebe noch gewinnt Margarethe an Reiz. Im Gegenteil. Ihre Anstrengungen wirken so schwerfällig wie ein Schulaufsatz. Ronny spricht aus, was Margarethe ahnt – er will diese Schattenbeziehung beenden.

Schließlich greift Margarethe zum letzten Druckmittel – einer Schwangerschaft. Sie ist 32, Ronny 54. Sie hat noch kein Kind, er hätte gerne zwei, drei Kinder gehabt. Seine Frau wollte ihre Karriere nicht riskieren, ein Sohn hatte ihr genügt. Wenn Margarethe mit Ronny in ein verschwiegenes Lokal geht, sieht sie beim Anblick eines kleinen Kindes seine Augen leuchten. Margarethes Plan steht fest: Sie »vergisst« die Pille.

**Schwangerschaft.** Dass Ronny über Margarethes Schwangerschaft und die damit verbundenen Konsequenzen nicht glücklich ist, merkt ein Blinder. Aber Margarethe sieht, was sie sehen will: Alles wird gut. »Das Kind wird ihn an mich binden.« Jede belanglose Bemerkung und Geste Ronnys interpretiert sie als Zeichen neu aufkeimender Gefühle. Er wird seine »alte« Familie schon vergessen. Schließlich kriegt er ja eine neue. Sein Sohn ist schon bald erwachsen, seine Frau hat ihr eigenes Leben. Es wird bestimmt alles gut.

**Ersatzpartner.** Ein Liebeskampf, der mit Hilfe einer Schwangerschaft geführt wird, ist eine besonders tragische Methode, Gefühle erzwingen zu wollen. Kann schon sein, dass es wegen des Kindes tatsächlich zu einer Bindung kommt. Aber gut wird sie vermutlich nicht. Dümpelt die Beziehung mehr schlecht als recht dahin, wird sich das Kind für ein Unglück, das es gar nicht verschuldet hat, womöglich verantwortlich fühlen. Mit so einer Last durchs Leben gehen zu müssen, ist ein Jammer.

Wenn der genötigte Partner die legitimierte Schattenbeziehung dann doch beendet, besteht die Gefahr, dass das Kind als Ersatzpartner missbraucht wird. Oft halten sich Schattenfrauen bei ihrem »Sohne-Mann« für die Zärtlichkeit schadlos, die sie von ihrem unerreichbaren oder nur halbherzig gebundenen Mann nicht bekommen.

**Teufelskreis.** Der kleine Prinz entwickelt sich in seinem Schattenreich zum Muttersöhnchen. Auch seine Beziehungen sind dann zum Scheitern verurteilt, weil er innerlich nicht frei ist. Irgendwann wird seine Partnerin den Kampf um ihn aufgeben und sich enttäuscht dem eigenen Kind zuwenden. Ein Teufelskreis.

**Rückzug.** Margarethe hatte übrigens recht damit, dass Ronny die gemeinsame Tochter lieben würde. An seiner mangelnden Zuneigung Margarethe gegenüber änderte das allerdings nichts. Margarethe hatte zwar erreicht, was sie wollte – Ronnys Scheidung und die Heirat mit ihr. Aber durch seinen emotionalen Rückzug erlahmten auch ihre Gefühle ihm gegenüber. Die ursprünglich starke Anziehung verflachte. Schließlich lebte Ronny mit Margarethe wie vorher mit seiner Frau, ohne Sex und ohne Intimität.

Die beiden gerieten in eine Situation, die typisch für Eltern ist, zwischen denen es Liebe und Sex nicht mehr gibt: Mutter und Vater entwickeln unabhängig voneinander isolierte Beziehungen zum Kind. Sie buhlen förmlich um seine Gunst und rivalisieren miteinander. Dadurch wird das Kind in eine Vermittlerrolle gedrängt, die es überfordert.

Falls Sie eine Schattenfrau sind und um die Liebe eines Mannes kämpfen, warnen wir Sie davor, ein Kind zu diesem Kampf zu missbrauchen. Mit der Verpflichtung, eine Schattenbeziehung zu retten, wird Kindern nicht nur die Lebensenergie entzogen, die sie zum Werden und Wachsen als Frau beziehungsweise Mann brauchen. Es fehlt ihnen auch die gesunde Kraft, ihre kindliche Gefühlsbindung zu Mutter und Vater rechtzeitig aufzulösen und in eine Erwachsenenbindung umzuwandeln.


## Unentschlossene und ihre Mitspieler

Dass viele Schattenlieben existieren, weil einer der Partner entscheidungsschwach oder unbewusst entscheidungsunwillig ist, ist eine Binsenweisheit. Friedrich zum Beispiel will sich schon lange zu Nora bekennen. Sie ist klug, hübsch und teilt seine Interessen. Seit Jahren wartet Nora darauf, dass Friedrich erkennt: Sie und nicht die Frau aus seinen Kindertagen ist die Richtige für ihn. Aber Friedrich mag auch das beschauliche Leben mit Gerda, seiner Frau. Ihre Familie kennt er schon aus seiner Kindheit, er hat sie wirklich gern. Gerda ist seine Jugendliebe, er spielte mit ihr schon im Sandkasten. Wie soll er sich da für Nora entscheiden?

*»Gerda ist ein Teil meines Lebens, genauso wie ihre Mutter, ihr Vater und ihre Schwestern. Ich wäre entwurzelt ohne sie.«* (Friedrich, 30)

## Qual der Wahl

Für Karin wäre es an der Zeit zu heiraten. Sie ist 38, Kinder will sie auch. Aber wann? Und mit wem? Florian würde lieber heute als morgen mit ihr zum Standesamt gehen. Karin gefällt die Vorstellung, an der Seite des verlässlichen, stillen Florian endlich ihren Frieden zu finden und eine Familie zu gründen. Ihr gefällt aber auch das ungebundene Leben einer Single-Frau. Schwer zu entscheiden. Und schwer für Florian. Er fühlt sich schon seit Jahren als Karins Schattenmann.

**Wahl.** Alex ist finanziell endlich aus dem Ärgsten heraus. Es wäre schön, Frau und Kind zu haben. Andererseits hat er noch nichts von seinem Leben gehabt. Soll er sich jetzt wieder einengen? Oder lieber erst später? Vielleicht gar nicht?

Eduard liebt seine Frau Agnes. Er fühlt sich wohl mit ihr, sie ist ein Teil seines Lebens. Aber Eduard liebt auch die sprühende, faszinierende Michaela. Sie gibt seinem Leben eine besondere Dimension. Soll er hinter die Zeit mit Agnes einen Schlusspunkt setzen und mit Michaela neu anfangen?

Nein. Ja. Vielleicht.

Entscheidungen werden uns täglich abverlangt. Fahre ich im

Sommer wieder in das vertraute Hotel? Oder probiere ich etwas Neues aus? Nehme ich die Arbeitsstelle mit wenig Geld, aber großen Aufstiegschancen? Oder doch den toll bezahlten Job ohne große Entwicklungsmöglichkeit?

In Dreiecksbeziehungen wird die Wahl besonders leicht zur Qual. Vor allem dann, wenn die Betroffenen meinen, dass die beiden Feuer, zwischen denen sie stehen, gleich stark sind.

*»Ich bin unglaublich an ihm gehangen, aber vom Kopf her habe ich mir gesagt, dass es nicht ideal ist und dass mein anderer Freund besser zu mir passt. Aber ich habe es ein Jahr nicht geschafft, mich zu entscheiden. Ich habe zwar ab und zu Bemerkungen in der Art gemacht, wie ›Na ja, das Wahre ist es nicht‹, aber mehr als damit ein Thema angeschnitten habe ich nicht.«* (Hanna, 34)

*»Ich frage mich heute noch, wie ich dieses ewige Hin und Her überhaupt ausgehalten habe. Zumal ich ja ihretwegen mit einer anderen Frau Schluss gemacht habe. Ich wollte wirklich frei sein für sie, weil ich große Hoffnungen in uns gesetzt habe. Dann war ich frei, aber es hat mich offiziell gar nicht gegeben. Das ist schwer auszuhalten, aber meinem Gefühl nach hätte aus uns beiden das ganz, ganz große Liebespaar werden können. Sonst hätte ich mir so eine Demütigung nicht angetan. Aber sie ist sich da selbst im Weg gestanden.«* (Leopold, 44)

Was ist so schwierig an Entscheidungen?

**Ambivalenz.** Das Schwierigste ist eben die ambivalente Haltung, die als Folge von gleich starken, aber einander widersprechenden Wünschen entsteht. Zum Beispiel will ein Mann seine Partnerin wegen seiner Geliebten verlassen, ihr aber gleichzeitig keinen Schmerz zufügen. Ambivalenten Menschen ergeht es wie Buridans Esel, der zwischen zwei Heuhaufen verhungert.

Stellen Sie sich vor, wie es für Sie wäre, wenn Ihre eine Hand immer das rückgängig macht, was die andere tut. Sie kämen keinen Deut weiter. So oder ähnlich ergeht es Menschen, die sich nicht entscheiden können, weil jedes Entscheidungsargument ein Gegenargument hervorruft.

Der amerikanische Neurologe Tamasio sagte, dass wir auf der rationalen Ebene nicht einmal entscheiden könnten, ob wir zum Frühstück Tee oder Kaffee trinken sollen. Für jedes Getränk gäbe es unzählbar viele Für und Wider. Tatsächlich entscheiden wir nur scheinbar vernünftig »Kraft unseres Willens«.

**Wünsche.** Die meisten Entscheidungen treffen wir emotional im Unbewussten, und zwar im Sinne unserer Wünsche. Aber es gibt nicht immer nur einen Wunsch. Wir haben viele Wünsche und nicht alle sind gleichgerichtet. Sobald im Zusammenhang mit einer Beziehung widersprüchliche Wünsche berührt werden, entsteht die gleiche Situation, wie wenn auf der Vernunftsebene gleich gewichtige, aber widersprüchliche Argumente aufeinanderprallen. Eine Entscheidung wird dadurch unmöglich.

**Zweifel.** Eine Gefühlsambivalenz äußert sich in Form von Zweifeln und Zaudern. Die Ursachen wurzeln meist in extrem widersprüchlichen Gefühlen – Liebe und Hass in der Beziehung zu einer frühen Bezugsperson. Wenn sich zum Beispiel ein Elternteil in der Erziehung so verhält, dass das Kind massive Aggressionen ihm gegenüber entwickelt, geraten diese feindseligen Impulse mit der Liebe zu diesem Menschen in Konflikt.

**Niemandsland.** Im späteren Leben äußern sich solche Ambivalenzkonflikte bevorzugt in Trennungssituationen. Sogar dort, wo die Trennung real angebracht wäre, kann sie aufgrund der Schuldgefühle, dass dem anderen damit Schmerz zugefügt wird, nicht realisiert werden.

*»Ich kann ihr das nicht antun. Auch wenn ich mir tausend-mal vorsage, dass sie seit jeher eine temperamentlose Geliebte und eine schlechte Hausfrau ist, hat sie ja auch ihre guten Sei-ten. Es bricht mir das Herz, wenn ich ihr so weh tun müsste. Falls sie gehen will, ok. Aber ich kann nicht derjenige sein, der sie umbringt.«* (Theo, 51)

In vielen Fällen, bei denen dieser Ambivalenzkonflikt im Spiel ist, kann derjenige, der sich entscheiden sollte, weder zum alten Partner zurückkehren noch diesen verlassen, um der neuen Liebe eine Chance zu geben. Das Leben spielt sich dann in einer Art »Niemandsland« zwischen den Grenzen ab. Bei manchen Menschen hält dieses Beziehungspatt viele Jahre an.

**Hoffnung.** In einer Schattenliebe ist eine Entscheidung in Anbetracht der Ambivalenz des Partners besonders schwierig: Wann immer die Bereitschaft da ist, zu gehen, stellt der andere ein Ende der Wartezeit in Aussicht.

*»Jedes Mal, wenn ich am Ende war und gesagt habe, so jetzt ist es endgültig aus, jetzt sehen wir uns wirklich nicht mehr, hat er plötzlich Termine genannt. Der Sohn wird mit der Schule fertig, dann ist er frei. Wenn die Tochter 14 ist, wird die Frau wieder in den Beruf zurückgehen und er kann sich scheiden lassen. Er kriegt einen Auslandsvertrag. Er will mit ihr ein endgültiges, offenes Wort reden. Es gibt nichts, was er mir in solchen Situationen nicht versprochen hätte.«* (Gertraud, 43)

Es fällt schwer, sich von einem geliebten Menschen zu trennen, solange noch von ihm in irgendeiner Form Hoffnungen geschürt werden. Selbst wenn der Kopf sagt, dass es aussichtslos ist, setzt das Herz seinen Willen durch.

**Gehirnstoffwechsel.** Neurobiologische Forschungen zeigen, dass die Ambivalenz auch im Gehirnstoffwechsel feststellbar ist. An der Entscheidungskraft sind Serotonin und Dopamin, Botenstoffe des Gehirnstoffwechsels, beteiligt. Die Balance dieser Botenstoffe verändert sich durch Depressionen, die häufig durch den inneren Ambivalenzkonflikt – »Ich hasse dich, verlass mich nicht!« – hervorgerufen werden.

Übrigens: Entscheidungsfähigkeit wird auch bei Verliebtheit herabgesetzt. Wenn man buchstäblich »den Kopf verloren hat«, passieren besonders leicht irrationale Entscheidungen. Sie sind nicht mit Himmelsmächten oder Romantik zu erklären, sondern schlicht und einfach mit einer Gehirnchemie: Zuviel Dopamin lässt eine überlegte, vorausschauende Haltung gar nicht zu.

## Liebeskiller Alltagsroutine

Elisa und Benjamin zweifeln an ihrer Wahl. Stellen wir uns ihre Krisensituation in etwa so vor:

Benjamin sagt, sie solle endlich aufhören, an ihm herumzunörgeln. Elisa sagt, dass sie nicht nörgelt, sondern nur um Zeichen der Liebe flehe. Er sagt, welche Zeichen sie denn noch brauche, sie müsse doch wissen, dass er sie liebe. Sie sagt, dass sie das nicht wissen könne, wenn er es ihr nicht zeige.

**Vorwürfe.** »Und was ist mit mir?«, fragt Benjamin genervt. »Was für Zeichen bekomme ich? Wann hast du mir das letzte Mal die Hosen aufgemacht, weil du so stehst auf mich? Wann hast du von dir aus gesagt: ›Komm, gehen wir ins Bett.‹ Ewig ist das her.«

»Das liegt an dir«, kontert Elisa. »Früher haben wir Stunden miteinander geredet. Da hast du mir ständig gezeigt, dass du mich liebst. Ohne diese Zeichen der Liebe kann ich nicht so heiß sein, wie du es möchtest.«

»Hör auf«, schreit Benjamin, »ich halte das nicht mehr aus.«
Elisa weint: »Ich auch nicht.«

**Illusion.** Beide klagen einander an, die gemeinsame, schöne Welt der Liebe verraten zu haben. Beide sind enttäuscht davon, dass der andere nicht so geblieben ist, wie er war. Obwohl sich das beide so sehnlich voneinander wünschten: »Bleib so, wie du bist.« Ist das überhaupt möglich?

Es ist nicht möglich.

Eine einfache Erklärung dafür wäre, dass die Verliebtheit den Mann vorübergehend in eine Frau und umgekehrt die Frau in einen Mann verwandelt. Der Mann orientiert sich völlig nach den Bedürfnissen seiner Gefährtin. Er küsst sie zärtlich und streichelt ausdauernd ihren ganzen Körper. Den ganzen, nicht nur die Partie vom Nabel abwärts! Außerdem öffnet er sich ihr und vermeidet Konfrontationen. Eigentlich ist er eine hinreißende Frau, und das vor dem Hintergrund seiner ganzen, faszinierenden Männlichkeit.

Derselbe Wandel passiert mit der Frau. Sie ist beim Sex aktiv, macht immer wieder von sich aus den Anfang und hat eine vitale Lust am Experimentieren. Eigentlich ist sie ein hinreißender Mann, und das vor dem Hintergrund ihrer ganzen faszinierenden Weiblichkeit.

Verstehen Sie nun die Enttäuschung, wenn beiden klar wird, was sie eigentlich sind? Eine ganz normale Frau und ein ganz normaler Mann!

**Ausnahmesituation.** Nach Untersuchungen der Universität Pisa und auch nach unseren Auswertungen hat das Verhalten eines Pärchens in der ersten Zeit der Verliebtheit eigentlich Krankheitswert: Zwangsneurotiker haben einen ähnlichen Gehirnstoffwechsel wie frisch Verliebte. Bei beiden ist das Serotonin-Gleichgewicht gestört. Allerdings normalisieren sich bei den Verliebten die Serotonin-Werte wieder, sobald sich das Gefühl des Überschwanges legt.

Psychologisch könnte man diese Situation so deuten, dass durch die hormonelle Ausnahmesituation der Verliebtheit die durch Umwelt und Erziehung verdrängten weiblichen beziehungsweise männlichen Anteile kurzfristig aktualisiert werden. In den ersten Wochen ist ja jeder Embryo zweigeschlechtlich angelegt, also sowohl männlich als auch weiblich. Erst dann bekommt eine Geschlechtsanlage Oberhand. Hochgradige Verliebtheit macht also – vorübergehend – Frauen zu Männern und Männer zu Frauen …

**Nagelprobe.** Die Phase, in der man fürchtet, sich womöglich für den falschen Partner entschieden zu haben, ist oft die Nagelprobe der Liebe. Wenn jetzt auch noch die zerstörerische Routine des Alltags und womöglich die/der ominöse Dritte dazu kommt, ist Gefahr in Verzug – vor allem dann, wenn gegen die Desillusionierung nicht aktiv angekämpft wird.

Nichts ist für eine Liebesbeziehung tödlicher als der Alltag. Aufstehen, Zähneputzen, Frühstücken, Klo gehen, ein schreiendes Kind beruhigen, es anziehen, für den Kindergarten oder die Schule fertig machen, in die Arbeit gehen, den Arbeitsstress ertragen, Kind abholen, Einkaufen gehen, Kochen, Essen, Zusammenräumen, Putzen, Waschen, Bügeln, Kind schlafen legen, beim Fernsehen einschlafen. Na denn, gute Nacht.

**Romantik.** Das soll die große Liebe sein, von der man immer geträumt hat? Riecht es vielleicht anders, wenn Bruce Willis auf der Toilette war? Ist die ungeschminkte Penélope Cruz noch immer ein umschwärmtes Sexidol? Machen wir uns nichts vor: Große, romantische Verliebtheit und Alltagsleben sind unvereinbar. Aber wenn Verliebte von der Zukunft träumen, gehen sie wie selbstverständlich davon aus, dass zwischen ihnen alles so bleiben wird wie im Augenblick. Sie meinen es ernst, wenn sie sich ewige Liebe und Treue schwören. Nichts, so glauben sie, kann ihrem Liebesglück etwas anhaben. Doch der Mühlstein der Alltagsroutine macht auch vor der größten Liebe nicht halt. Zuerst haben Liebende nur für sich selbst Augen, dann macht sich das mulmige Gefühl breit, dass die/der andere nicht mehr der ist, der sie/er war. Die Sehnsucht nach einem Abenteuer und nach Lebendigkeit wird immer größer. Eine Schattenbeziehung, in der das Vermisste versprochen, erhofft und eine zeitlang vielleicht auch gefunden wird, ist dann oft nicht mehr weit.

## Die zerbrochene Illusion

Bei soviel Schwäche, Verführung und genetischer »Bestimmung« könnten Sie sich nun fragen, ob es glückliche Paare überhaupt gibt. Oder geistern die glücklich Liebenden nur als mediale Lüge in Filmen und Magazinen herum?
Seien Sie beruhigt, es gibt die glücklichen Paare. Auch noch nach vielen Jahren können zwei miteinander glücklich sein. Allerdings muss man ehrlicher Weise zugeben, dass auch in »glücklichen« Partnerschaften Gewohnheit und Routine zunehmend den Beziehungsalltag bestimmen. Aber es scheint den glücklichen Paaren zu gelingen, etwas vom ursprünglichen Hochgefühl und der Leidenschaft zu bewahren. Bei unglücklichen Paaren verblassen diese vitalisierenden Erfahrungen – vielleicht, weil sie von Anfang an zu schwach waren.
Nichts schützt eine Partnerschaft besser vor Seitensprüngen oder Parallelbeziehungen als das subjektiv erlebte Glück und die Zufriedenheit. Je leidenschaftlicher eine Beziehung beginnt, desto mehr Chancen hat sie auf Krisenfestigkeit und Dauer.
**Sinnlichkeit.** Ein Zitat aus einer Glosse der »New York Times«: »*Wir wissen heute, dass das wichtigste Geschlechtsorgan des Mannes seine Finger sind. Das wichtigste Geschlechtsorgan der Frau*

*ist ihr Mund. Mit seinen Fingern füttert er sie mit Pralinen. Mit ihrem Mund sagt sie, wie toll er ist.«*

Geleitet von der Vision, dass eine sanfte, von Hitze, Gewöhnlichkeit und Lüsternheit befreite Erotik die Liebe sichern könne, kommt vielen, oft noch sehr jungen Paaren der Sex abhanden. Sie waren einmal einander körperlich nahe und überzeugt davon, dass sie sich um ihre Lust aufeinander nicht kümmern müssten. »Wir schwimmen im Glück«, dachten sie, »das wird immer so bleiben.«

**Irrtum.** Die Veränderung beginnt häufig schleichend. Aus gegenseitiger Unterstützung wird Egoismus, aus Anerkennung Entwertung, aus dem Bemühen zu gefallen Nachlässigkeit. Man spricht einander immer seltener mit Vornamen an und gibt sich nur noch Bussi anstatt Küsse. Auch wenn andere Intimitätsebenen noch da sind – zum Beispiel die Ebenen des gemeinsamen Gestaltens und der Kinderfürsorge – geht rund 36,8 % der Frauen und 58,6 % der Männer die sexuelle Intimität verloren. Unterschätzen Sie nicht diesen Verlust!

**Versöhnungswille.** Natürlich hat jede Liebe ihre Gewichtung. Eine Partnerschaft ist besonders sexorientiert, die andere von der Aufgabe gemeinsamer Kindererziehung getragen, die dritte durch einen tiefen, intellektuellen Austausch geprägt. Aber einander auch erotisch verbunden zu sein, ist eine Qualität für sich.

Lebendiger Sex stärkt den Selbstwert des einzelnen und das Wir-Gefühl des Paares. Wir erleben in Paartherapien immer wieder, dass Paare, die noch oder wieder miteinander schlafen, einen deutlich stärkeren Versöhnungswillen haben als solche, die sich sexuell entfremdet haben.

Sich wenigstens ab und zu körperlich zu lieben, mit der Zunge zu küssen und die nackte Haut des anderen zu spüren, erleichtert es, Versuchungen und Schattenlieben standzuhalten.

**Kalt.** Viele Schattenbeziehungen festigen sich meist nicht deswegen, weil es »draußen« so heiß, sondern weil es »drinnen« so kalt ist. Wenn zuhause nichts mehr läuft, darf sich die/derjenige, der dem anderen den Hahn abgedreht hat, eigentlich nicht wundern, wenn der sexuell bedürftigere Partner bei dem eindeutigen Angebot eines Dritten schwach wird.

> »*Wir haben höchstens einmal in drei, vier Monaten miteinander geschlafen. Meine Frau hat Null Lust gehabt. Nicht auf mich, nicht auf Sex überhaupt. Ich hätte schon gewollt, oft sogar. Ich habe es Jahre hindurch auch immer wieder versucht. Aber da war nichts zu machen. Dann habe ich Manuela getroffen. Die hat mich spüren lassen, dass ich noch ein Mann bin. Aber wie lange sie diese Situation noch mitmachen kann und will, weiß ich nicht.*« (Walter, 50)

Dass man sich nach zwanzig Jahren immer noch einmal wöchentlich die Kleider vom Leib reißen und bei jedem Akt Serienorgasmen bis zur Ohnmacht haben soll, ist Schwachsinn. Aber alle unsere Daten zeigen, dass Sex eine ungeheure Macht hat. Auch noch nach Jahrzehnten.

**Anfang.** Daniela und Peter vergötterten einander. Sie fand ihn so sexy und klug wie keinen zweiten Mann, er war überzeugt, dass sie die gebildetste und erotischste Frau dieser Erde ist. Man konnte ohne Übertreibung sagen, dass die beiden auf verrückte Weise verliebt ineinander waren.

> »*Alle unsere Freunde und unsere Familien waren skeptisch, wie sie gehört haben, dass wir heiraten wollen. Diese Unterschiede! Ich bin unsportlich, Peter ist ein leidenschaftlicher Bewegungsmensch. Ich bin Vegetarierin und Langschläferin, er ist ein Fleischtiger und Frühaufsteher. Das kann nicht gut gehen, hat jeder gesagt. Aber bis jetzt geht es super.*« (Daniela, 39)

Bei Liane und Otto begann es anders. Ein bisschen verliebt

waren sie auch, aber der Unterschied zu dem anderen Paar war wie zwischen einem Heurigenlied und Beethovens Neunter. Trotzdem wollten auch Liane und Sebastian heiraten. Es passte doch so viel! Sie hatten gemeinsame Interessen und auch beruflich überschnitten sich ihre Wege. Außerdem waren sie in einem Alter, in dem man Lust hat, eine Familie zu gründen. Also warum nicht heiraten? Eltern und Freunde waren begeistert.

Was glauben Sie, welche Ehe mehr Chancen hat, glücklich zu werden? Vielleicht denken Sie jetzt an den Spruch »Vernunftehen sind die besten Liebesehen«. Das ist einleuchtend, aber nach neuesten Erkenntnissen nicht richtig.

**Urknall.** Eine mehrjährige US-Studie mit über 100 Paaren zeigte: Je heftiger die Leidenschaft am Anfang ist, desto mehr adaptive Fitness – damit ist die Flexibilität gemeint, mit der man auf Veränderungen und Krisen reagiert – bringen die Partner auf. Gab es zu Beginn keine ungewöhnliche, sexuelle und emotionale Leidenschaft, ist die Gefahr einer Trennung größer.

Treuekrisen können also umso eher bewältigt werden, je größer die Verliebtheit am Anfang war. Dass es zu Krisen kommt, ist nahezu unvermeidlich: Es dauert nicht lange und schon bald werden alte, unerfüllte Kindersehnsüchte nach mehr Geborgenheit, Gesehenwerden, Anerkennung und Lebensraum wach.

**Fluchtwege.** Am Anfang machen sich diese frühen Defizite der Kindheit noch nicht bemerkbar. Aber dann! Man bettelt und kämpft erbittert und mit falschen Mitteln um deren Erfüllung. Zum Beispiel will man mehr Zärtlichkeit, aber man nörgelt. Man sehnt sich nach Nähe, aber reagiert aggressiv. Unter solchen misslichen Umständen wird die Beziehung natürlich schlechter. Wenn es allerdings den berühmten Urknall gegeben hat, sind Partner so veränderungsfähig, dass sich jeder an die Bedürfnisse und Wünsche des anderen anpassen und sie mehr oder weniger erfüllen kann.

War die Beziehung schon von Anfang an nur so lala, geht man auseinander. Möglich auch, dass sich jeder seinen eigenen »Fluchtweg« aus einer unerfüllten Beziehung schafft – Arbeit, Sport, Freunde, Kinder – oder eben eine Affäre. In vielen Fällen ist das nur eine scheinbar gute Lösung.

Er und sie.

Sie und er und er.

Der Augenblick der Ernüchterung ist unausweichlich. Nichts täten alle diejenigen, die in eine Schattenliebe verstrickt sind, dann lieber, als das Reich der Schattenliebe wieder zu verlassen. Die Frage ist nur: Wie gelingt das?


## Lebenshilfe mit Herz und Hirn

Sie sind in einer schwierigen Lebenssituation. Vielleicht stecken Sie erst seit kurzem in dieser misslichen Lage. Möglicherweise dauert der belastende Zustand schon länger oder gar schon sehr lange an. Egal, jedenfalls wünschen Sie sich eine Lösung, und zwar möglichst schnell und klar.

**Suche.** Mit alltäglichen Schwierigkeiten kommt man meist auch ohne externe Hilfe zurecht. In einer Dreieckssituation werden die Grenzen der Belastbarkeit oft überschritten. In diesem unglücklichen, unzufriedenen Zustand wünscht sich jeder Mensch Rat und Hilfe von anderen. Also stöbert man im Internet, vertraut sich Freunden und Familie an oder liest Bücher, die Lebenshilfe versprechen. Die verzweifelte Suche nach Erklärungen und nach einer Hilfestellung von außen soll die eigenen Verhaltensmöglichkeiten flexibler machen.

**Entstehungsgeschichte.** Auch wir wollen mit unserem Buch

Menschen helfen, die in Dreiecksbeziehungen verstrickt sind. Wir haben keine unumstößlichen Wahrheiten niedergelegt, sondern umrissen, auf Grund welcher lebensgeschichtlichen Erfahrungen und aktuellen Ereignisse es an Entschlusskraft, Orientierung oder Sicherheit mangeln könnte. Wir bieten Ihnen nicht »Patentrezepte« an, mit der sich ein komplexer Konflikt angeblich im Handumdrehen lösen lässt. Als Psychologen und Psychotherapeuten wissen wir nur allzu gut, dass jedem Problem ein biologischer und psychologischer Kern und auch Umgebungseinflüsse zugrunde liegen.

Unserem Verständnis nach ist ein Mensch das »Ergebnis« biologischer und psychosozialer Einflüsse. Wir glauben zwar an die Veränderbarkeit gewisser, subjektiv belastender Aspekte, sind aber gleichzeitig überzeugt davon, dass es für individuelle Probleme nicht verallgemeinernde Kochrezepte geben kann und darf. Wir beschreiben nicht das Geschehen in einer Therapie und geben auch nicht vor zu wissen, was für andere Menschen richtig ist und was nicht.

**Experten.** Die meisten Menschen wissen ohnedies, was sie tun »sollten«. Jeder ist für sich selbst der beste Experte. Ein Übergewichtiger weiß ganz genau, dass er weniger essen »sollte«. Ein Raucher weiß, dass er besser mit dem Rauchen aufhören »sollte«. Eine gedemütigte Frau weiß, dass sie diese erniedrigende Beziehung aufgeben »sollte«. Ein ausgenützter Mann weiß, dass er sich von einer egoistischen Partnerin lösen »sollte«.

Das eigentliche Problem besteht darin, dass kaum ein Mensch diesen »Sollismen« Folge leisten kann. Auch wenn ihm sein »Verstand« sagt, was der richtige Schritt wäre, das »Herz« verhindert nur allzu oft kluges Tun.

Rein kognitiv ist einer Schattenfrau nach zahllosen leeren Versprechungen des Geliebten durchaus bewusst, dass er seine Ehefrau nie verlassen wird. Trotzdem kann sie emotional nicht von ihm lassen. Was bringt dieser unglücklich Liebenden die Empfehlung »Stellen Sie ihm ein Ultimatum. Wenn er seine Frau bis dahin nicht verlassen hat, trennen Sie sich von ihm«? Aber genau das ist ihr Problem – sie ist überzeugt, dass es das Richtige wäre, weiß aber nicht, warum es ihr nicht und nicht gelingt.

**Vorteile.** Oberflächlich betrachtet gibt es genug Gründe, warum Menschen Dreiecksbeziehungen haben. Je tiefer man aber in die Materie eindringt, umso klarer wird: Selbst an der unbefriedigendsten Beziehung müssen unbewusste Wünsche beteiligt sein, die durch diese schmerzliche Verbindung befriedigt werden. Unsere Fallgeschichten führten Ihnen vermutlich schon deutlich vor Augen, dass sich niemand auf eine langfristige Dreiecksbeziehung einlässt, wenn er nicht einen bewussten oder unbewussten Vorteil daraus bezieht. Es zählt eben nicht immer nur das, was ein Mensch bewusst will. Dem bewussten Wollen steht oft ein unbewusster Impuls entgegen, der ein nachvollziehbares, konstruktives Handeln verhindert. Das macht eine Schattenliebe so widersprüchlich und vielschichtig.

**Wunschdenken.** Unser Anliegen besteht daher primär darin, Sie mit den unbewussten Motiven vertraut zu machen, die einer Schattenliebe zugrunde liegen. Jeder, der sich in einer Dreiecksbeziehung gefangen fühlt, sollte sich darüber klar werden, dass sich sein Empfinden in einem Spannungsfeld zwischen Wunschdenken und Anerkennung der Realität abspielt. Das Aufgeben des Wunschdenkens und der damit verbundenen Abwehrmechanismen gehören zum Erwachsenwerden dazu.

**Desillusionierung.** Dass dieses Kapitulieren weh tut und nicht von heute auf morgen passiert, ist klar. Der Prozess kann sich über viele Jahre, manchmal sogar über ein ganzes Leben erstrecken. Aber wenn Sie sich aus einer Schattenliebe und einem

Schattenleben befreien wollen, kommen Sie an dieser umfassenden Desillusionierung nicht vorbei.

Es genügt leider nicht, etwas nur zu wollen, damit es auch geschieht. Doch der vermeintlichen Niederlage folgt ein unfraglicher Sieg. Der Verzicht auf ein Wunschdenken ist der Sieg über kindliche Abhängigkeit, Verleugnung und Unfreiheit.

**Hoffnung.** Natürlich gibt es »gute« Gründe, am Wunschdenken festzuhalten: Trugschlüsse, Ängste, Eigennutz, Schuld, Dankbarkeit und natürlich Hoffung. Dass es sich dabei um einen wichtigen Lebensaspekt handelt, ist klar. Aber sobald die Hoffnung an Realitätsverleugnung gekoppelt ist, wird sie zum Bumerang. Gerade im Bereich der Schattenliebe ist es von entscheidender Bedeutung, dass sich Betroffene dem schmerzhaften Prozess der Realitätsanerkennung stellen.

Die Wirkung griffiger 08/15-Tipps besteht meist darin, dass zwar eine trügerische Hoffnung aufflammt, aber die/der Betroffene seelisch noch tiefer abstürzt, wenn sie/er den unerfüllbaren Forderungen nicht nachkommen kann. Ein depressiver Mensch, dem man empfiehlt, »positiv zu denken«, wird sich durch diesen »Ratschlag« nicht nur unverstanden, sondern regelrecht geschlagen fühlen. Auch aus diesem Grund verzichteten wir auf sinnlose Binsenweisheiten.

**Richtlinien.** Von unseren psychoanalytischen und verhaltenstherapeutischen Schulen und unseren praktischen Erfahrungen ausgehend, leiteten sich zwingende Richtlinien für unser Buch ab. Wir bemühten uns, Ihnen

- die psychischen Hintergründe der Schattenliebe emotional zugänglich zu machen
- nach dem Prinzip der »minimalen Intervention« jene Informationen zu vermitteln, die es Ihnen ermöglichen, aus eigener Kraft, Einsicht und Verantwortung wieder zu Ihrer Autonomie zu finden

- durch psychologische Analysen sowie Fallskizzen und -studien zu helfen, die eigentlichen Probleme in Ihrem Leben überhaupt einmal zu definieren
- jene Ansätze aufzuzeigen, die notwendige Veränderungen und Verbesserungen erlauben, sodass Sie wieder ein subjektiv zufriedenes Lebensgefühl haben
- auf Fallen aufmerksam zu machen, die sich unter Berücksichtigung des gesamten Problemhintergrundes ergeben könnten
- und zumindest einige jener bewährten Schritte zu skizzieren, die Sie aus einer eingefrorenen Situation herausführen und wieder beweglich machen könnten.

**Autonomie.** Wenn wir zum Beispiel von dem Zuwachs an Selbstvertrauen als wichtigen Befreiungsschritt sprechen, meinen wir nicht, dass dazu zwei Seiten Buchtext genügen. Um Ihr Selbstvertrauen zu stärken und zu stabilisieren, sollten Sie ein Selbstbehauptungstraining oder eine Therapie machen. Auch die angeführten Entscheidungshilfen, die Stressimpfung oder das Sorgenmanagement sind nicht »goldene« Zaubertricks, sondern bewährte Bausteine der Verhaltenstherapie, die Sie dazu befähigen können, Ihr Problem möglichst aktiv zu bewältigen.

**Abschied.** Bei allen unseren bisherigen Darstellungen und auch im folgenden praktischen Abschnitt geht es uns also grundsätzlich darum, durch Einsicht in Ihre Werdensgeschichte und durch Hinweise auf Bewältigungsmöglichkeiten Ihre Entscheidungsfreiheit und Eigenverantwortung zu maximieren, damit Sie jene Autonomie gewinnen, die Sie zu Ihrem Lebensglück brauchen.

In einer Dreiecksbeziehung ist es nicht wichtig, ob man sie beendet oder nicht, sondern ob man sie überhaupt beenden kann. Viele täuschen sich über diese Tatsache hinweg und rationalisieren ihre Abhängigkeit vom Partner mit Erklärun-

189

gen, wie zum Beispiel »Ich muss ihm/ihr noch Zeit geben …«.
Für denjenigen, der sich innerlich nicht trennen kann, wird nie
der Zeitpunkt kommen, um Abschied zu nehmen.

**Anerkennen.** Mit dem Aufgeben einer großen Liebe ist es ähnlich wie mit dem Tod. Niemand stirbt gerne und trotzdem fragt uns das Leben nicht, ob wir sterben wollen. Erst das Anerkennen der eigenen Begrenztheit und der Begrenztheit der eigenen Wünsche und Möglichkeiten macht einen Menschen innerlich frei.

Wenn es uns gelingt, Sie dafür zu sensibilisieren, haben Sie und auch wir unser Ziel erreicht …

# Nie mehr Zweite[r] sein –
# Die 10 tückischen Fallen

Auch wenn wir in dem folgenden, praktischen Teil unseres Buches die Geliebte ansprechen, ist jede Schattenfrau gemeint – auch eine im Schatten stehende betrogene Ehefrau. Die psychologischen Inhalte und Erklärungen sind nicht ungültig, nur weil Sie in einem Liebesdreieck die Ehefrau sind.

Sowohl bei den »zehn Fallen« als auch bei den »zehn Schritten« geht es grundsätzlich um den im Schatten stehenden Menschen. Da sich Männer nur selten auf langfristige Schattenbeziehungen einlassen, wenden wir uns nicht wörtlich an sie.

**Ruf.** Schattenfrauen haben einen schlechten Ruf. Man stellt sich junge Liebesgöttinnen vor, die Ehen zerstören, Kinder unglücklich machen und es genießen, eine verruchte, begehrte Geliebte zu sein.

In Wahrheit ist das Leben für die meisten Schattenfrauen belastend. Bei den meisten Frauen kommt es nach ein paar Monaten zu dem Gefühl »Ich muss raus aus dem Schatten«. Wie oft macht der geliebte Mann seinerseits Schluss. Frauen geraten in eine unbefriedigende, jahrelange Schattenbeziehung.

Befreiungsversuche misslingen, weil psychologische und entwicklungsgeschichtliche Zahnräder perfekt ineinandergreifen und zu Fallstricken werden.

# 1. Falle: Hoffnung

»*Immer, wenn wir Schluss gemacht haben, war es nicht wirklich aus. Bei jedem Bruch habe ich die Hoffnung gehabt, dass es noch einmal gut wird.*« (Petra, 50)

»*In der Zeit, in der man noch kämpft, fasst man immer wieder Hoffnung. Man lässt sich viel einfallen, um ihn zu begeistern. Bemerkungen, die unheimlich wehtun, hört man nicht. Wenn er was sagt, glaubt man, man kann es irgendwie positiv für sich verwerten, alles wird gleich potenziert und hoch stilisiert.*« (Carola, 41)

»*Wir haben dann die Sache immer wieder aufgenommen, obwohl sie mir sagte, dass sie eigentlich ihren Mann liebt. Ich habe um sie gekämpft. Ich habe wieder und wieder die Chance gesehen, dass wir zusammenkommen. Heute ist mir das unverständlich, aber damals war ich vollkommen darauf fixiert, dass es zwischen uns was werden wird. Sie konnte das auch sehr gut, meine Gefühle schüren. Ich bin von einem Tief unglaublich schnell in eine Hochstimmung verfallen. Obwohl ich wusste, da ist ein anderer. Aber die Tatsache, dass sie sich wieder bei mir gerührt hat, hat mich immer hoffen lassen.*« (Sigi, 23)

»*Ich habe ihn nicht loslassen können und meine Wünsche nicht loslassen können. Obwohl ich auch überlegt habe, dass ihm mit mir schon langweilig ist. Ich habe ihn zu wenig verführt, zu wenig bewundert oder was immer. Irgendwie war es für ihn nach drei Jahren mit mir genauso fad wie mit seiner Frau. Zweimal wollte er das eigentlich nicht. Das war mir irgendwie klar, aber ich wollte oder konnte die Hoffnung auf mein Glück nicht aufgeben.*« (Wanja, 36)

»*Wenn ich alleine war, habe ich mir ein Leben ausgemalt, in dem wir miteinander total glücklich waren. Da hat er mich auf Händen getragen, wir haben in einem kleinen Haus am Land gelebt. Ich habe Rosen gepflanzt, gekocht, eine Katze hat es gegeben und zwei süße Kinder.«* (Ulli, 47)

Bis auf die wenigen Ausnahmen der »glücklichen Geliebten« sehnen sich die meisten Schattenfrauen nach einem gemeinsamen Alltag – justament nach dem Zustand also, der eine Schattenbeziehung begünstigt. Vor allem aber ist da die Hoffnung: »Vielleicht bleibt er doch bei mir? Vielleicht trage ich nach all der schönen und schwierigen Zeit eines Tages doch den magischen Ring am Finger?«

Die Hoffnungsfalle ist besonders tückisch, denn Hoffnung gehört grundsätzlich zum Leben. Glaube, Liebe und Hoffnung sind auch die drei christlichen Tugenden. Hoffnung ist also nicht ohne Grund eine handlungsleitende Instanz. Zur Falle wird die Hoffnung für eine Schattenfrau, wenn sie innerlich zuversichtlich daraufhin ausgerichtet ist, dass das Wünschenswerte eintritt, ohne dass dafür eine echte Gewissheit besteht.

**Träume.** Selbst in aussichtslosen Schattenbeziehungen keimt im Hintergrund als positiver Erwartungseffekt immer die Hoffnung auf eine Wende zum Erträumten und Ersehnten, zum vermeintlich Besseren also. Auch wenn kein realistischer Weg in eine Legalisierung der Schattenbeziehung gesehen wird – kaum eine Schattenfrau schließt aus, dass das Unmögliche vielleicht doch irgendwann möglich wird.

»Die Hoffnung stirbt zuletzt«, sagt ein Sprichwort. Leider auch in Schattenbeziehungen. Oft keimt in einem Winkel der Seele noch Hoffnung, obwohl gleichzeitig schon Trennungswünsche da sind. Nehmen wir an, Ihr Geliebter will eigentlich schon längst raus aus dieser belastenden Beziehung. Er bleibt eigentlich nur, weil Sie, geleitet von einer unangemessenen Hoffnung, sich (nach außen hin) damit abfinden, dass er sich von seiner »Hauptfrau« nicht trennt.

**Loslassen.** Würden Sie loslassen, wären Sie beide frei, um zu wachsen. Loslassen hieße in diesem Fall, den anderen so zu »lassen«, wie er ist – mit Ihnen nicht bindungswillig oder nicht entscheidungsfähig.

In einer aussichtslosen, unbefriedigenden Schattenbeziehung bringt es auch nichts, alle Kräfte in das Vorhaben zu investieren, den Partner »umzudrehen«, ihn ja doch noch auf die eigene Seite zu bringen, seine Einstellung und Haltung zu verändern. Eine Änderung sollte bei Ihnen erfolgen.

Loslassen bedeutet den Verzicht auf falsche Hoffnungen und beinhaltet die Erkenntnis, dass Sie das Bedingungen-Stellen, Verhandeln und Besitz ergreifende Beharren kleiner macht. Eine Entwicklung Ihrer Persönlichkeit und Ihres Lebens wird dabei verhindert.

**Wachsen.** Loslassen ist nicht leicht. Sie müssen aus einer Welt heraustreten, von der Sie sich einmal viel, wenn nicht sogar alles versprochen haben. Geborgenheit. Zweisamkeit. Leidenschaft. Bekenntnis. Glück. Kinder. Alle diese Sehnsüchte haben sich vermutlich nicht erfüllt. Andererseits wissen Sie nicht, was kommen wird. Am Alten festzuhalten, ist dann wenigstens ein Rest von Sicherheit.

**Gefesselt.** In Filmen und Romanen wird das Szenario des Loslassens immer beeindruckend schmerzfrei und leichtfüßig gezeichnet. Alle Protagonisten blicken frei und hoffnungsfroh in eine neue Zukunft. In Wirklichkeit fühlen sich Schattenfrauen oft gefesselt, eingeengt von Verboten und Geheimnissen. Es gibt intensive, beglückende Stunden, aber auch große Unzufriedenheit mit der bestehenden Situation und mit der eigenen Unfähigkeit, eine belastende Lage zu verändern. Es fällt nicht leicht, einen Schlussstrich zu ziehen, Erfüllendes und auch Gewohntes aufzugeben. Neues macht Angst und man weiß gar nicht, mit welchen Maßnahmen das bestehende Problem überhaupt bewältigt werden kann.

**Tagträume.** In dieser unbefriedigenden Lage flüchten sich Schattenfrauen gerne in Tagträume von einem erfüllten Leben, in dem es keine belastende Dreieckssituation, keinen Verzicht, keine Demütigung und Heimlichkeit gibt. Tagträume können für einen frustrierenden Alltag entschädigen. Eine echte Problemlösung sind sie nicht.

**Leben ist Veränderung, Wachstum und ständiges Zupacken. Die Voraussetzung dafür ist Loslassen. Wenn Sie sich dazu nicht aufraffen, haben Sie die Hände nicht frei, um zu nehmen, was Ihnen zustünde und was Ihnen das Leben bieten könnte. Vorausgesetzt, Sie lassen los und flüchten nicht mehr in die Scheinwelt Hoffnung machender und betäubender Tagträume, liegt das Leben in Ihrer Hand.**

# 2. Falle: Trugschluss

*»Jetzt habe ich schon soviel in diese Beziehung gesteckt. Da kann ich doch nicht einfach Schluss machen.«* (Heide, 50)

*»Zuerst sind wir gependelt. Dann haben wir nachgerechnet, wie viel Zeit wir im Auto sitzen. Dann hat er gesagt, du könntest doch auch in der Nähe von mir arbeiten. Dann habe ich meine Wohnung und meine Arbeit gekündigt und bin seinetwegen übersiedelt. Ich habe für ihn meinen Freundeskreis und meine Verwandten aufgegeben. Und das alles für nichts?«* (Franziska, 35)

*»Jahrelang habe ich darauf gewartet, dass er sich scheiden lässt. Immer nur gewartet, verzichtet, gewartet. Die Zeit ist vergangen und auf meinem Einsatzkonto ist immer mehr und mehr gestanden.«* (Nadja, 45)

*»Er hatte schon drei Kinder. Es war ihm unvorstellbar, noch eins zu haben. Ich hätte gerne ein Kind gehabt, aber für ihn habe ich darauf verzichtet. Wirklich kapiert oder geschätzt hat er diesen Schritt von mir nie. Und mir hat viel gefehlt. Vor allem dann, als es zwischen uns nicht mehr so war wie früher.«*
(Hermine, 49)

Nicht nur in der Wirtschaft, auch bei einer Schattenliebe besteht die verhängnisvolle Neigung, das überzubewerten, was bereits investiert wurde.

Ninas Geschichte ist typisch. Seit drei Jahren ist sie die Geliebte von Toni. Er machte ihr von Anfang an keine Hoffnung auf eine gemeinsame Zukunft. Trotzdem verlangt er ihr Rücksicht und ein Übermaß an Toleranz ab. Nina verzichtet auf Urlaube, um für Toni da zu sein. Sie geht nicht mehr ins Theater und zerkrachte sich wegen ihrer geheimen Liaison mit den Eltern. Von Toni kommt nichts zurück. Toni ist nicht besonders aufmerksam, nicht rücksichtsvoll, er ist nicht einmal mehr der außergewöhnliche Liebhaber, der er einmal war.

**Investieren.** Das Beste wäre, Nina würde sich von diesem Mann trennen. Aber nein, sie hält eisern an ihrer entleerten Schattenbeziehung fest. Liebe ist nicht mehr im Spiel, auch nicht Gewohnheit. Nicht einmal die Angst, womöglich niemanden mehr zu finden. Nina ist 37, attraktiv und hat jede Menge Chancen. Warum setzt sie unter eine unbefriedigende Beziehung nicht den logischen Schlusspunkt?

Ninas Verhalten ist ein typischer »Trugschluss des verlorenen Aufwands«: Man beschließt, weiter in eine längst verlorene Sache zu investieren anstatt eine Entscheidung im Hinblick auf zukünftige Ergebnisse zu treffen.

**Concorde-Phänomen.** Erinnern Sie sich an den Concorde-Skandal? Als schon allen klar war, dass es alles andere als rentabel ist, so einen Flugzeugtyp zu bauen, hätte man sinnvoller

Weise die ganze Sache aufgeben müssen. Aber die Investitionen in die Entwicklung der Concorde waren zu diesem Zeitpunkt schon so hoch, dass das Projekt weiter durchgezogen wurde.

Wenn coole Wirtschaftsfachleute so einem Trugschluss aufsitzen, passiert das erst recht, sobald Gefühle im Spiel sind. Aus vielen Schattenbeziehungen ist die Luft schon draußen. Man ist nicht mehr rasend verliebt, es gibt nicht mehr soviel Zärtlichkeit, der Sex ist nicht mehr neu und zu sagen hat man sich vielleicht auch nicht mehr so viel. Aber man glaubt, keinen Rückzieher mehr machen zu können. Es ist doch schon so viel Geld, Zeit und Energie in die Beziehung geflossen!

**Aufwand.** Außerdem stellt das, was man miteinander erlebt, füreinander getan, worauf man der Liebe wegen schon verzichtet hat, für viele Frauen und Männer in Schattenbeziehungen einen großen Wert dar. Darauf will und kann man nicht so leicht verzichten.

Immer mehr Einsatz, immer weniger Ertrag. Trotzdem macht man weiter so. Über kurz oder lang ist der Aufwand, der mit der Beziehung getrieben wird, nicht mit ihrem tatsächlichen Wert zu rechtfertigen, sondern mit der Energie und Zeit, die schon drinstecken.

Eine falsche Kalkulation.


**Auch für eine Schattenliebe müsste es außer der Investitionsrechtfertigung noch eine andere Erklärung geben, um die geheime Beziehung aufrechtzuerhalten. Entweder die Erkenntnis, dass Sie mehr Nähe und/oder Engagement ohnedies nicht wollen oder dazu gar nicht fähig sind.**

**Oder die Schattensituation lässt für Sie doch eine realistische Hoffnung zu. Wenn keine Aussicht auf einen positiven Ertrag in der Zukunft da ist, sind die Investitionen der Vergangenheit für A und F. Dann sollten die Energien nicht zum Festhalten, sondern zum Loslassen mobilisiert werden.**

# 3. Falle: Abwehrmechanismen

*»Er ist zwar verheiratet, aber er liebt nur mich. Seine Ehe ist für ihn Pflicht, mehr nicht.«* (Vanessa, 36)

*»Natürlich merke ich, dass sie nicht liebevoll ist. Andererseits weiß ich, dass sie damit ihre zärtlichen Gefühle für mich kaschiert.«* (Harald, 54)

*»Ich habe nichts gegen eine heimliche Beziehung, aber er kann damit nicht umgehen.«* (Rosalena, 39)

*»Diese Lösung ist im Augenblick ohnedies das Beste für mich.«* (Irmi, 53)

*»Ich habe keinen Mann zum Herzeigen, weil ich sowieso immer nur an den Falschen gerate.«* (Helga, 45)

*»Vielleicht glaubt mir das niemand. Aber ich will wirklich nicht, dass wir heiraten.«* (Beate, 32)

*»Meine Freundinnen sagen, ich lasse mich ausnützen. Aber das stimmt nicht, sie sind nur neidig.«* (Wilma, 28)

*»Machen wir uns bitte nichts vor. Im Grunde ist doch jeder Mensch einsam.«* (Sieglinde, 39)

*»Ich habe meine Linie gefunden. Eine Frau, die sich nichts erwartet, kann auch nicht enttäuscht werden.«* (Liane, 36)

*»Natürlich ist alles sehr kompliziert. Aber im Leben ist nichts einfach.«* (Charlotte, 41)

*»Wie er mir zu verstehen gegeben hat, dass es nur so, also in aller Heimlichkeit, weitergehen kann oder gar nicht, habe ich das hingenommen. Ich habe nicht einmal geweint. Erst, wie ich dann alleine war, habe ich weinen können. Ich habe auch*

*niemandem mehr von uns erzählt, alles nur in mich hinein-*
*gefressen.«* (Henriette, 24)

*»Wir hatten die schönsten Gespräche und den besten Sex, den*
*man sich vorstellen kann. In seinen Augen stand nur Liebe,*
*Liebe und wieder Liebe. Ich bin überzeugt davon, dass er mich*
*liebt. Er hat nur Angst vor seinen Gefühlen. Ich weiß, dass wir*
*füreinander bestimmt sind.«* (Thea, 37)

*»Wer träumt als junges Mädchen nicht von so einer Bilderbuch-*
*idylle mit einem richtigen Paar und einem Kind. Aber im*
*Grunde sind wir ja doch glücklich. Wahrscheinlich sogar glück-*
*licher als die richtigen Paare.«* (Dorothea, 35)

*»Nach der Kur hat er Handynummer und E-Mail-Adresse*
*geändert. Ich habe geweint und getobt. Er hat nur gesagt: ›Sei*
*jetzt bitte nicht hysterisch. Du weißt, dass wir schon vor dei-*
*ner Kur Schluss gemacht haben.‹ Aber das stimmt wirklich*
*nicht.«* (Anja, 40)

*»Der ganze Trennungskampf war erst vorüber, als ich einen*
*anderen kennen gelernt habe. Der hat mich vor die Wahl*
*gestellt: ›Entweder er oder ich.‹ Das war der Anstoß. Vorher*
*war das einfach nicht möglich.«* (Helga, 29)

*»Er wird schon entdecken, dass alles nur ein Irrtum ist.«*
(Susanne, 34)

*»Es wird sicher noch was Besseres nachkommen. Im Grunde*
*habe ich schon nach ein paar Tagen gewusst, dass aus mir und*
*Tanja nie »etwas Richtiges« werden kann. Damals habe ich*
*mich quasi mental von Tanja zurückgezogen. Seither bin ich*
*in Warteschleife.«* (Paul, 36)

Manche Wahrheiten tun so weh, dass wir sie tief in der Seele
verstecken. Wir alle tun das. Tagtäglich. Dieses Verstecken

gelingt mit Hilfe von Abwehrmechanismen. Es ist eben nicht leicht, sich Schmerz, Angst- oder Schuldgefühlen zu stellen und die damit verbundene Seelenpein auszuhalten.

**Linderung.** Unsere psychische Struktur ist darauf ausgerichtet, Schuld und Angstgefühle abzuwehren. Es sollen möglichst nur jene Informationen ins Bewusstsein gelangen, die wenig oder keine psychischen Schmerzen hervorrufen. Angst oder Schuld sind so unerträglich, dass alles getan wird, um diese Seelenpein zu lindern. Die Weltwahrnehmung wird durch Abwehrmechanismen so beeinflusst und uminterpretiert, dass möglichst wenig seelische Schmerzen gespürt werden.

Da Schattenliebende oft in einem Dauerzustand von Schmerz und Angst leben, werden sie mehr als andere Menschen von Abwehrmechanismen geleitet. Sie reden sich etwas schön, verdrängen oder verleugnen die Wahrheit, projizieren eigene Empfindungen auf andere, rationalisieren oder intellektualisieren. Diese Taktiken sind nur zur Hälfte erfolgreich: Die abgewehrten Schmerzen können oft die Persönlichkeit deformieren und unglückliche Beziehungen zementieren.

**Selbstschutz.** Die seelischen Winkelzüge zur Schmerzvermeidung sind vielfältig: Projektion, Rationalisierung, Verdrängung, Verleugnung, Vermeidung, Depression und Zorn sind »alltägliche« Abwehrmechanismen, die jeder von uns immer wieder gebraucht.

**Projektion.** Angst erzeugende Gefühle werden verleugnet und ihr Zugang zum Bewusstsein blockiert. Dann werden diese Gefühle nach außen auf jemand anderen verschoben. (Rosalena, siehe S. 198)

**Verdrängung.** Unliebsames wird aus der Aufmerksamkeit verdrängt, sodass es nicht mehr erlebt wird. Man spürt dann gar nicht mehr Hass, Neid oder den Wunsch nach der Legalisierung eines Verhältnisses. (Beate, siehe S. 198)

**Rationalisierung.** Unakzeptables wird mit »guten« Gründen gerechtfertig. (Irmi, Helga, siehe S. 198)

**Vermeidung.** Um sich den Schmerz einer Zurückweisung oder Trennung zu ersparen, wird zum Beispiel der notwendige Schritt eines offenen Gespräches vermieden. (Anja, siehe S. 199)

Jochen hat mit Anja Schluss gemacht. Sie war seine Geliebte, er hatte den Kopf verloren, aber jetzt ist es vorbei. Jeder weiß es. Seine Frau weiß es, sein Freund Karl weiß es und sogar die Mutter von Jochen ist informiert. Alle wissen, dass Jochens Gefühle für Anja erloschen sind, die monatelange Schattenbeziehung ein Ende hat. Nur Anja weiß es nicht. Ihr sagte Jochen, dass er im Moment ein bisschen Abstand braucht. Anja soll endlich die Kur machen, die sie schon so lange vorhat. Dann kann er in Ruhe seine Rückstände aufarbeiten.

Helga und Hannes trennten sich vier Jahre lang voneinander. Hannes war verheiratet, Helga wusste, dass sie nie »richtig« zusammen kommen würden. Vier Jahre redeten sie pausenlos von der notwendigen Trennung. Gleichzeitig hofften sie, dass irgendetwas geschehen möge, durch das die Trennung, die sie selbst nicht zustande brachten, wie von Zauberhand geschehen würde. Die Frau von Hannes stellte sich tot – von ihr war ein Einschreiten nicht zu erwarten.

**Verleugnung.** Das Ausmaß, in dem Schattenliebende die Realität verleugnen, erstaunte uns.

Kognitiv konnte zwar jede Frau, die längere Zeit in eine Schattenliebe verstrickt war, ihre aussichtslose Situation erkennen, aber keine war zu einer emotionalen Akzeptanz und den entsprechenden Konsequenzen fähig. (Wilma, Thea, Dorothea, Susanne, Vanessa, Harald, siehe S. 198 f.)

Wenn wohlmeinende Freunde eine Schattenfrau darauf hinweisen, dass sie in Wahrheit nicht geliebt, sondern nur benützt wird, ist Verleugnung eine der häufigen Abwehrhaltungen dieser schmerzlichen Tatsache.

Frauen wie Thea werden zu Schattenfrauen, weil sie eindeutige Fakten umdeuten. »Ich werde nicht ausgenützt, ich werde geliebt.« Es geht nicht um sexuelle Befriedigung, sondern um Gefühle. Sie sind wie Süchtige weder vernünftigen Argumenten zugänglich, noch hören sie auf, nach »Liebesbeweisen« zu suchen. Ihr verzweifeltes Bemühen, Anhaltspunkte für die Liebe zu entdecken ist so, als würden sie mit einem Strohbesen das Wasser eines Schwimmbeckens auskehren wollen.

Der Mann, der angeblich für Thea bestimmt war, feierte in diesem Moment mit seiner Frau unter der karibischen Sonne. Er meldete sich tagelang nicht und beantwortete Theas SMS nicht. Liebesstunden, die es abends zwischen ihnen gegeben hatte, stilisierte Thea zu einer tragfähigen, zukunftsträchtigen Beziehung hoch.

In vielen Fällen stellt sich die Abhängigkeit von dem verinnerlichten Ideal einer gelungenen Beziehung einer realistischen Auseinandersetzung mit der Wirklichkeit hartnäckig in den Weg.

Damit die Fassade aufrecht bleiben kann, werden die Probleme einer Schattenbeziehung verleugnet oder beschönigt.

Als Walter nach fünf Monaten mit Susanne brach, um seine Ehe nicht zu gefährden, verleugnete sie seinen Trennungswunsch. »Er steckt in einer Krise«, sagte sie ihrer Freundin. Susanne führte Walter vor Augen, wie viele Gemeinsamkeiten sie doch hätten und wie gut sie sich eine Zukunft einrichten könnten. Sie nimmt seinen Trennungswunsch nicht einmal jetzt zur Kenntnis, obwohl seine Frau das zweite Kind erwartet.

**Emotionale Zurückweisungen, die man als abhängiges kleines Kind erleben musste, werden oft so schmerzlich erlebt, dass man als Erwachsener mit Verleugnung, Verdrängung oder Intellektualisierung eine Realität leugnet, die mit ähnlichen Schmerzgefühlen verbunden wäre.**

**Intellektualisierung.** Anstatt konkrete Gefühle zu benennen, wird philosophiert oder psychologisiert. (Sieglinde, Liane, Charlotte, siehe S. 198)

**Depression.** Hinter einer Depression steht oft Zorn. Er kann soviel Angst erzeugen, dass er mit einer Depression abgewehrt wird. (Henriette, siehe S. 198 f.)

In Schattenbeziehungen, in denen zum Beispiel der Geliebte außerordentlich viel für seine Schattenfrau tut, sie also dafür dankbar und froh sein müsste, ist eine Depression häufig der Deckmantel für eine abgewehrte Aggression gegenüber dem Mann, der sich letztlich ja doch nicht öffentlich zu der Beziehung bekennt.

Es ist schon verblüffend, mit wie wenig Brosamen der Zuwendung manche Menschen ein großartiges Festmahl der Liebe machen. Warum tun sie das?

Schuld daran sind eben die Abwehrmechanismen, die vor einer vermeintlich unerträglichen Verletzung schützen sollen. Einen klaren Schlussstrich zu ziehen, ist leichter gesagt als getan. Die Liste der Ängste, die eine Trennung erschweren oder verhindern, ist groß: Angst vor dem Alleinsein ist ein Grund. Die Angst, dem anderen mit der Trennung eine tiefe Wunde zu schlagen und für dessen Schmerz verantwortlich zu sein, ein anderer. Auch die Angst vor dem Verlust von Gewohntem und Vertrautem oder die Angst davor, mit dem Abschied die Kontrolle über den anderen zu verlieren, macht eine Trennung oft schwierig.

**Kinderängste.** Oft sind instabile Familienverhältnisse in der Kindheit schuld an einer Trennungsphobie. Wenn ein Kind erlebt, dass die Ehe der Eltern Sprünge hat, erfährt es gleichzeitig, dass derjenige, der gehen würde, der »Böse« wäre. Solche Kinder konnten es sich nicht leisten, »böse« zu sein, dann wäre womöglich noch mehr Unglück über die brüchige Familie gekommen. Schlimmstenfalls hätte sie der verlässlichere

Elternteil für das Bösesein bestraft und in Stich gelassen. Diese alten Kinderängste können in einer Trennungssituation wieder erwachen: Nur nicht böse sein, sonst passiert etwas Schreckliches!

**Emigration.** Das Eingeständnis, gescheitert zu sein, verursacht oft eine innere Emigration. Er oder sie verlässt das gemeinsame Boot und verweigert echte Nähe. Die Schattenbeziehung bleibt bestehen, aber ohne Lebendigkeit und ohne Hoffnung.

Andrea hat sich innerlich von Max verabschiedet. Nach fünf Jahren muss sie einsehen, dass er sich nie öffentlich zu ihr bekennen und seine Versprechen, sich für sie scheiden zu lassen, nie einlösen wird. Seit Andrea das weiß, findet bei ihr ein Bindungsabbau statt. Sie liebt Max eigentlich gar nicht mehr. Aber inzwischen arbeitet Andrea für ihn, sein kleiner Betrieb ist ihre Existenz. Im Grunde hat Andrea die Trennung von Max nach innen hin vollzogen.

**Erlösung.** Max weiß das nicht, nicht einmal Andrea ist es wirklich klar. Aber unbewusst wartet sie auf einen Mann, mit dem sie einen buchstäblich »erlösenden« Seitensprung begehen wird. Andrea sagt: »Ich habe mich mit diesem Leben arrangiert.« Aber innerlich ist sie schon längst von Max getrennt. Eine neue Begegnung wird für Andrea zum endgültigen Absprung aus einer Schattenbeziehung werden, aus der sie emotional bereits ausgestiegen ist.

Jede innere Trennung bremst eine neue, der veränderten Lage angemessene Entwicklung. Es stagniert nicht nur die ausgehöhlte Beziehung, sondern auch das persönliche Wachstum.

Der wesentliche Schritt von einer unbefriedigenden Gegenwart in eine bessere Zukunft besteht darin, vor einer verborgenen Angst nicht mehr die Augen zu verschließen.

Sobald Sie die Angst erkennen, die Sie lähmt und sobald Sie Bewältigungsstrategien für »die Zeit danach« entwickeln, können Sie den Trennungsschmerz ertragen …

Abwehrhaltungen (es gibt natürlich noch mehr als diejenigen, die wir im Zusammenhang mit einer Schattenliebe
besonders häufig entdeckten) sind nicht grundsätzlich
schlecht: Als eine Art Erste-Hilfe-Maßnahme machen sie die
unvermeidlichen Verletzungen des Alltags erträglich.

Aber wenn eine Abwehrhaltung die Sichtweise auf das eigene
Leben so verstellt, dass die Auswirkungen destruktiv anstatt
konstruktiv sind, wäre es höchste Zeit, sich einmal mit der
ursprünglichen Verletzung auseinander zu setzen. Andernfalls
bekommt die Person, die Ihre Abwehrhaltung ausgelöst hat,
womöglich dieselbe Macht wie jene, auf die sie ursprünglich
zurückzuführen ist.

Wenn Sie auf eine destruktive Abwehrhaltungen verzichten
und sich zu einem echten »Good bye« aufraffen, bekommen
Sie auch die Freiheit »Hello« zu sagen …

## 4. Falle: Selbstkränkung

*»Ich habe mich Tag und Nacht mit denselben Fragen gequält.
Es muss meine Schuld gewesen sein, dass es mit Hannes nicht
geklappt hat. Vielleicht habe ich ihn deshalb nicht zu mehr Einsatz und Kampf um mich motivieren können, weil ich für ihn
im Bett nie wirklich erfüllend war? Vielleicht hätte ich einfalls-
reicher sein müssen? Aktiver? War ich zu oberflächlich oder gar
zu dumm, um seine wahren Werte zu erkennen? Ist mir womöglich die Chance meines Lebens entgangen?«* (Sandra, 31)

Im Schatten zu stehen, ist nahezu immer gleichbedeutend mit
der Kränkung: »Mehr bin ich nicht Wert.« Es kann aber auch
passieren, dass man sich selbst eine Kränkung zufügt. Zum Beispiel erfolgt eine Trennung, die man selber wollte, aber kaum

hat die/der Verlassene eine/n andere/n, kommt der große Katzenjammer: »Habe ich womöglich etwas falsch gemacht?« So geschehen mit Sandra, die sich für ihren Mann Gerd und gegen Hannes, ihren Geliebten, entschied. Die Vorgeschichte:

**Salto.** Als Sandras Gefühle für Hannes immer flacher wurden, wollte sie das Versteckspiel nicht mehr fortsetzen. Die Situation nervte sie, Hannes nervte sie, Schluss jetzt. Sandra wollte ihn loswerden. Schließlich resignierte Hannes und fügte sich in Sandras Trennungswunsch.

Dann erfährt Sandra: »Er hat eine andere.« Einige Zeit darauf: »Hannes wird heiraten.« Später: »Die beiden leben schon zusammen.«

Plötzlich macht Sandra ein mentales Salto – Hannes und seine neue Liebe interessieren sie brennend. Sandra ist für eine neue Beziehung unansprechbar. Sie beschäftigt sich ohne Unterlass mit dem Leben ihres Ex-Liebhabers. Wie verbringen die zwei ihre Abende? Wohin fahren sie auf Urlaub? Ist er höflich zu ihr? Ist sie zärtlich zu ihm?

Anfangs geben Sandras Freunde weiter, was sie wissen. Aber mit der Zeit wird ihnen Sandras bohrende Anteilnahme am Liebesleben von Hannes unangenehm. »Willst du ihn womöglich wieder zurück haben?«

**Grübeln.** Sandra muss sich diese Frage mit einem eindeutigen Nein beantworten. Sie spürt, dass ihre Liebe zu Hannes erloschen ist. Aber jede neue Nachricht über ihn und seine zukünftige Frau verstärken Sandras Krise. Obwohl sie die Trennung initiierte, kann sie die Schattenbeziehung nicht wirklich loslassen.

Sie hört, dass Hannes und Agnes einen Tauchkurs machen und grübelt: »War ich schuld, dass er mit mir nicht tauchen gegangen ist – obwohl ich damit für unsere geheimen Treffen eine gute Ausrede gehabt hätte?« Nachdem Sandra erfährt, dass Agnes nach der Hochzeit nicht mehr lange mit einem Kind warten will, bricht sie zusammen: Was hat sie mit Hannes falsch gemacht?

Dass Agnes, diese hübsche und erfolgreiche junge Frau, schwärmt, was für ein toller Partner Hannes doch sei, löst bei Sandra Versagensgefühle aus.

**Krise.** Nach einer Trennung, die ausdrücklich von ihr ausging, durchlebt Sandra eine Selbstkränkungskrise. Nicht ein Außenstehender fügt ihr die Kränkung zu, sondern sie sich selbst. Nicht ein anderer zweifelt an ihren Fähigkeiten und ihrem Wert, sondern sie selbst.

Eine Selbstkränkungskrise schmerzt genauso wie Kränkungen, die einem durch andere angetan werden. Noch schlimmer: Die Selbstkränkung verhindert, dass man in Frieden mit sich und den Menschen leben kann, die an diesem Szenario beteiligt sind. Sandra quälte sich nicht nur selbst, sie empörte sich auch darüber, dass gemeinsame Freunde Agnes und Hannes als neues Paar akzeptierten. Schlimm genug, dass Sandra Agnes mit spitzen Bemerkungen in Misskredit brachte, sie riss auch einen tiefen Graben zwischen sich und den alten Freunden.

**Wenn ein/e Ex, für den/die Sie sich ohnedies nicht entscheiden wollten, mit einem/r anderen glücklich wird, sollten Sie sich nicht mit der Frage quälen: »Was hat sie/er, was ich nicht habe?« Denken Sie daran, dass die Liebe zu ihr oder zu ihm schon vorher erloschen war.**

**Werten Sie sich nicht selbst ab, nur weil der von Ihnen ausrangierte Schattenmann jetzt sein Glück gefunden hat. Schauen Sie nicht voller Selbstabwertung nach rückwärts. Visualisieren Sie sich eine positive, befriedigende Welt in der Lebensform, für die Sie sich entschieden haben.**

**Die Falle einer rückwärtsgerichteten Selbstabwertung ist eine Energieblockade. Sie macht es unmöglich, Kräfte wieder ins eigene Leben zu investieren.**

# 5. Falle: Angst

*»Seit es Schluss ist, geht es mir besser, weil ich keine Angst mehr vor dem Alleinsein habe. Immer diese Angst, diese ewige Angst. Ich weiß, was dieses Ewig-Über-einem-Schweben bedeutet. Sisyphus, der den Stein immer hinaufrollt und weiß, irgendwann kommt er runter. Die Angst davor, wann er runter kommt, ist viel, viel ärger, als wenn er herunten ist. Jetzt brauche ich nichts mehr fürchten. Die Angst hat ja alles gelähmt, alles. Jede Initiative, jeden Gedanken an Morgen. Wenn ich gewusst hätte, dass es mir ab dem Moment, wo ich wirklich ganz allein bin, besser geht, hätte ich den Schritt schon vor Jahren getan.«* (Chiara, 49)

*»Es hat eine Weile gedauert, bis ich kapiert habe, dass es sehr bereichernd ist, seine Zeit ganz nach sich und nicht ständig nach einem verheirateten Mann auszurichten. Ich habe wieder Tennis gespielt und bin mit der Runde spontan noch auf einen Wein mitgegangen. Oder ich bin nachmittags in der Wanne gelegen, einfach so und ohne zu lauern, ob er nun daher kommt oder nicht. Meine Freundin hat mich auf den Geschmack gebracht, mit ihr auf Stehplatz in die Oper und zu Vorträgen zu gehen.«* (Marianne, 41)

*»Wenn ich für ihn nicht ständig da sein hätte müssen, hätte ich auf jeden Fall Karriere gemacht. Das steht für mich fest. Aber ich war ja nicht frei. Nicht einmal dazu, dass ich einen eigenen Freundeskreis und sinnvolle Interessen entwickeln hätte können.«* (Valentina, 44)

*»Es war seltsam. Ich habe mich bei allen Vorstellungsgesprächen ganz ungeschickt verhalten. Einmal war ich zu pampig, ein anderes Mal viel zu linkisch. So bin ich in Wirklichkeit gar nicht.«* (Henriette, 41)

Die Angst vor der Unabhängigkeit, vor allem die Angst davor, buchstäblich »mutterseelen allein zu sein«, wird für viele Frauen zu einer Falle, die sie sich sogar selbst schaffen.

Toni will sich von Marianne trennen. »Alles, nur das nicht«, fleht Marianne. »Ich werde dir nie mehr ein Ultimatum stellen. Du kannst ruhig mit deiner Frau auf Urlaub fahren … Ich werde damit fertig. Nur nicht allein sein.« Marianne leidet unter dem Alleinsein so sehr, dass sie zu allem bereit ist, nur nicht zu dem, was die einzige Lösung wäre: Zum Alleinsein.

Zu Mariannes Glück ließ sich Toni nicht mehr zu einer Fortsetzung der Schattenbeziehung überreden. Was passierte? Nachdem Marianne eine Zeitlang durch die Hölle ihrer Ängste gegangen war, ertappte sie sich dabei, dass sie mit dem Alleinsein eigentlich sehr gut zurechtkam.

**Blockiert.** Zum ersten Mal in ihrem Leben erfuhr sich Marianne als Mensch mit ganz bestimmten Neigungen und Haltungen. Ihre ausschließliche Orientierung auf einen verheirateten Mann hatte verhindert, dass sie sich selbst und ihren eigenen Platz in der Welt finden konnte. Marianne versuchte erst gar nicht, Werte und Bedürfnisse für sich alleine zu klären. Die magische Antwort auf alle Lebens- und Wertfragen erhoffte sie sich immer von Toni.

Eigentlich war Marianne ein abhängiges, unreifes Kind, das sich selbst Grenzen setzte und blockierte. Da ihre »Lösungen« immer wieder neue Komplikationen und Konflikte brachten, wurde ihre Situation immer schlimmer. Erst als das eintrat, was Marianne wie die Pest gefürchtet hatte, bekam sie erstmals die Chance, erwachsen und glücklich zu werden: Marianne lernte, sich liebevoll anzunehmen. Sie konfrontierte sich mit ihren Schwächen, entdeckte ihre Bedürfnisse und wurde mehr und mehr ein Ganzes.

Wenn … dann … hätte … Es ist keine leichte Sache, der Angst in den Rachen zu greifen. Die Überwindung zu diesem Schritt gelingt mit der Unterstützung anderer Menschen leichter. Professionelle oder freundschaftliche Hilfe bringt Sie weiter, Angst ist ein schlechter Lebensratgeber.

Es ist unmöglich, von Trennungen und Neustarts zu reden, ohne in diesen Zusammenhängen auch von der Antriebsenergie zu sprechen, die dazu notwendig ist, sich aus einem Schattenleben herauszubewegen. Ängste, die nicht erkannt und daher nicht bearbeitet werden, sind Energieräuber! Leider ist vielen Schattenfrauen gar nicht bewusst, dass sie in einer Angstfalle sitzen. Panik, gezielte Furcht oder Phobien sind unübersehbare Zustände. Aber in Schattenbeziehungen sind maskierte Ängste zuhause.

Henriette wollte mit Max endlich Schluss machen. Vier Jahre geheime Liebe, das muss genügen. Noch dazu ausgehalten werden, keinen Beruf mehr zu haben. Nein, vorbei mit diesem Leben.

**Scheitern.** Am Anfang klappte alles. Henriette wollte wieder in einer Boutique arbeiten, studierte Annoncen und telefonierte.

Henriette träumte sich in diese neue Freiheit hinein. Sie würde ihr eigenes Geld verdienen, von Max nicht mehr abhängig sein, beruflich weiterkommen, anerkannt werden. Henriette kam bei keiner ihrer Bemühungen zu einem Abschluss. Sie ist noch heute die Schattenfrau von Max, die von seinem Wohlwollen lebt.

Vielleicht kennen Sie dieses verhängnisvolle Geschehen aus eigener Erfahrung. Man tut die unverzeihlichsten und stupidesten Dinge und verhindert damit einen Erfolg, den man fast schon in der Tasche hatte. Verschossene Elfmeter. Es wäre alles so toll gewesen, wenn ich nicht so viel geredet hätte … Wenn sich meine Mutter nicht so stark eingemischt hätte … wenn ich nicht so übertrieben hätte … wenn ich nicht so bescheiden gewesen wäre … usw. usf.

**Selbsthandicap.** Mildernde Umstände? Faule Ausreden? Sowohl als auch. Vor allem handelt es sich in vielen solcher Fälle um die Strategie des Selbsthandicaps. Man schafft sich eine Behinderung, um einer Kritik oder einem Scheitern zuvorzukommen.

Selbsthandicaps sind nicht immer so plakativ wie bei Henriette, die Angst davor hatte, beruflich nicht mehr zu bestehen, nach jahrelanger Arbeitspause und mangelnden Computerkenntnissen kritisch beurteilt zu werden. Manchmal schlummert eine selbst verursachte Handicapsituation so viele Jahre, dass sie auf Anhieb gar nicht mehr erkennbar ist.

**Strategie.** Als sich Valentina freiwillig dazu entschloss, ihren Beruf aufzugeben und nur noch für ihren viel beschäftigten, durch die Welt jettenden Geliebten da zu sein, machte er sie auf die Nachteile eines Lebens als Schattenfrau aufmerksam. Valentina blieb unbeirrbar: »Das ist mein einziger Wunsch.« Nach elf Jahren war Valentina voller Vorwürfe für ihn: »Ohne dich hätte ich Karriere gemacht.«

Natürlich bestreitet Valentina, dass ihre ausschließliche Konzentration auf ihren Geliebten eine Strategie ist, mit der sie verhindert, dass ihre eigenen Fähigkeiten gnadenlos auf den Prüfstand kommen. Sicher zuhause verschanzt, kann Valentina ihr Gesicht wahren. Niemand darf ihr den Vorwurf machen, dass sie als Grafikerin zu wenig kreativ, fleißig oder geschäftstüchtig sei. Mit ihrem leidenschaftlichen Bekenntnis zu ihrem Leben als Schattenfrau kommt sie jeder ernstzunehmenden Kritik zuvor.

**Vergleich.** Schattenfrauen, die in der Angstfalle sitzen, kommen nicht umhin, ihr Leben mit dem anderer Frauen zu vergleichen: Geht es mir wirklich schlechter? Vielleicht habe ich es sogar besser? Das bewusste, vergleichende Maßnehmen gehört zum Leben, erst recht zu einem Leben, in dem nach Maßstäben gesucht wird.

Vergleichen und Messen mit Altersgenossen beginnt spätestens in der Schule, meist schon im Kindergarten. »Ich bin größer/stärker/schneller.« »Mein Handy ist cooler.«
Kaum eine unserer Gesprächspartnerinnen versuchte zu verbergen, dass sie sich mit anderen vergleicht. Warum auch? Schon in der Schule gibt es Noten, um sich selbst einschätzen und vergleichen zu können. Später entwickelt man zwei bewährte Vergleichsstrategien:
Abwärtsvergleiche stabilisieren ein angeknacktes Selbstwertgefühl: »Die ist noch einsamer als ich.« »Die ist noch schlimmer dran.« Abwärtsvergleiche versöhnen in einer Krise mit dem eigenen Schicksal.
Aufwärtsvergleiche geben einen Schub zur Leistungssteigerung: »Die/der hat es auch geschafft!« Dass es nach dem schnellen Trost eines Abwärtsvergleiches – »Im Vergleich zu X geht es mir ja noch super« – häufiger zu Aufwärtsvergleichen kommt, liegt auch an unserer biologischen Antriebskraft. Wir werden genetisch angetrieben, unser Bestes zu geben: »Wenn ich mich anstrenge, kann ich das auch.«

**In einer schwierigen Lebensphase, auch in einer Schattenbeziehung, sollten Sie sich aus Angst vor einer Veränderung nicht nur nach unten vergleichen, also mit Frauen, denen es noch schlechter geht.**
**Prüfen Sie auch, ob Sie nicht die Rolle des Pechvogels auf sich geladen haben. Frauen mit Selbsthandicaps wirken oft wie bedauernswerte Verliererinnen. In Wahrheit tragen sie in ihrem Schattendasein einen falschen Sieg über eine verdrängte Angst davon – zum Beispiel, die Angst, sich verändern, mit anderen messen und bestehen zu müssen.**
**Empfehlenswert ist diese Strategie nicht. Das Leben in Abhängigkeit von einem geheimen Geliebten kann zu einem Persönlichkeitsabbau führen, zu dem es nicht gekommen**

wäre, hätte sich die Schattenfrau ihren Ängsten gestellt und Herausforderungen an ihre Autonomie angenommen.

Sehen Sie Unabhängigkeit und Alleinsein nicht als Bedrohungen, sondern als Wachstumsgeschenk. Jeder »Rückfall« in die Scheinsicherheit der Schattenbeziehung zieht Sie tiefer in die Angstfalle und lässt Sie immer mehr an Ihren Fähigkeiten zu einem unabhängigen Leben zweifeln.

# 6. Falle: Eigennutz

*»Ihre Auftritte erregen mich irgendwie. Sie ist etwas Besonderes, nicht so gesichtslos wie viele andere Frauen. Aber wie soll ich das meinen gutbürgerlichen Freunden verklickern? Da ist mir Carmens Performance peinlich. Auch vor Fremden. Ist doch logisch, dass ich mich mit ihr nicht in der Öffentlichkeit zeige.«* (Leopold, 51)

Nicht nur Selbstvergleiche gehören zum Leben, es gehört auch dazu, dass man die/den Liebespartner mit denen vergleicht, die andere Menschen haben.

Sybille, eine erfolgreiche adelige Anwältin, muss sich eingestehen, dass sie immer wieder Partner hat, zu denen sie nicht wirklich steht. Der letzte war ein Trainer aus ihrem Fitnessstudio, mit dem sie über nichts anderes als über Krafttraining reden konnte. Sie machte ihn nicht mit ihren Freunden bekannt, niemand wusste von dieser geheimen Beziehung.

**Schönheitsfehler.** Auch Leopolds Gefährtinnen haben seinem Geschmack nach alle einen Schönheitsfehler. Seine derzeitige Schattenfrau ist eine dickliche Fünfzigerin, die gerne Flamencokleider trägt, Stoffblumen ins rabenschwarz gefärbte Haar steckt und sich Carmen nennt.

Unter dem sozialen Druck, mit Geschmack und Vorlieben nur ja nicht aus der Reihe zu tanzen, machen viele Frauen und Männer Gefährten mit einem tatsächlichen oder vermeintlichen Handicap zu Schattenpartnern. Irgendetwas stört so sehr an ihr/ihm, dass es nur heimliche Treffen gibt, die Öffentlichkeit vermieden wird und das Bekenntnis zu dieser Beziehung ausbleibt. Die Liste der – subjektiv empfundenen – Störfaktoren ist unendlich lang und reichen von A wie »Aussehen« bis Z wie »Zugehörigkeit zu einer unpassenden Gesellschaftsschicht«.

Typisch für diese Schattenbeziehungen ist:
- Die Anziehungs- und Abstoßungskräfte halten sich die Waage.
- Für einen totalen Bruch ist zu wenig Ablehnung da, für ein eindeutiges Ja zu wenig Begeisterung.

**Eigennutz.** Hinter der Neigung, immer nur unherzeigbare Partner mit Macken zu haben, steckt oft unbewusster Eigennutz. Gegenüber einem Menschen mit einem vermeintlichen Manko kann man viel eher von seinem Ego überzeugt sein, leichter eigene Interessen pflegen, sich zurückziehen, wann es einem passt und beliebig Launen und Missfallen ausdrücken, ohne selber zurückstecken zu müssen.

Würde sich, Gott behüte, ein Partner ohne Handicap für einen interessieren, käme das eigene Selbstwertgebäude ins Wanken. Aus Angst, diesen idealen Gefährten zu verlieren, würde man sich in Frage stellen, anstrengen, verändern müssen. Der angeblich falsche Partner ist also insofern der »Richtige«, weil er persönliches Wachstum und Reifung nicht herausfordert.

Jammern und Selbstmitleid sind in diesen Fällen fehl am Platz. Viel eher sollte man sich fragen, welchen Eigennutz man aus dieser Wahl zieht.

Wenn Sie Ihre Motivation zu wiederholten, unpassenden Schattenpartnern durchschauen und ernsthafte Gegenmaßnahmen dazu ergreifen, ist es nicht notwendig, sich immer nur mit der zweiten Wahl abzufinden.

Falls Sie sich selbst in der Rolle eines/r gehandicapten SchattenpartnerIn sehen, sollten Sie sich fragen, warum Sie nicht den Anspruch haben, für einen anderen die richtige Wahl zu sein. Ein/e PartnerIn, die nicht in den Schatten gedrängt, sondern stolz gezeigt wird.

# 7. Falle: Abschiedssex

*»Plötzlich hatte alles für mich eine besondere Bedeutung. Er ist meinem Blick ausgewichen und langsam weggegangen. Ich habe über dieses Bild genau so lange gegrübelt wie über unseren ersten, richtigen Abschied. Warum geht er so langsam? Fällt ihm der Abschied schwer? Warum sieht er weg? Kann er meinen Blick nicht ertragen? Flieht er vor etwas, was sein Leben verändern könnte? Habe womöglich ich etwas erlebt, was mein neues Leben verändern könnte?«* (Sophie, 33)

*»Als er nach dem Höhepunkt neben mir gelegen ist, schweigend geraucht und den Plafond angestarrt hat, habe begriffen, dass ich wirklich nichts mehr von ihm erwarten darf.«* (Christine, 34)

*»Ich habe mir ausgemalt, dass ich nach dem Sex sofort aufstehe, sie im Bett liegen lasse und wortlos gehe.«* (Roland, 46)

Hinter der »Akte Ex« stecken nicht selten Wut- und Rachephantasien. Roland wollte seiner verheirateten Geliebten die Kränkung einer von ihr initiierten Trennung zurückzahlen.

215

Sein cooler Abgang sollte ihr demonstrieren: »Hau ab! Ich brauch dich nicht.« Tatsächlich katapultierte ihn der Liebesakt in die Anfangsphase des Trennungsschmerzes zurück.

Es ist kein Geheimnis, dass viele Abschiedsgespräche und »letzte Aussprachen« mit Sex zwischen den scheidenden Partnern enden.

Auch Sophie gestand: »Ich habe es darauf angelegt.« Die Sache lief wie am Schnürchen. Andreas sagte zwar: »Ich bin nachher mit meiner Frau zum Essen verabredet«, aber Sophie duftete nach seinem Lieblingsparfum und hatte offenes Haar, wie er es immer mochte. Es begann mit einem kleinen Augenflirt, dann entwickelte sich ein sentimentales »Weißt du noch?«. Es gab vertraute Gesten, die eine unerwartet erregende Qualität hatten, schließlich liebten sie sich leidenschaftlich. Nachher sah Andreas erschreckt auf die Uhr: »Ich muss gehen.«

**Fortgehen.** Verlegenheit auf beiden Seiten: Wie verabschiedet man sich von einer Exgeliebten, wenn in der Pizzeria die Ehefrau wartet? Wie erlebt man das Fortgehen eines Ex, wenn es den letzten Händedruck, den letzten Kuss, den letzten Blick, das letzte Wort eigentlich schon einmal gegeben hat?

**Phantasie.** Viele Schattenfrauen klammern sich an die Phantasie, dass ein letzter Sexualakt alles wieder gut werden lässt. Ein schmerzlicher Trugschluss.

**Sex mit der/m Ex ist fast immer eine komplizierte Geschichte. Meist wird demjenigen, der es darauf angelegt hatte, schlagartig bewusst, dass er eine kaputte Geschichte auf magische Weise wiederbeleben wollte.**

**Es kann auch sein, dass dem Sex mit dem Ex zwar der Traum von einer Wiedervereinigung zugrunde lag, aber die Ernüchterung darüber zum endgültigen Loslassen führt. Ein sexueller Salto rückwärts ist fast immer ein Rückschritt. Besser, die »Akte Ex« bleibt geschlossen. Ein für allemal.**

# 8. Falle: Dankbarkeit

*»Ich mache ihr den offenen Vorwurf, dass sie mich mit Sex geködert hat. Ich habe ihr auch klipp und klar gesagt, dass sie eine Nutte ist und bleibt. Paula hat doch alles mir zu verdanken! Ihren Wohlstand, ihren Geschmack und Lebensstil. Sie darf nie vergessen, wo ich sie hergeholt habe. Daran erinnere ich sie jedes Mal, wenn sie von einer Trennung redet. Sie schuldet mir Dank.«* (Curd, 65)

Das Verharren in der Vergangenheit bekommt beim Thema Dankbarkeit besondere Bedeutung. Dankbarkeit gehört zwar zu den edlen Gesinnungen des Lebens, aber in einer Schattenliebe kann daraus für beide Partner eine Falle entstehen.

**Schuld.** Paula kam aus dem Osten, sie hatte keine Kontakte, keinen Beruf, keine Chancen. Es wurde gemunkelt, dass Paula als Callgirl arbeitete, um überleben zu können. Curd holte Paula aus diesem Sumpf heraus. Heute ist sie seine Schattenfrau, denn Curd ist seit 20 Jahren glücklich verheiratet.

Dank Curd hat Paula ein schönes Leben. Sie konnte eine Ausbildung in einem Nagelstudio machen, sie hat nette Freunde und ist beliebt. Aber trotz des schönen Lebens, das Paula Curds anfänglichem Großmut zu danken hat, verliebte sie sich in einen Mann, der im Alter zu ihr passt. Curd kann diese Entwicklung nicht fassen: Wo ist denn da die gebotene Dankbarkeit?

Auch Konrad erwartet sich von seiner Geliebten lebenslangen Dank dafür, dass er sie als Medizinstudentin durchfütterte. Und was ist heute? Stefanie dankt ihm seinen Einsatz nicht. Seit Monaten hat sie einen Geliebten, die ganze Station weiß es. Konrad empört sich über den Egoismus von Stefanie. Er wird nicht müde, ihr die Zeit in Erinnerung zu rufen, als er ihr Studium finanzierte, ohne irgendetwas zu bekommen: »Denk daran – du schuldest mir Dank.«

**Vergangenheit.** Uns saßen viele Frauen und Männer gegenüber, von denen einer lebenslangen Dank einklagte und der andere das Gefühl hatte, seinen Dank schon abgestattet zu haben. Stefanie gehört dazu. Sie kann mit einer ganzen Liste von Dankbarkeitsbeweisen aufwarten. Die Arbeit, die sie Konrads Bruder in einem Kurheim verschaffte. Die Ärzte, die aus Kollegialität seine Mutter gratis behandelten. Gar nicht zu reden von all den vielen Sommern, in denen sie mit Konrad in die Berge fuhr, obwohl sie ein mediterraner Mensch ist.

Das Problem von Stefanie und Konrad ist nicht ihre Undankbarkeit, sondern Konrads Verharren in der Vergangenheit. Es stimmt schon, er hat Stefanie einmal viel gegeben, Energie, Geld, Anteilnahme. Aber das ist schon lange nicht mehr so. Heute weiß Konrad von Stefanie gar nichts mehr. Er will auch nichts mehr wissen. Ihm sind schon seit langer Zeit nur der Beruf und sein Golfspiel wichtig. Konrad beruft sich auf Stefanies Dankesschuld und belastet damit ihre erstarrte Beziehung noch mehr: Schuldgefühle sind schwer auszuhalten und erzeugen Aggressionen dem anderen gegenüber.

Dass Dankbarkeit fortgesetzte Kränkungen nicht überlebt, müsste sich Curd hinter die Ohren schreiben. Er tritt Paulas Stolz mit Füssen. Paula hatte ihm sexuell nichts vorgespielt. Sie war gerne seine Schattenfrau und schlief oft und gerne mit ihm. Natürlich war ihre sexuelle Ansprechbarkeit auch mit seinem Einfluss und seiner Förderung zu erklären. Na und? Curd stillte dadurch ganz wesentliche Bedürfnisse Paulas. Aber als er sie immer rücksichtsloser demütigte, verlor Curd seinen sexuellen Reiz und Paula ihre Dankbarkeitsgefühle.

**Es ist zwar kränkend und desillusionierend für Menschen, die sich Dankbarkeit erwarten, aber auch entlastend für den, der sich zu ewigem Dank verpflichtet fühlt.**
**Dankbarkeit ist gegenwarts- und zukunftsorientiert und**

braucht das Klima eines lebendigen Austausches: »Ich gebe dir jetzt, was du brauchst, du gibst mir jetzt, was ich brauche.« Eine Verpflichtung zu lebenslanger Dankbarkeit gibt es nicht. Wer nicht mehr das kriegt, was er braucht, tut sich schwer, Dankbarkeitsgefühle aufrecht zu erhalten, auch – oder sogar erst recht – in einer Schattenbeziehung, die grundsätzlich mehr belastet ist als eine »normale« Partnerschaft.

## 9. Falle: Verwöhnung

*»Ich kann für den Einsatz von Alex nicht dankbar sein und Freude heucheln, weil ich mit seinen Fleißaufgaben nichts anfangen kann. Atomkraft ist mir schnurzegal, beim Anblick seiner Bitterschokolade krieg ich schon Hautausschlag. Und nach einem Schreibtischtag geh ich sowieso lieber zu Fuß nach Hause.«* (Conny, 29)

*»Ich habe alles bieten wollen. Alle deine Vorteile muss sie kennen lernen. Aber dann resignierst du. Du sagst, was soll ich noch mehr machen? Ich habe im Endeffekt alles gezeigt, alles geboten. Das war eine ständige Präsenz, die man künstlich schafft, um zu zeigen, dass man die Sache wert ist.«* (Florian, 48)

Dankbarkeit und Verwöhnung gehen in der Welt der Schattenliebe oft Hand in Hand. Ein Mann verwöhnt eine Frau und tut alles für sie. Oder eine Frau setzt sich weit mehr für einen Mann ein, als er erwartet oder gar verdient. Die Verwöhnungsfalle lauert.

**Erfolglos.** Nie hätte sich Alex das von Conny gedacht, nie. Da las er ihr jeden Wunsch von den Augen ab, verwöhnte und vergötterte sie – und was tat sie? Sie wollte dieses wunderbare

219

Leben als seine Geliebte nicht weiterführen. Sie entschied sich für einen Mann, der frei war, aber es mit Alex nicht aufnehmen kann. Für einen Niemand, einen unkreativen Durchschnittsmann. Alex ist verbittert: »Ich hab es immer nur gut mit Conny gemeint.«

Das schon – aber gut gemeint ist auch daneben.

Conny wusste es sich nicht zu schätzen, dass ihr Alex, seit 17 Jahren verheiratet und Vater von zwei pubertierenden Töchtern, regelmäßig per E-Mail Zeitungskommentare über Atomkraft zusandte, dass er ihr Bitterschokolade schenkte und sie vom Büro abholte.

**Verfehlt.** Was treibt Alex dazu, dass er des Guten zuviel tut? Conny ist Alex' Geliebte. Aber sie fühlt sich frei und geht nur dann mit ihm ins Bett, wenn sie will. Alex hätte gerne, dass sie mehr und nur für ihn da ist. Hinter seinen Anstrengungen steht der unbewusste Wunsch, Conny abhängig von sich zu machen und mehr Macht zu gewinnen.

Auch Patrizia tut alles für Stefan. Diese Anspruchslosigkeit einer ergebenen, heimlichen Geliebten! Diese Zärtlichkeit! Diese vielen lieben Gesten! Stimmt hier etwas nicht? So ist es.

Je mehr Patrizia für Stefan tut, desto leichter kann sie sich darüber hinwegtäuschen, dass sie für ihn eigentlich entbehrlich ist. Tief in ihrem Inneren hält sich Patrizia für wertlos und nicht liebenswert. Ihr gut gemeinter Einsatz für Stefan gibt ihr das dringend benötigte Selbstwertgefühl.

**Wunscherfüllung.** Patrizias unermüdliche Aufopferung ist aber auch eine eigene Wunscherfüllung – diese liebevolle Zuwendung hätte sie sich als Kind von ihrer Mutter ersehnt.

Im Grunde konnte weder Alex die tatsächlichen Wünsche von Conny erfüllen, noch war Patrizia fähig, die wirklichen Bedürfnisse von Stefan zu befriedigen. Vermutlich rührt daher oft der

Impuls, mehr und mehr für den anderen zu tun. Aber »Etwas«
ist eben nicht das Richtige.

Nicht, dass wir nicht alle gerne verwöhnt werden! Jeder schätzt
es, wenn ihm das Leben erleichtert und verschönt wird. Aber
eine Überdosis an Einsatz ist fast immer ein Zeichen dafür, dass
zwei Menschen entweder nicht gleichwertig sind oder dass die
Kommunikation eigentlich nicht funktioniert. Wären nämlich
echte Übereinstimmung und Einfühlung da, spürte der wohlmeinende Partner ganz genau, wann er am Kern einer Sache
vorbeirackert.

**Betüddeln, Verhätscheln, unerbetene Liebesdienste und allzu
romantische Gesten sind typisch für eine Schattenbeziehung,
in der es eigentlich nicht stimmt. Die Verwöhnung drückt
nicht die Vollkommenheit der Beziehung aus, sondern ihre
Mängel. Anstatt Glück und Dankbarkeit wird daher oft
Unmut ausgelöst. Letztendlich erzeugt der ganze Energieauf-
wand nicht ersehnte Nähe. Im Gegenteil, er macht die Distanz, die verringert werden sollte, noch größer, vor allem
dann, wenn unangemessene Verwöhnung Schuldgefühle
erzeugt, die durch Aggressionen abgewehrt werden.**

# 10. Falle: Schuldgefühle

*»Warum fühlt er sich schuldig? Ich habe doch immer alles für
ihn getan. Ich habe immer Rücksicht auf ihn genommen und
ihn nie gedrängt. Und dann kehrt er zu seiner Frau zurück,
die er angeblich nicht mehr liebt und die ihm gegenüber gar
nicht loyal ist. Warum tut er das? Er hat mir doch beteuert,
dass er für sie nichts mehr empfindet ...«* (Rosa, 42)

*»Also von Liebe ist da keine Rede mehr. Weder bei mir noch
bei meiner Frau. Ich weiß außerdem, dass sie einen Freund hat.*

*Wir tun zwar beide so, als wäre das nicht so, aber es ist eine Tatsache. Trotzdem hätte ich Schuldgefühle, wenn ich gehe.«* (Volker, 53)

*»Mein Mann hat Eigenschaften, mit denen ich nicht fertig werde. Wahrscheinlich liebe ich ihn deshalb nicht mehr wirklich. Aber wenn ich ihn verlasse und mit meinem Freund neu anfange, hätte ich so starke Schuldgefühle, dass ich nicht glücklich werden könnte.«* (Marian, 37)

Hannes beteuert Rosa zwar immer wieder seine Liebe, sagt aber gleichzeitig: »Ich kann Ines nicht verlassen. Meine Schuldgefühle bringen mich sonst um.«

**Zwang.** Hannes weiß, dass Rosa die bessere Partnerin für ihn wäre. Er spürt auch, dass sie ihn aufrichtig und ohne Berechnung liebt. Trotzdem schafft er die Trennung von Ines nicht. Obwohl Ines ihn ihrerseits schon öfter betrogen hat, obwohl sie ihn ausnützt und für seinen Beruf kaum Verständnis aufbringt. Aber ihrem »Du darfst mich nicht verlassen« gegenüber ist Hannes ohnmächtig. Seine Schuldgefühle zwingen ihn in eine Beziehung, in der sein Herz längst nicht mehr »Ja« sagt.

So manche Frau bleibt bei einem Mann, obwohl er nicht zu ihr steht, trinkt oder ständig fremdgeht. 44 % der Frauen in Dreiecksbeziehungen lieben Männer, die ihre langjährige Partnerin nicht verlassen, obwohl die Gefühle für sie erloschen sind oder sie ihrerseits bereits einen anderen hat.

Schuld ist das große Thema unseres Lebens. »Ich kann mich von meiner Frau nicht trennen, weil ich mich sonst schuldig fühle«, klagt Hannes. Man darf ihm glauben. Nahezu jeder war wie er schon einmal selbst in einem Schuldkonflikt oder erlebte eine ähnliche Situation mit einem Freund mit. Der Verstand sagte, dass Schuldgefühle nicht notwendig wären, aber sie waren dennoch da. Abgesehen von der Bedeutung, dass eine Trennung auch eine symbolische Zerstörung des/der PartnerIn bedeuten würde, gibt es auch noch andere psychologische Ursachen dafür. Sie liegen in einer Zeit, an die gar keine Erinnerung mehr existiert.

Was glauben Sie, was ein Säugling empfindet, der weint, weil er gehalten werden will und stattdessen mit einer frischen Windel wieder ins Bettchen gelegt wird? Wut empfindet er, nackte Wut. Was fühlt Ihrer Meinung nach ein kleines Kind, das ein Geschwister bekommt? Wut fühlt es, kalte Wut auf dieses Wesen, mit dem es von nun an die Liebe der Mutter teilen muss. Die Beteuerung »Ich habe mein neues Schwesterlein sooo lieb« wird nur gemacht, um nicht noch mehr von der dringend benötigten elterlichen Liebe zu verlieren.

**Wut.** So fehlerlos können liebende Eltern gar nicht sein, dass sie ihrem Sprössling nicht doch Frustrationen antun: Sie zeugen ein weiteres Kind. Sie schicken einen Hosenmatz ins Bett, während sie es selber noch lustig haben. Sie erlauben einem größeren Geschwister einen späten Fernsehfilm, usw. usw. Die Liste der elterlichen »Vergehen«, die in einem Kind das Gefühl erzeugen, in punkto Liebe und Zuneigung zu kurz zu kommen, ist unendlich. Aber gleichzeitig mit dem Gefühl der Benachteiligung und der Wut darüber, empfindet dieses Kind natürlich auch tiefe Liebe zu den Eltern, von denen es ja auch abhängig ist.

In dem Fadenkreuz von Liebe und Wut entstehen die ersten Schuldgefühle. Sie als Erwachsene/r können einem Partner sagen: »Mir reicht's, ich gehe.« Ein zweijähriges Kind kann das nicht. Diese Abhängigkeit und die gleichzeitige Zuneigung führen dazu, dass durch die – natürlichen – Gefühle der Wut und des Hasses auch Schuldgefühle entstehen.

Wenn ein Kind die Wut auf die liebe Mama oder den guten Papa doch irgendwie zulassen und ausdrücken darf, hat man als Erwachsener vermutlich nicht chronisch unangemessene Schuldgefühle. Der Betreffende wird spüren, wann einem anderen Menschen gegenüber Schuld am Platz ist oder nicht.

**Aggressionen.** Sissy fühlte sich ihrem Mann gegenüber, der sie vom ersten Tag an betrog und hinterging, schuldig. Ronald, anständig, verlässlich und einsatzfreudig, bemühte sich nach Kräften um Sissy. Für ihn war es unverständlich, dass sie wegen ihrer heimlichen Beziehung zu ihm Schuldgefühle und Gewissenbisse hatte.

Die Ursache für Sissys unangemessenes, schlechtes Gewissen hatte frühe Wurzeln. Als sich Sissy mit 17 Jahren von ihren Eltern lösen und abnabeln wollte, gaben sie ihr das Gefühl, sie würde sie damit umbringen. Als »gutes Mädchen« wollte sie ihnen das nicht antun und fügte sich. Unbewusst hatte sie aber den geliebten Eltern gegenüber Aggressionen, daher waren Schuldgefühle ihre treuesten Begleiter.

Mag sein, dass Männer deswegen etwas weniger oft Schuldgefühle als Frauen haben, weil man ihnen schon als Kind zugesteht, Widerstand und Aggression auszudrücken.

**Gewissen.** Frauen und Männer in Schattenbeziehungen haben oft ein schlechtes Gewissen. Sie leben mit dunklen Geheimnissen, mit Betrug und der Angst, einem anderen Menschen etwas wegzunehmen beziehungsweise sich selbst etwas zu nehmen, was ihnen vielleicht nicht zusteht. Kurzum – sie haben das Gefühl »nicht gut« zu sein.

Die Gewissensfrage ist der rote Faden, der einen Menschen ein Leben lang leitet und führt. Allerdings nicht von frühesten Kindertagen an. Mit der inneren, moralischen Instanz, die man im Allgemeinen als Gewissen bezeichnet, wird man nicht geboren.

**Gewissensbildung.** Das Gewissen ist nicht ein Leben lang gleich. Bis zu sieben Jahren ist es eine Antwort auf die Angst vor Strafen und Liebes- und Geborgenheitsverlust. Ein Vierjähriger ist »gut«, weil er Angst vor elterlichen Maßregelungen und Gefühlskälte hat. Später unterscheidet ein Kind zwischen gut und böse, weil es sich aus Liebe zu den Eltern mit diesen identifiziert (»Ich möchte so werden wie Mama/Papa«). Im Zuge dieser Identifikation übernimmt es auch die Werthaltungen der Eltern.

Das ältere Kind entwickelt im Umgang mit der Peergroup, gleichaltrigen Jugendlichen, ein Gewissen, das schon durch eine gewisse Unabhängigkeit und gegenseitigen Respekt charakterisiert ist. Das Gewissen des Erwachsenen setzt sich aus den anerzogenen Verhaltensnormen, Idealen und Werturteilen zusammen.

**Moral.** Ein fester Bestandteil des Gewissens ist die Selbstbeobachtung und die ständige »Gewissensfrage«: »War das jetzt in Ordnung?« Dieses moralische Bewusstsein formt den Charakter und reguliert das Selbstbild: »Im Großen und Ganzen handle ich richtig, also bin ich ok.« Ein gutes Selbstwertgefühl hängt daher unter anderem mit der Frage zusammen, ob jemand in Übereinstimmung mit den Werten lebt, die ihm vermittelt wurden.

**Gewissen und Schuldgefühle sind nützliche Regulative für ein humanes, verantwortliches Zusammenleben. Aber wenn Sie in eine Schattenliebe verstrickt sind und Ihre Entscheidungen und Handlungen immer wieder von irrationalen Schuldgefühlen beeinträchtigt werden, müssen diese nicht zwangsläufig in der Gegenwart liegen und auch nicht ein Hinweis auf falsches Handeln sein.**

**Damit Sie die Last eines schlechten Gewissens nicht unnötig ein Leben lang drückt, lohnt sich die Mühe, den eigentlichen, tief verborgenen Grund dafür notfalls mit fachlicher Hilfe aufzuspüren.**

# Jetzt aber: »Raus aus dem Schatten!«
# Die 10 befreienden Schritte

Aus unserer psychotherapeutischen Arbeit und den Gesprächen mit Betroffenen kristallisieren sich 10 bewährte und notwendige Schritte heraus, die Sie aus einem Schattenleben herausführen können.

Natürlich gibt es keine Abfolge der einzelnen Schritte. Sie sind auch nicht scharf voneinander abgegrenzt, dauern unterschiedlich lange und müssen in dem Prozess einer Entflechtung von Gefühlen und Gewohnheiten immer wieder aufs Neue gemacht werden. Zum Beispiel ist es immer wieder notwendig und sinnvoll, das Selbstvertrauen zu stärken oder sich eine Trostquelle zu erschließen.

Entscheidend ist, dass Sie dabei bleiben, einen für Sie belastenden Zustand konsequent zu verändern.

## 1. Schritt: Selbstvertrauen gewinnen

Eine wesentliche Voraussetzung, ein Leben mit möglichst wenigen Widrigkeiten zu führen, ist ein gesundes Maß an Selbstakzeptanz, Selbstbewusstsein, Selbstwertgefühl und Selbstvertrauen. Wie soll sich eine Frau, die jahrelang im Schatten eines Mannes lebt, daraus aus eigener Kraft befreien, wenn es ihr an Selbstvertrauen und Selbstakzeptanz mangelt?

Der Psychotherapeut Milton Erickson sagte einmal, dass es nie zu spät sei, eine glückliche Kindheit zu haben. In Anlehnung daran sagen wir Ihnen: Es ist nie zu spät, das Selbstvertrauen wieder zu wecken oder überhaupt aufzubauen. Lassen Sie sich dabei nach Kräften helfen. Alles kann Sie stützen und Ihnen Kraft geben – ein Selbstbehauptungstraining an einer Volkshochschule, Beratung, Therapie, Gruppen, wohlmeinende Menschen, aber auch eine neue Frisur und neue Kleidung.

Vor allem aber sollten Sie lernen, nachsichtig sich selbst gegenüber zu sein. Sehen Sie sich Fehler nach, die Sie in Ihrer Schattenbeziehung machten. Der größte Fehler wäre jetzt, sich dem Diktat unserer »Null-Fehler-Kultur« zu unterwerfen! Durch den technischen Fortschritt verlangt sie gnadenlos Fehlerfreiheit von uns. Fehler können tödlich sein, werden also nicht mehr als Lernchance gesehen. Nur nichts falsch machen, nur »gut oder schlecht«, »entweder oder« gelten lassen. Mit dieser Haltung wird jeder Widerspruch zum verdammungswürdigen Fehler.

Eine gelassenere, offenere Einstellung, ein »sowohl als auch« wäre das Richtige. Vor allem bei so sensiblen Themen wie der Liebe. »Ich bin schwach, aber auch stark«. »Ich bin initiativ, aber auch passiv.«

Auf dem Weg zu einem stabileren Selbstbewusstsein wird es notwendig sein, Neues auszuprobieren und ungewohnte Haltungen einzunehmen.

**Halten Sie es mit der Philosophie eines Clowns: Es geht schief, was nur schief gehen kann, aber er gibt nicht auf. Er macht unermüdlich nach dem Motto weiter: »Lass dich aus der Rolle fallen, damit du aus der Falle rollst.«**

# 2. Schritt: Entscheidungshilfen suchen

Sie glauben, zwei Menschen zu lieben. Sie wollen sich für einen entscheiden. Vielleicht müssen Sie das sogar, weil von einer Seite oder gar von beiden Druck gemacht wird. Außerdem kostet es Kraft und es macht Sie unglücklich, in einem Entscheidungsnotstand zu leben.

Wenn es um Liebe und Erotik geht, purzeln bisher geltende Verhaltensmaßstäbe. Die absolut sichere Wahl hat Seltenheitswert, Entscheidungen erfolgen oft nicht aus rationalen Motiven, sondern »aus dem Bauch heraus«. Es heißt ja nicht ohne Grund »Entscheidungskraft«. Entscheiden bedeutet auch, ohne ausreichender Wissensbasis einen Schluss ziehen zu können. »Die/der ist es!« »Das tu ich jetzt!«

**Bauchgehirn.** In Dreieckssituationen werden viele Entscheidungen »aus dem Bauch heraus« gefällt. Tatsächlich existiert im Bauch so etwas wie ein »zweites Gehirn«, das viscerale Gewebe. In Stresssituationen, wie es ja ein Entscheidungsnotstand ist, kapituliert oft der Kopf. Dann kommt es durch das »Bauchgehirn« auf Grund der Beziehungs- und Nähe-Erfahrungen, die es gespeichert hat, zu einer »Eingebung«. Letztendlich gibt sie oft den entscheidenden Anstoß zu dem notwendigen Entschluss.

Wenn Sie »aus dem Bauch heraus« nicht zu einer Entscheidung kommen, sollten Sie Hilfe dafür suchen.

**Take-The-Best-Strategie.** Bei der »Take-The-Best-Strategie« fahndet man nach dem besten Unterscheidungsmerkmal von zwei Möglichkeiten und entscheidet sich für die bessere. Kommt es beim ersten Durchgang nicht zu einer Entscheidung, wird das nächstbeste Merkmal geprüft. So lange, bis sich eine Lösung herauskristallisiert.

Aber sobald Gefühle im Spiel sind, lassen sich Entscheidungsfragen nicht mehr nach den gängigen Mustern lösen. Daher greift die »Take-The-Best-Strategie«, die laut Statistik eine Erfolgsquote von 70 % hat, in Herzensangelegenheiten nicht so gut.

**Kosten-Nutzen-Rechnung.** Auch eine Kosten-Nutzen-Rechnung kann Sie weiterbringen: Welche Abstriche muss ich machen? Welchen Einsatz muss ich leisten? Welche Vorteile habe ich?

**Pro und Contra.** Bei der »Pro und Contra-Entscheidungsfindung« benoten Sie von 1 bis 5, welche Bedürfnisse Ihnen am wichtigsten sind. Zum Beispiel Unabhängigkeit »nicht so wichtig« 1 Punkt, Sicherheit »sehr wichtig« 4 Punkte. Ein Pro-Argument kann mehr zählen als drei Contra-Argumente!

**Problemlösungsprozess.** Falls es Ihnen mit diesen Methoden nicht gelingt, Ihren Zustand unklarer Gefühle, innerer Zerrissenheit und Unsicherheit zu überwinden, kann Sie ein zielführender Abklärungs- und Entscheidungsprozess weiter bringen. Der Prozess einer Problemlösung verläuft in sieben Abschnitten und gelingt leichter, wenn Sie alles schriftlich festhalten.

- Bedürfnisse feststellen

In Krisenzeiten hat man oft das Gefühl, gar nicht mehr zu wissen, was man eigentlich will. Unzufrieden sein bedeutet meist, dass sich verborgene oder unterdrückte Teile der Persönlichkeit melden. Zum Beispiel: »Ich habe ja doch ein starkes Bedürfnis nach Sicherheit und Geborgenheit/Sexualität/Legalität usf.«

- Ist-Zustand klären

Halten Sie fest: Wie sieht meine augenblickliche Lebenslage aus? Wer von den Menschen, die mir wichtig sind, hat welche Funktion?

- Soll-Zustand überlegen

Hier geht es darum, ein Ziel zu definieren. Ziele müssen exakt formuliert werden. Nicht »Ich will glücklich sein«, sondern

»Ich will in einer offiziell anerkannten Beziehung leben.« Oder: »Ich brauche ein Leben mit viel Distanz.«

- Erarbeiten von Lösungen

In dieser Phase werden verschiedene Lösungen überlegt, mit deren Hilfe man sein Ziel erreichen kann.

- Lösungsmöglichkeiten diskutieren

Sie können Lösungsmöglichkeiten besser einschätzen und beurteilen, wenn Sie sie mit einem objektiven anderen (nicht Familienangehörigen, sondern FreundIn, BeraterIn, TherapeutIn) diskutieren. Einsame Überlegungen führen im Kreis oder gar auf eine falsche Spur.

- Entscheiden für eine Lösungsmöglichkeit

Von einem Schattenleben wieder ins Licht zu treten, ist eine Periode der Neuorientierung. Eine Lösungsmöglichkeit »durchzuziehen« gelingt leichter, wenn Sie sich Visionen dazu entwerfen. Dieser Abschnitt ist der schwierigste, denn er führt zu einer konkreten Veränderung der Lebenssituation. Wenn alleine nicht zu einer Entscheidung gefunden wird, sollten Sie kurzfristig fachliche Hilfe in Anspruch nehmen (z. B. eine Therapie, Kontaktadressen siehe Anhang).

- Maßnahmen festlegen

In dieser Phase legen Sie detailliert die Maßnahmen fest, die zur Durchführung der bevorzugten Lösungsmöglichkeit notwendig sind.

**Handeln.** Erfahrungsgemäß fällt der erste praktische Schritt am schwersten. Die Gefahr, auf bequeme Scheinlösungen auszuweichen ist groß. Natürlich können Sie sich immer wieder beschwichtigen, indem Sie von einer entfernten, gemeinsamen Zukunft mit dem Geliebten nur träumen.

Egal in welcher Situation Sie sind – handeln Sie! Handeln erlaubt Visionen. Passives Verharren in einer unglücklichen Dreieckssituation verursacht mit der Zeit Hoffnungslosigkeit, macht depressiv und verhindert Perspektiven.

- Die Bahnung einseitiger, neuronaler Verschaltungsmuster – und damit eine »vorprogrammierte« destruktive Verhaltensweise – ist umso größer, je häufiger bestimmte Angststrategien (zum Beispiel immer nur stillhalten/sich fügen/abwarten usw.) eingesetzt werden.
- Das Gehirn »lernt« durch Krisen! Es ist nicht nur »Denkorgan«, sondern auch »Sozialorgan«, das Beziehung zu anderen sucht und neue Strategien ausprobieren will. Suchen Sie Hilfe von Fachleuten und/oder besprechen Sie Ihr Problem in einer Selbsthilfegruppe (siehe Anhang).
- Die neuen Erkenntnisse der Neurobiologie beweisen, dass unser Gehirn neoplastisch ist: Engramme, die durch frühe Erfahrungen entstanden sind (z. B. »In nachteilige Situationen muss ich mich fügen«), können durch neue Erfahrungen (»Ich kann etwas verändern, wenn ich Hilfe suche«) überschrieben werden.

# 3. Schritt: Aussprache suchen

In einer lebendigen Beziehung ist ein gutes Gespräch die Brücke zum Du. In einer Schattenbeziehung ist ein klärendes Gespräch genauso wichtig, wenn nicht noch wichtiger. Es hilft, Geschehenes an den richtigen Platz zu rücken und ein Kapitel des Lebens abzuschließen.

**Totschweigen.** Nichts ist schlimmer als ein schweigendes Auseinandergehen! Bei einer »kalten Trennung« wird oft nicht einmal das Wort »Trennung« ausgesprochen. Man lässt die Beziehung einfach einschlafen oder bricht sie ab. Kommentarlos. Demjenigen, der zurückbleibt, fehlt der Durchblick, er kennt manchmal gar nicht die eigentliche Ursache des Bruches. Ohne ein letztes, klärendes Gespräch dauert es viel länger, bis der Blick in die Zukunft nicht mehr »getrübt« ist.

Falls Ihr heimlicher Geliebter einem klärenden Gespräch ausweichen will, zwingt er Sie zu einem nagenden Selbstgespräch und zu Selbstvorwürfen. »Vermutlich habe ich etwas falsch gemacht. Aber was?« Was für eine schäbige Art, auseinander zu gehen!
Schweigen tut mehr weh als ein respektvolles Abschiedsgespräch darüber, was Sie gemeinsam erlebten. Bei einem abschließenden Gespräch fließen zwar reichlich Tränen, aber dem scheidenden Paar bleibt so viel positive Energie erhalten, dass für jeden ein anderer, neuer Start leichter wird …

# 4. Schritt : Die Stressimpfung

Die Entdeckung einer geheimen Liebe oder die Trennung von einem Partner sind Krisen, die fast immer eine mehr oder weniger gut funktionierende Lebenssituation entscheidend verändern. Unter den wissenschaftlich untersuchten Ereignisbrüchen – so genannten »Live-Events« – stellen der Verlust eines nahen Menschen, eine schwere Krankheit und der Verlust des Arbeitsplatzes die größten Belastungen dar.
**Resilienz.** Wie kommt es, dass eine Frau an einer Trennungskrise scheitert? Und woher nimmt die andere ihre Bewältigungskompetenz? Vermutlich sind es Frauen mit Resilienz, die eine Schattenbeziehung besser beenden und leichter einen Neustart schaffen.

Mit Resilienz ist die Fähigkeit gemeint, eine Lebenskrise zu meistern, ohne dass eine langfristige Beeinträchtigung damit verbunden wäre. Bis Mitte der Achtziger Jahre beherrschte die westliche Welt die Devise »Denk positiv«. Bei all den Vorteilen dieser Philosophie musste sie sich doch den Vorwurf gefallen lassen, Probleme zu leugnen oder schön zu reden. Mit dieser Schönfärberei hat Resilienz nichts zu tun. Im Gegenteil.

**Gewappnet.** Resiliente Menschen blenden die Möglichkeiten des Scheiterns aus ihrem Leben nicht aus. Eine konkrete Auseinandersetzung damit (»Was passiert im schlimmsten Fall ...?«) wirkt wie eine Stressimpfung: Sollte das Schlimme eines Tages tatsächlich eintreten, sind sie dafür bereits gewappnet.

Typisch für resiliente Menschen ist auch, dass sie sich nicht ständig als Opfer sehen. Sie nehmen ihr Schicksal aktiv in die Hand und gestalten es. Natürlich stellt sich die Frage, ob Resilienz angeboren, sozusagen ein Geschenk des Schicksals ist oder ob sie auch erworben werden kann. Resilienz ist auch noch im Erwachsenenalter erlernbar.

**Konfrontation.** Machen Sie vor Krisensituationen nicht die Augen zu. Auch wenn es Ihnen im Moment sehr schlecht geht und Sie durch Ihr Problem »wie gelähmt« sind, vertrauen Sie darauf, dass das menschliche Streben nach Selbstregulation stark genug ist, um mit einer problematischen Situation konstruktiv umgehen zu können. Die bewusste Konfrontation mit den Veränderungen, die durch die Auflösung einer geheimen Beziehung entstehen, ist eine beeinflussbare Wirklichkeit. Dadurch werden Hilflosigkeit und Depression verhindert.

**Gefühle.** Unterdrückte Gefühle sind Energieräuber! Verbeißen Sie nicht Ihre Wut. Schlucken Sie Tränen nicht hinunter. Verleugnen Sie nicht Ihre Ängste. Ziehen Sie sich an Ihren ganz speziellen »magischen« Ort zurück (vielleicht das Bett, ein Lieblingsbaum, eine Kuschelecke, ein ruhiger Landgasthof) und lassen Sie Ihren Gefühlen freien Lauf. Die Energie, die Sie aufwenden müssen, um Gefühle zurückzuhalten, brauchen Sie jetzt, um sich loszulösen und neu zu orientieren.

Reden tut zwar gut, aber Dauerdiskussionen können aktive Erfahrungen nicht ersetzen. Ab einem gewissen Zeitpunkt gilt die Devise »Aktion vor Diskussion«. Tatsächlich Getanes hilft effizienter, den Selbstwert zu stabilisieren und aus dem Schatten herauszutreten. Denken Sie daran, dass Krisenbewältigung ein Prozess ist und nicht ein schlagartiges Geschehen (»Morgen wache ich auf und alles ist wieder okay«). Zur Motivationserhaltung und -steigerung sollten Sie sich im Rahmen dieses Prozesses einzelne Teilerfolge immer wieder bewusst machen.

# 5. Schritt: Das Sorgenmanagement

»Schütt deine Sorgen in ein Glaserl Wein«, heißt es in einem Wienerlied. »Don't worry, be happy«, singt Bobby McFerrin. »Denk positiv«, empfehlen unzählige Lebenshilfebücher.

Schon als Kind erfährt man, dass Liebe und Sorgen zusammenhängen: »Ich mache mir Sorgen, wenn du nicht anrufst«, sagt die Mutter zu ihrem Kind. Aber nicht nur das Verhalten von Menschen, die man liebt, ist Anlass zum Besorgtsein. Der Euro, die Gentechnik, der Verkehr, die Umwelt – es gibt unzählige Gründe, über Dinge zu grübeln, die passieren könnten.

**Gründe.** Erst recht besteht für Sie als Schattenfrau ein Grund, sich darüber Sorgen zu machen, wie es mit Ihnen in nächster Zeit weitergehen wird.

Werden Sie wieder Anschluss an das Leben finden? Können Sie sich noch einmal auf die Liebe einlassen? Werden Sie überhaupt noch einmal einem passenden Partner begegnen? Werden Sie das Alleinsein ertragen? Wie werden Sie Ihren Alltag gestalten?

Sorgenvoll zu sein ist nicht grundsätzlich ein Fehler. Entscheidend ist, ob Sie mit Ihren Sorgen selbstschädigend umgehen oder nicht. Der US-Forscher James Blumenthal eruierte einen selbstschädigenden Sorgenstil, für den vier Verhaltensweisen charakteristisch sind:

1. Ein besonders intensives Reagieren auf negative Ereignisse.
2. Probleme werden grundsätzlich auf eigenes Versagen zurückgeführt.
3. Grübeln und
4. Besorgnis wird nicht offen gezeigt.

**Entsorgen.** Frauen verhalten sich zwar eher als Männer sorgenvoll, doch für beide gilt: Wer seine Sorgen nicht »entsorgt«, ist ernsthaft gefährdet. Unabhängig voneinander kamen Wissenschafter weltweit zu der Erkenntnis, dass Jammern und Klagen durchaus sinnvoll sein kann. Robin M. Kowalski, Psychologe an der Western Carolina University, ermuntert dazu, seinen Sorgen freien Lauf zu lassen, denn das ungebremste Besorgtsein sei ein »Schutzschild« gegen Depressionen und psychosomatische Erkrankungen. Über das Wissen, dass Klagen eine kathartische Wirkung hat, verfügen schon lange alle jene Völker, bei denen »Klagelieder« die Tränen und Wehklagen einer Trauergemeinde aktivieren sollen und damit die heilende Katharsis (griechisch: innerliche Reinigung) einleiten.

Egal, was Anlass zu Sorgen gibt – Jammern tut gut. Es wirkt erleichternd, Stress reduzierend und schafft die notwendige Distanz zum Geschehen.

Zum Klagelied ermutigen heißt allerdings nicht, dass wir Ihnen planloses Sorgen und Grübeln empfehlen. Sorgenvolle Gedanken, die sich immer im Kreis drehen, und Grübeln haben keine Entlastungsfunktion. Für den unbeherrschten Hang zum Grübeln sind oft Schuldgefühle verantwortlich, die auf unbewusste feindselige Regungen einer geliebten Person gegenüber zurückzuführen sind.

Ein konstruktives »Sorgenmanagement« hilft Ihnen in einer Lebenssituation weiter, die durch Grübeln blockiert ist.

- Halten Sie Ihre Sorgenpunkte schriftlich fest.
- Unterscheiden Sie zwischen beeinflussbaren und unbeeinflussbaren sowie wahrscheinlichen und unwahrscheinlichen Dingen. Überprüfen Sie, auf welche Ihrer Sorgen Sie Einfluss haben und auf welche nicht. Ob ein Fluss über die Ufer tritt, können Sie nicht beeinflussen, Ihre zukünftigen Finanzen vermutlich schon.
- Stellen Sie fest, welche Sorgenpunkte höchstwahrscheinlich schon oder nicht auftreten werden.
- Entwerfen Sie für jene Sorgenpunkte, die Sie beeinflussen können und die möglicherweise eintreten, Lösungsprogramme.
- Führen Sie »Sorgenzeiten« ein. Nehmen Sie sich vor, sich z. B. zweimal täglich 10 Minuten über Ihr Problem so richtig Sorgen zu machen. Wenn möglich, suchen Sie dazu immer den selben Platz auf.

**Planloses Sorgen blockiert, ein Sorgenmanagement hat Entfaltungsfunktion. Außerdem bekommen Sie mit dem Entschluss, Sorgen bewusst zuzulassen und ihnen Platz einzuräumen, mehr Kontrolle über Ihre Gedanken und Ihre augenblickliche Lebenssituation.**

# 6. Schritt: Trostquellen erschließen

Sie haben ein Buch über Schattenliebe in der Hand und lesen den Abschnitt, wie es gelingt, sich aus einem Schattenleben zu befreien. Der Schluss, dass Sie in irgendeiner Form in so eine

Situation verstrickt sind, ist naheliegend. Und in diesem Zusammenhang auch die Frage, ob Sie trostbedürftig sind. Wir vermuten: Ja.

Menschen in einer belastenden, verunsichernden, traurigen Lebenslage brauchen Trost im Sinne eines Beistandes. Egal ob Anteil nehmende Worte, liebevolle Gesten oder andere Erfahrungen – Trost lindert einen seelischen Schmerz, reduziert emotionalen Stress und gibt Kraft zu jenen Schritten, die in ein weniger schmerzliches Leben führen.

Was also können Sie tun, um Trost zu finden? Wir haben für Sie einen kleinen Trostkatalog erstellt:

**Geständnisrituale.** In allen Religionen existieren Rituale, durch die andere in dunkle Geheimnisse eingeweiht werden, um sich selbst von Schuldgefühlen zu befreien, die schädigend auf das Immunsystem wirken, und um Mitgefühl zu spüren. Was früher die Beichtrituale, sind übrigens heute die Talkshows. Abgesehen von dieser ineffizienten Geständnismöglichkeit spricht nichts dagegen, dass Sie von anderen Erleichterungen Gebrauch machen.

Sie können zur Beichte gehen, eine stille Beichte für sich absolvieren, sich in einer anonymen Beratungssituation einem Menschen anvertrauen, die Telefonseelsorge in Anspruch nehmen oder das, was Sie loswerden wollen, auf ein Blatt Papier schreiben und verbrennen.

**Zuwendung.** In Trennungssituationen fehlt vor allem eins: Zuwendung, Verständnis, Unterstützung. Wie kann man das in einer Phase bekommen, in der eine alte Beziehung zerbricht und eine neue noch nicht möglich ist? Zum Beispiel in einer Therapie! Die Krankenkassen bezahlen mittlerweile zur Gänze oder teilweise eine Psychotherapie, die der Wiederherstellung der seelischen Gesundheit dient.

**Selbsthilfegruppen.** In Selbsthilfegruppen begegnen einander Menschen, die ähnliche Probleme und Ziele haben. Durch

Gedankenaustausch, gegenseitige Hilfe und Geborgenheit wird Stress abgebaut, gleichzeitig werden Energien frei.

**Freundschaften.** In einer Welt, in der Beziehungen leichter denn je zerbrechen, sind Freundschaften besonders wichtig. Gute Freunde sind einsatzbereit, akzeptieren und erzeugen ein tröstliches Verbundenheitsgefühl, das die Seele stärkt. Außerdem sind sie ein wichtiger Bezugs- und Orientierungspunkt zu dem Leben, in dessen Mittelpunkt nicht die Trennung steht.

**Soziales Engagement.** Der Blick über den eigenen Tellerrand hinaus ist ein echter »Trostpreis«. Untersuchungen zeigen, dass sozial engagierte, liebevolle Menschen Krisen besser und schneller überwinden.

Es gibt viele gemeinnützige Organisationen, die auf unentgeltliche Mitarbeiter angewiesen sind. Auch privat können Sie sich umsehen. Ob Sie eine allein erziehende Mutter entlasten, Alten vorlesen, sich mit Behinderten befassen oder älteren Menschen Gesellschaft leisten – der »Liebesdienst am Nächsten« hilft nicht nur dem anderen aus der Einsamkeit, sondern auch Ihnen.

**Sex.** Sex ist gesund und kann sogar tröstlich sein, wenn er das Selbstwertgefühl und die Geschlechtsidentität stabilisiert. Natürlich sollen Sie sich nicht zu einem Sex überwinden, der Ihnen eigentlich widerstrebt. Aber wenn sich eine gute Situation ergibt – warum nicht?

Stimmiger Sex ist ein Träger der Zärtlichkeit. »Healing touch« – die heilende Berührung hat nicht erst einmal die wunde Seele getröstet.

**Spiritualität.** Das spirituelle Eingebundensein in die Welt kann trostbedürftigen Menschen viel geben. Nicht nur der Glaube an sich hat einen positiven Effekt, sondern auch seine Begleiterscheinungen, wie z. B. der regelmäßige Kontakt zu anderen Kirchenbesuchern oder zur Pfarre.

Die Erkenntnis, dass Erfahrungen der Zuwendung, menschliche Nähe und Sexualität die seelische und körperliche Gesundheit genauso positiv bzw. negativ beeinflussen wie Ernährung, Bewegung und Genetik ist nach Darwin und Freud die dritte Revolution der Menschheit.

Das Ideal der großen, umfassenden Liebe treibt seltsame Blüten. Manchmal geht es so weit, dass vom Partner als Beweis echter Liebe Unrealistisches erwartet wird: Er soll trösten und helfen, wenn die Gefühle wegen eines/r anderen in Aufruhr sind.

> *»Zuerst hat er mich schamlos betrogen. Dann hat er an meine Liebe appelliert und bei mir Halt und Trost gesucht, wenn ihn seine Geliebte zurückgewiesen hat.«* (Marie, 44)

Es ist schon grotesk, dass oft gerade dann, wenn man selber einen Treueschwur gebrochen und durch den Sturm einer neuen, verbotenen Verliebtheit den Boden unter den Füßen verloren hat, der Wunsch nach unerschütterlicher Treue des betrogenen Partners mobilisiert wird.

> *»Sie hat sich bei mir ausweinen wollen und immer gesagt: ›Wenn du mich wirklich liebst, stehst du das jetzt mit mir durch.‹«* (Ivo, 32)

Denselben Anspruch haben auch kleine Kinder. »Ich habe Mama, Papa und meinen kleinen Bruder lieb. Aber Mama liebt nur mich allein.« Wie früher ein grenzenlos gewährender Elternteil soll auch die/der GefährtIn treu bleiben.
**Treue.** Wir sehnen uns alle nach Treue und wünschen uns insgeheim, einem einzigen Menschen alles zu geben und von ihm alles zu bekommen. Egal ob Frau oder Mann, ob cool oder konservativ – jeder will die unzerstörbare Sicherheit. Das ist zu schön, um wahr zu sein.

Sich als Schattenfrau Trost für den Verzicht auf einen Geliebten beim eigenen, fixen Partner zu erwarten, ist für diesen schlichtweg eine Zumutung. Umgekehrt sind Sie als betrogene/r PartnerIn nicht zu mütterlichem oder väterlichem Beistand verpflichtet, wenn ein Fremdgänger der Stammbeziehung zuliebe eine Schattenbeziehung beendet hat. Versuchen Sie, interessant, attraktiv und ausgeglichen zu sein. Das ist schwierig genug …

# 7. Schritt: Aufarbeiten, was war

Sonja hat keine schönen Erinnerungen an die Zeit mit Hermann. Als junges Mädchen voller Hoffnungen hatte sie ihn kennen gelernt, eine reife Frau ohne Träume ist sie heute. Für Hermann hatte sie ihr Studium aufgegeben und eine Halbtagsbeschäftigung in einem Pharmabetrieb angenommen. Für ihn hatte sie auf Kinder und eine Legalisierung ihrer jahrelangen Schattenbeziehung verzichtet. Angeblich konnte er seine depressive Frau nicht verlassen. Sie fügte sich in alles, akzeptierte seine Haltung.

**Verbannt.** Als Hermann sie nach 12 Jahren verließ und sich wegen einer Frau, die er kaum ein Jahr kannte, ja doch scheiden ließ, verbannte Sonja die Zeit mit Hermann radikal aus ihrem Gedächtnis.

Richtig? Falsch?

Wir würden sagen »falsch«. Viele Menschen glauben, dass man unglückliche Jahre nicht betrauern muss. Das stimmt nicht. An einen Partner, den Sie hassen, bleiben Sie länger gebunden als an einen, den Sie liebten und dessen Verlust Sie betrauerten. Unterschätzen Sie nicht den Sog des Hasses! Der zähe Leim des Hasses kann zwei Menschen auch dann noch aneinander binden, wenn sie längst getrennt sind. Hass blockiert alles, den Weg zur Entfaltung, zum Wachsen, zur Liebe und zur Selbstakzeptanz.

**Aufarbeiten.** Stellen Sie sich ein halbfertiges Puzzlebild vor. Das Fragment, das Sie sehen, wirkt unvollständig, unharmonisch und hat keine Mitte. Genauso ist es, wenn Sie Teile Ihrer Lebensgeschichte nicht annehmen – Sie fühlen sich nicht ganz. Wir erleben immer wieder, dass mit Menschen, die eine enttäuschende Beziehung nicht voller Hass verdrängen, sondern Schritt für Schritt aufarbeiten, beeindruckende Veränderungen geschehen.

Was wäre gewesen, wenn Hermann so verantwortungsvoll gewesen wäre, wie Sonja sich einen Partner erträumt hatte? Was wäre geworden, wenn sie geheiratet hätten? Wenn sie fertig studiert hätte? Wenn sie Kinder bekommen hätte?

**Akzeptanz.** Schmerzliche Fragen, gewiss. Aber wenn Sie sich alle Möglichkeiten, die in einer Beziehung steckten, bis ins Detail ausmalen, bannen Sie die Dämonen der Vergangenheit und der Gegenwart. Das Entscheidende an dem »Was-wäre-wenn-Spiel« ist die Erkenntnis, dass die düsteren Erfahrungen auch an den lichten Eigenschaften der eigenen Persönlichkeit mitwirken. Man klebt dann nicht mehr an verpassten Entscheidungen und Chancen. So war es, basta. So musste es damals sein, so machte es mich zu dem, was ich heute bin. So kann ich es annehmen.

**Bewusstes Rückblenden ist kein sinnloses Kramen in Erinnerungen, sondern Teil einer aktiven, positiven Neugestaltung der Identität. Zu der gehören auch unglückliche Phasen, enttäuschende Partner, eigenes Versagen und gescheiterte Beziehungen. Erst jetzt ist Selbstliebe und damit die beste Absicherung möglich, dass sich dasselbe Drama nicht noch einmal wiederholt.**

# 8. Schritt: Einsamkeit überwinden

Es gibt immer wieder Phasen, in denen man Alleinsein als »kreatives Abgeschiedensein« zur Weiterentwicklung oder als Heilungsprozess braucht – zum Beispiel nach einer Trennung. Aber Schattenmenschen sind mehr als andere gefährdet, nach einer Trennung endgültig in die Einsamkeit abzudriften. In den meisten Fällen war ja schon die Schattenbeziehung mit einer Isolation verbunden, durch die mit der Zeit lebendige Kontakte einschliefen und neue nicht zustande kamen.

Was können Sie tun, wenn eine psychische Eiszeit angebrochen ist?

**Ermutigung.** Bedenken Sie, dass man nach Trennungen dazu neigt, sich selbst abzuwerten. Man hat Abwertendes erlebt und wurde buchstäblich zurückgesetzt.

Was immer auch geschah – Sie sind ein liebenswerter Mensch, der Liebe wert. Machen Sie sich das so oft wie möglich bewusst. Auch dann, wenn es Ihnen schwer fällt, weil Sie zu Eigenlob vielleicht nie ermutigt wurden. Wer hat als Kind nicht gehört, dass Eigenlob stinkt!

**Schüchternheit.** Von zehn Menschen sagten uns vier, dass sie schüchtern sind. Wir vermuten sogar, dass jeder zweite in gewissen Situationen schüchtern reagiert – zum Beispiel dann, wenn nach oder in einem Schattenleben der Kontakt zu einem interessanten Fremden hergestellt werden soll. Schüchterne gehen der Begegnung mit anderen Menschen möglichst aus dem Weg und damit oft direkt in eine Hölle der Einsamkeit.

Längere Zeit in einer Schattenbeziehung hintangestanden zu sein, verstärkt Schüchternheit und Sozialängste. Der Zwang zur optimalen Selbstdarstellung, zur gelungenen »Performance« ist ein Nährboden sozialer Ängste. Andererseits ist die Furcht, vor anderen nicht bestehen zu können, nicht ungewöhnlich. Auch selbstbewusste Menschen spüren ängstliche

Unruhe vor einer Bewährungsprobe, z. B. in einer Situation, in der man ein persönliches Anliegen durchsetzen will. Mit Schüchternheit hat das nichts zu tun, es ist nicht mehr als eine angemessene Unsicherheit.

**Beobachtung.** Trotzdem kontrollieren unsichere Menschen sich in einer Kontaktsituation auch ständig selbst: »Ist das, was ich sage, interessant genug?« »Wie stehe ich da?« »Bin ich gut genug angezogen?« Das führt in eine Unsicherheitsspirale, die mit Schweißausbrüchen, Herzklopfen, Hände- und Kniezittern, Harnflut, Durchfall, Schwindel oder Schwebegang enden kann.

Sowohl Schüchterne als auch Sozialphobiker haben Angst davor, von anderen Menschen nicht akzeptiert zu werden und sich lächerlich zu machen. Der Sozialphobiker leidet, fürchtet eine ganz bestimmte soziale Situation. Zum Beispiel gerät er in Panik, wenn er in Gesellschaft anderer etwas trinken oder essen soll, mit Autoritäten sprechen muss oder mit dem anderen Geschlecht in Kontakt kommt. Der Schüchterne hat keine abgegrenzte Furcht, er fühlt sich grundsätzlich unbehaglich, sobald es um Kontaktsituationen geht. Schüchterne versuchen zwar, diese Situationen weitgehend zu vermeiden, lassen sich aber doch darauf ein, wenn es nun einmal sein muss. Menschen mit einer Sozialphobie werden alles daran setzen, um der Situation, welche sie in Panik stürzt, zu entrinnen.

**Brücken.** Sie sind nicht die/der Einzige, die/der einem Interesse oder Hobby nicht solo nachgehen will. Nützen Sie mögliche Brücken zu anderen Menschen. Sie können über das Internet oder mit Hilfe eines Inserates Interessensgefährten suchen oder kontaktieren.

Je nach Ihren körperlichen, geistigen und schöpferischen Möglichkeiten können Sie Wandervereinen, Schachklubs, Tierzüchterverbänden, Laientheatergruppen, Gesangsgruppen, Töpfer- und Emailkursen oder Lesegruppen beitreten. Damit schlagen Sie zwei Fliegen mit einer Klappe: Sie tun etwas, was Ihnen Freude bereitet und Sie machen ohne Anstrengung neue Bekanntschaften, mit denen Sie von Anfang an Gemeinsames verbindet.

**Hunde.** Eine erfreuliche Methode, um unverfänglich und locker miteinander ins Gespräch zu kommen, sind Spaziergänge mit Hunden. Wenn Sie sich keinen Hund zulegen wollen, borgen Sie sich regelmäßig einen zum Äußerln aus. »Ist das ein Weiberl oder ein Manderl?« »Rauft Ihrer?« Vierbeiner finden sofort Kontakt – Sie dann zwangsläufig auch.

**Familie.** Die Herkunftsfamilie ist für Schattenfrauen oft der einzige Fluchtpunkt in einem freundlosen Dasein. Das ist schön und traurig zugleich. Schön ist es deshalb, weil die emotionale Bindung an das Elternhaus heute größer ist als früher. Traurig ist es, weil die Beziehung zu den Eltern freundschaftliche Außenkontakte meist nicht ersetzen kann.

**Kritisch.** Die Gewissheit, von Menschen gemocht zu werden, die nicht auf Grund familiärer Bindungen dazu veranlasst sind, braucht jeder, vermutlich auch Sie. Wenn es Ihnen dennoch nicht gelingt, Menschen kennen zu lernen, die Sie sympathisch und näherer Kontakte wert finden, sollten Sie sich fragen, ob Sie neuen Bekanntschaften überhaupt Chancen geben. Überkritisches Verhalten kann auch ein – falscher – Schutz vor Kontaktaufnahme sein.

**Initiativ.** Falls Sie zu übermäßiger Kritik neigen, werden Sie auch nicht die Initiative zur Kontaktaufnahme ergreifen. Beziehungen, egal welcher Art, fallen einem nicht in den Schoß – man muss sie herstellen, aufbauen und pflegen. Warten Sie nicht ab, ob Sie jemand anruft oder einen Vorschlag für ein gemeinsames Unternehmen macht. Ergreifen Sie die Initiative: Laden Sie jemanden auf ein Glas Wein ein oder schlagen Sie einen Kinobesuch oder einen Spaziergang vor.

**Sympathisch.** Sie steigern Ihren Sympathiewert, wenn Sie persönliches Interesse an einem Gegenüber signalisieren. Zeigen Sie Interesse für das hartnäckige Rückenleiden eines Gesprächspartners oder die Fressgewohnheiten seiner Katze, und Sie punkten gewaltig.

Andererseits sollten Sie auch nicht »mauern«, wenn es um Sie geht. Panzern Sie sich bei Kontakten nicht mit Phrasen oder Zynismus. Erzählen Sie von Ihren Gefühlen, Bedürfnissen, Zielen und Erfahrungen.

**Anerkennen.** Nicht nur Sie sind tüchtig, anständig oder fleißig. Sprechen Sie über die positiven Züge, die Sie an einem Menschen entdecken! Und sagen Sie bei Gelegenheit, wie wohl Ihnen gemeinsame Stunden oder Gespräche tun. Für Anerkennung ist jeder empfänglich.

**Organisation.** Das schmerzhafte Gefühl, von der Zeit erdrückt zu werden, vermeiden Sie, indem Sie selbst über Ihre Zeit verfügen. Machen Sie regelmäßig – vor allem vor dem Wochenende – einen Plan. Fragen Sie sich schon Mitte der Woche: »Was unternehme ich am Samstag? Wie verbringe ich den Sonntag? Wen könnte ich anrufen? Welche Veranstaltungen gibt es?« In der Zeitung und im Internet finden Sie Veranstaltungskalender, die über eine Fülle kostenloser Freizeitaktivitäten informieren.

**Lassen Sie sich nicht von Ihrer Schüchternheit einschüchtern! Kontaktschwäche und soziale Ängste können in Workshops, Seminaren und Selbstsicherheitstrainingsgruppen abgebaut werden. Wenn Sie die Bewältigung sozialer Situationen üben, gelingt es Ihnen bald, Brücken zu anderen Menschen zu schlagen.**

**Geben Sie nicht voreilig auf. Tun Sie weiterhin alles das, was Sie auch zu zweit tun würden. Sagen Sie sich: »Ich will nicht allein sein. Aber ich kann allein sein.«**

# 9. Schritt: Humor

Vielleicht haben Sie in der gegenwärtigen Situation nichts zu lachen. Sie leben im Schatten, Sie wollen diesen Zustand verändern, Sie kommen dabei nicht so voran, wie Sie wollen. Trotzdem: Mit Witz und Humor können Sie belastende Momente zumindest entschärfen.

**Außen.** Das Charakteristische des Humors besteht in der »Ersparnis« eines Gefühlsaufwandes, der mit der jeweils misslichen Situation verbunden wäre: Indem man das Absurde oder Komische einer Situation wahrnimmt, sieht man sich selbst »von außen«. Dadurch wird es möglich, anstatt mit Ärger oder Wut mit einem Lächeln zu reagieren. Humor ist, wenn man trotzdem lacht.

**Zaungast.** Die Fähigkeit, eine Situation nicht als Betroffener, sondern als Zaungast zu sehen und damit Humor zu entwickeln, kann geschult und trainiert werden. In Lach- oder Humorseminaren wird nichts Anderes gemacht, als das Sensorium für Humor – Scharfsinn, Einfühlung, Distanzierungsgabe und Kreativität – zu entfalten.

Zu einer humoristischen Sicht sind zwei wesentliche Schritte notwendig:

- Verzeihen Sie sich Ihre eigene Unvollkommenheit.
- Verzeihen Sie anderen, dass sie unvollkommen sind.

**»Humor hat Pufferwirkung«, sagt die Wissenschaft vom Lachen (Gelotologie). Unangenehmes wird aufgefangen und besänftigt. Nicht nur das: Eine humorvolle Sichtweise macht es möglich, Entscheidungen und einengende Lebensregeln in Frage zu stellen, Veränderungen in Gang zu setzen, komplexe Zusammenhänge zu durchschauen und auf den Punkt zu bringen. In einer Krisensituation können Sie Humor als »Coping-Strategie« (Bewältigungsstrategie) einsetzen. Ein Versuch lohnt sich!**

# 10. Schritt: Versöhnung

In einem jahrelangen Zusammenleben sind Verletzungen und Kränkungen unvermeidlich. Vielleicht müssen Sie Ihrem Partner eine Schattenbeziehung verzeihen. Vielleicht sollte er Ihnen einen Verrat vergeben.

Es ist leicht, von der Bereitschaft zum Versöhnen und Verzeihen zu sprechen. Aber dann! Kaum ist man mit den Schattenseiten der Liebe konfrontiert, hapert es mit der Versöhnung. Obwohl die Geschichte der Liebe immer auch eine Geschichte der Schuld ist. Es gibt kaum eine Liebe ohne Vertrauensbruch, Verständnismangel, Kränkung und Egoismus.

Die Rachegelüste und -phantasien, die verletzte Menschen dann haben, sind oft erschreckend. Abnormal sind sie nicht. Eine Verletzung stört ja nicht nur das innere Gleichgewicht, es werden auch alte Wunden aufgerissen: Erfahrungen der Demütigung, der Vernachlässigung, ausbleibender Wertschätzung, des Verrates oder des Alleinseins. Die Seele schreit nach Wiedergutmachung und Gerechtigkeit. Wie soll man da lässig auf den Verursacher des Schmerzes zugehen, ihm die Hand reichen und ihm sagen: »Schon vergessen.« Unmöglich. Die edle Geste des Verzeihens steht am Ende eines Prozesses.

Verzeihen ist kein schneller, spektakulärer Show-Akt fürs Fernsehen, sondern eine offene, intensive Auseinandersetzung mit dem, was passiert ist. Dazu gehört es, die Verletzung zu benennen und den Schmerz und das Verlangen nach Genugtuung offen zu zeigen.

**Genugtuung.** Rache nehmen heißt nicht, den anderen zu vernichten, sondern durch bestimmte Maßnahmen Genugtuung für das zu bekommen, was man erlitten hat. Die Racheimpulse, die sich in der Phantasie abspielen, haben nichts mit dem zu tun, was in der Realität stattfindet. Gedanken sind frei. Wie eine Erste-Hilfe-Maßnahme helfen sie, erlittenes Unrecht zu ertragen. Aber in Wirklichkeit geht es darum, die eigene Verwundbarkeit wahrzunehmen und einzugestehen. Damit wird demjenigen, der etwas angerichtet hat, die Chance auf Wiedergutmachung geboten.

Das platte Lippenbekenntnis »Tschuldigung« ist zu wenig. Verzeihen schließt das ehrliche Bekenntnis beidseitiger Schuldanteile und gezielte Verhaltensänderungen mit ein.

**Einsicht.** Ohne Einsicht des oder der Schuldigen, kann es zwar Bereitschaft zur Versöhnung geben, aber nicht Versöhnung und Verzeihung selbst. Wer das erwartet, missbraucht das Liebesversprechen des anderen: »Ich kann dir ja antun, was ich will, denn du hast dich zur Liebe verpflichtet.« Die hohe Kunst der Versöhnung ist ohne Einsicht nicht denkbar. Lassen Sie sich die Vorwürfe, die Ihnen Ihr/e PartnerIn machte, noch einmal durch den Kopf gehen. Steckt nicht doch ein Funken Wahrheit darin? Vorausgesetzt, dass Sie ganz ehrlich sich selbst gegenüber sind, werden Sie schnell herausfinden, wo Sie sich ändern müssen, damit es nicht nur beim Lippenbekenntnis der Versöhnung bleibt, sondern ein besseres »Nachher« möglich ist.

**Vorsicht.** In der Phase der Versöhnung ist jeder Partner besonders sensibel, denn die Wunden, die man einander zugefügt hat, sind noch nicht verheilt. Verzichten Sie also auf langatmige Erklärungen, warum das passierte, was passiert ist. Sie wühlen damit den alten Schmerz nur unnötig auf. Was geschehen ist, ist geschehen. Gehen Sie behutsam miteinander um, fassen Sie einander mit Samthandschuhen an.

Verzichten Sie auf triumphierende Bemerkungen von der Sorte »Ich habe ja immer gewusst, dass du ohne mich nicht weiter kommst«. Spielen Sie auch nicht das Opferlamm, indem Sie auch ohne Worte signalisieren: »Ich versöhne mich nur, weil du ohne mich nicht leben kannst.« Wenn Sie schon zu einer Versöhnung bereit sind, dann ist es auch Ihre aktive Versöhnung!

**Toleranz.** Einer Versöhnung haftet oft auch falsche Romantik an. Man glaubt, wenn man einander die Hand reicht, wird es prompt so sein wie früher. Irrtum! Eine Versöhnung ist kein Momentgeschehen, sondern ein Prozess, der Zeit in Anspruch nimmt. Nur in Ausnahmefällen ist es gleich wieder so harmonisch und innig wie vor der Krise.

**Vorschussvertrauen.** Sich zu versöhnen, einander also wahrhaftig zu vergeben, bedeutet auch, sich sozusagen einen Vertrauens-Blankoscheck auszustellen. Das heißt nicht, dumm-naiv zu sein. An die Zukunft, sich selbst und den anderen zu glauben und nicht schwarzzusehen, sind die Säulen, auf denen Versöhnung aufgebaut ist.

**Kompromissbereitschaft.** Egal, was auch immer der Grund der Krise oder des Streites war, nur in den seltensten Fällen ist eine Versöhnung ohne Kompromisse möglich. Psychologisch gesehen handelt es sich bei einem Kompromiss um die Einigung zwischen Menschen, die unterschiedliche Wünsche und Bedürfnisse haben. Jeder muss ein bisschen etwas aufgeben und dem anderen entgegenkommen. Wenn das nur einer tut, handelt es sich um einen faulen Kompromiss, der beim anderen schnell wieder alte Aggressionen und Verletzungen aktiviert. Je deutlicher Sie zeigen, dass Sie Ihrem/r PartnerIn ein Stück entgegenkommen, desto ernster drückt sich Ihr Versöhnungswille aus.

**Verwöhnen.** Ein Paar in einer Krise entwickelt eine besondere Form der Wahrnehmung: Einer sieht beim anderen vorwiegend nur noch die negativen Eigenschaften. Um aus dieser Negativspirale herauszukommen, sollten Sie ganz bewusst für gegenseitige Belohnungen und Verwöhnungen sorgen. Nehmen Sie sich zum Beispiel vor, einander täglich ein Kompliment zu machen. Schenken Sie einander zumindest einmal in der Woche ein paar Stunden oder zumindest eine halbe Stunde, in der oder in denen Sie etwas tun, worüber sich Ihr/e

PartnerIn freut. Durch diese Strategien wird die negative Wahrnehmung wieder ins Positive verkehrt.

**Handeln.** Meist kommt die reale Versöhnung nicht durch Grundsatzgespräche, sondern durch gemeinsame Unternehmungen zustande. Das heißt nicht, dass Sie alles das, was zur Krise führte, unter den Teppich kehren sollen. Wenn Sie herausgefunden haben, was der Grund für Ihre Konflikte war, sollten Sie nicht mehr des Langen und Breiten wieder problematisieren, sondern konkrete Bereitschaft zur Veränderung zeigen.

Unternehmen Sie Dinge, die Ihnen früher Spaß gemacht haben. Treffen Sie Freunde, sorgen Sie für Abwechslung und Anregung von außen. Schaffen Sie Situationen, in denen Sie sich wieder nahe kommen – zum Beispiel alte Fotoalben ansehen anstatt stumm nebeneinander beim Fernsehen zu sitzen. Das sichtbare Bemühen um eine Aussöhnung und um ein neues Miteinander belebt die Gefühle.

**Distanz.** Manche Partner glauben, sich aus der Distanz heraus besser und leichter versöhnen zu können. Wenn der/die PartnerIn nicht greifbar ist, glaubt man, eher wieder neue, positive Züge entdecken zu können und schneller wieder bereit zu sein, zu neuen Ufern aufzubrechen.

Dieses Experiment ist nicht so günstig. Schon gar nicht, wenn Kinder da sind, die nicht begreifen, warum Papi auszieht und dann wiederkommt. Wer trotzdem große Stücke von einer Trennung auf Zeit hält, sollte sie zumindest zeitlich genau begrenzen: Mindestens zwei, längstens drei Monate. Länger braucht man nicht, um den Abstand zu gewinnen, den man zum Verzeihen, Versöhnen und zu einem Neuanfang braucht.

**Frieden.** Aber es ist naiv zu glauben, dass die Distanz allein genügt, damit die Wunden, die man einander zugefügt hat, heilen. Dazu sind die anderen Schritte besser geeignet. Das Gefühl, einander wieder nahe zu sein, die unvergleichliche

Süße der Versöhnung auszukosten ist, als ob man von einer langen Reise nach Hause käme.

Einander zu vergeben, entfacht nicht nur die körperliche, sondern auch die seelische Leidenschaft. Im Exultet der Osterliturgie gibt es sogar den religiösen Begriff der »glücklichen Schuld«. Diese »felix culpa« ist mit der beglückenden Erfahrung verknüpft, einander die Gnade des Friedens geschenkt zu haben.

Rache tut manchmal gut, aber Verzeihen ist süßer.

## Wichtige Erste-Hilfe-Regeln

Aktiv zu handeln hilft, das Gefühl der Hilflosigkeit zu überwinden. Aber überfordernde, überstürzte Maßnahmen bringen Sie in einem Loslösungsprozess nicht weiter. Im Gegenteil. Es könnte passieren, dass Sie, entmutigt und geschwächt, wieder rückfällig werden und sich erneut auf die Schattenbeziehung einlassen, aus der Sie sich eigentlich lösen wollten.

- **Bleiben Sie realistisch**
  Stellen Sie sich vor jedem Schritt die Frage: Was will ich? Und was kann ich? Machen Sie kleine Schritte, aber konsequent einen nach dem anderen.

- **Stellen Sie klar, was noch funktioniert**
  Der Trennung von einem langjährigen Geliebten fallen meist Halt gebende Gewohnheiten oder lieb gewordene Rituale zum Opfer. Gleichzeitig gibt es aber auch Bereiche und Verhaltensweisen, die trotz der veränderten Lebenssituation funktionieren und aufrechterhalten bleiben könnten.
  Finden Sie Funktionierendes heraus und motivieren Sie sich dazu, es öfter zu tun.

- **Begrenzen Sie die Verunsicherung**
  Muten Sie sich bei der Entflechtung einer Schattenbeziehung nicht zu viele Angst auslösende Situationen auf einmal zu! Machen Sie »Baby-Stepps« – zum Beispiel nicht sofort alleine, sondern mit einer Freundin ausgehen.
  Ersetzen Sie eine fehlschlagende Strategie sofort durch neue Maßnahmen.

- **Schaffen Sie sich Teilsicherheiten**
  Veränderung verunsichert, daher sollten Sie bestehende Sicherheitsinseln vergrößern. Verstärken oder erneuern Sie Kontakte zu Menschen, die Sie mögen, aktivieren Sie vernachlässigte Hobbys und bewegen Sie sich in einer Umgebung, in der Sie sich wohl und sicher fühlen.

- **Prüfen Sie Ratschläge kritisch**
  Schattenfrauen werden oft mit wohlgemeinten Ratschlägen überschüttet. Lassen Sie nur konstruktive, gezielte Beiträge gelten. Pauschale Ratschläge (»Sei froh, dass du ihn los bist«, »Nach Regen folgt Sonne«) sind oft »Schläge«, die noch mehr verunsichern und entmutigen. Besprechen Sie sich nur mit Menschen, die bereit sind, konkrete, lösungsorientierte Beiträge zu leisten.


# Zu guter Letzt: Glück ist machbar!

Sie wollen glücklich sein. Sie haben sich Glück verdient. Sie bemühen sich, Glück zu finden. Gleichzeitig fragen Sie sich: Was macht Glück eigentlich aus?
Eine Jahrhundertfrage, die jeden von uns gerade in einer Krise oder in unglücklichen Lebensphasen beschäftigt. Die Frage nach dem Glück ist auch ein Lieblingsthema der Glücksfor-

schung. Die Ergebnisse sind durchwegs auf einen Nenner zu bringen:

Glück ist nicht nur eine Angelegenheit der Götter, die verschwenderisch ihr Füllhorn über unser Leben leeren. Glück ist auch eine Sache des Wollens und der Überlegung: »Was hindert mich eigentlich am Glücklichsein?« Glück zu finden und zu bewahren, setzt zehn grundsätzliche Einsichten und Fähigkeiten voraus:

- Den Willen, sich für sein Glück auch selbst verantwortlich zu fühlen.
- Die Erkenntnis, dass dem Leben Werte und Sinnhaftigkeit gegeben werden müssen.
- Die Größe, gegebenenfalls eigene Interessen zugunsten eines anderen zurückzustellen.
- Den Willen, Frustrationen ertragen zu können.
- Die Energie, verändern zu können, was beeinflussbar ist, und anzunehmen, was unveränderbar ist.
- Die Entschlossenheit, Ansprüche und Möglichkeiten auszubalancieren.
- Das Vorhaben, nicht Freizeit und Faulenzen zum Glücksbarometer zu machen.
- Den Entschluss, sich zu überwinden und Glück als Prämie dafür zu sehen.
- Das Bewusstsein, dass wir Beziehungswesen sind und innige Beziehungen zu Liebespartnern, Familie und Freunden brauchen.
- Die Akzeptanz, dass Glück kein Dauerzustand sein kann. Es gibt nur Glücksmomente, die im Wechsel von Anspannung und Entspannung erlebt werden.

**In diesem Sinne: Viel Glück!**

# Anhang

## Tipps zur Beratung und Therapie

- Falls Sie Ihre Situation durch Verhaltensänderungen nicht bessern können, sollten Sie das Gespräch mit einer/m klinischen PsychologIn mit einer therapeutischen Zusatzausbildung suchen. Vergewissern Sie sich, ob die/der TherapeutIn eingetragenes Mitglied in einem Dachverband ist, also über eine anerkannte Ausbildung verfügt.
- Auch die professionelle Unterstützung öffentlicher Beratungsstellen hilft Ihnen in Krisensituationen weiter.

**Internetforum**
www.dieGeliebte.de
Forum für Geliebte, »Zweite Geigen«, Betrogene und Fremdgänger
Selbsthilfe-Aktivitäten und Informationen

## Österreich

**Kostenlose Hotline über Beratungsstellen in ganz Österreich**
Tel.: 0800/24 02 62

**Familienservice des Bundesministeriums**
Tel.: 0800/24 02 62
www.bmsg.gv.at

**MA 11 Amt für Jugend und Familie**
Rüdengasse 11
1030 Wien
Tel.: 01/4000 11

**Herzklopfen**
Telefonberatung Liebe und Sexualität
Tel.: 0800/20 60 60

**First Love**
Krankenhaus Rudolfstiftung
Juchgasse 25
1030 Wien
Tel.: 0l/711 65 52-34
www.firstlove.at

**Babynest**
Hilfe für schwangere Frauen und Mütter
Babynest Glanzing im Wilhelminenspital
Montleartstraße 37
1160 Wien
Tel.: 01/491 50 29-40
www.wienkav.at/kav/wil

**Frauennotruf der Stadt Wien**
0–24 Uhr
Tel.: 01/717 19
www.frauennotruf.wien.at

**Kriseninterventionszentrum und Ludwig Boltzmann Institut für Sozialpsychologie** (Krisen- und Stressforschung)
Spitalgasse 11
1090 Wien
Tel.: 01/406 95 95-0

**Familienwerk der Katholischen Aktion**
Stephansplatz 6/3/13
1010 Wien
Tel.: 01/512 10 54

**Katholisches Familienwerk Ehe-, Familien- und Lebensberatung**
Ungargasse 3/1/42
1030 Wien
Tel.: 01/713 54 19

**COURAGE Beratungsstelle für Partnerinnen-/Familien-Sexualberatung**
Tel.: 01/585 69 66
www.courage-beratung.at

**HOSI Wien – Homosexuellen Initiative**
Novaragasse 40
1020 Wien
Tel.: 01/216 66 04

**Paartherapie**
www.imagoaustria.at

**BOEP – Berufsverband Österreichischer Psychologinnen und Psychologen**
Garnisongasse1
1090 Wien
Tel.: 01/407 26 71
www.boep.or.at

**ÖBVP – Österreichischer Bundesverband für Psychotherapie**
Rosenbursenstr. 8/3/7
1010 Wien
Tel.: 01/512 70 90
www.psychotherapie.at/oebvp

# Deutschland

**Deutscher Psychotherapeutenverband (DPTV) e.V.**
Am Karlsbad 15
10785 Berlin
Tel.: 030-235 00 90
Fax: 030-235 00 944
E-Mail: dptvbgst@aol.com
Internet: www.pschotherapeuten-liste.de

**Berufsverband Deutscher Psychologinnen und Psychologen**
PID Psychotherapie-Informationsdienst
Oberer Lindweg 2
53129 Bonn
Tel.: 030-228-74 66 99
E-Mail: pid@psychotherapiesuche.de
Internet: www.pschotherapiesuche.de

# Schweiz

**Schweizer Psychotherapeuten-Verband (SPV/ASP)**
Weinbergstr. 31
8006 Zürich
Tel.: 01-2666400
Fax: 01-2622996
E-Mail: spv@psychotherapie.ch
Internet: www.psychotherapie.ch

# Details zur Untersuchung

## Lebensgeschichtliche Faktoren

### Hat die Lebensgeschichte Einfluss auf den späteren Beziehungsverlauf?

Ja. Menschen, die in ihrer Partnerschaft zu Seitensprüngen und Dreiecksbeziehungen neigen, waren in ihrer Kindheit einen regelrechten »double bind« ausgesetzt. Ihre Erziehung wechselte zwischen bevormundender Strenge und Verzärtelung. Sie fühlten sich von ihren Eltern zu wenig beachtet, in vielen Situationen herabgesetzt, gekränkt und lächerlich gemacht.

**Treue.** Treuen Menschen erging es in der Erziehung nicht besser. Sie fühlten sich von ihren Erziehungsberechtigten vernachlässigt, abgelehnt, wurden häufiger geschlagen, entwertet, gleichzeitig aber in einer bevormundenden infantilen Abhängigkeit gehalten.

Es zeigt sich, dass Treue nicht eine »natürliche« Veranlagung ist, sondern einen – oft sogar leidvollen – lebensgeschichtlichen Hintergrund hat. Entscheidend ist sicher nicht, **ob** jemand im späteren Leben treu ist, sondern aus welchem Motiv heraus.

Viele sind aufgrund einer lieblosen, repressiven Sozialisation nicht aus freien Stücken treu, sondern aus einem inneren Zwang. Sie haben keine andere Wahl, entweder aus Angst, durch einen Fehltritt ihre Beziehung zu gefährden, oder weil sie von ihrem strengem Gewissen, wie früher von ihren Eltern, ins Joch gezwungen werden. Treue alleine ist bestimmt kein Garant für Beziehungsglück.

# Glückliche Beziehungen

**Wie muss ein Kind also sozialisiert werden, damit es zu einem liebes- und beziehungsfähigen Partner heranreift?**

**Beziehungsglück.** Menschen in einer glücklichen Beziehung erhielten liebevolle Zuwendung, Beachtung, wurden freier erzogen und zur Eigenständigkeit ermutigt.
**Beziehungsunglück.** Bei Menschen in unglücklichen Beziehungen ist es umgekehrt. Ihre Erziehung war repressiv. Am nachhaltigsten trübten frühkindliche Demütigungen und narzisstische Kränkungen das spätere Beziehungsglück. Solche frühen Traumatisierungen prägen die Persönlichkeit nachweislich.

**Für das spätere Beziehungsunglück scheinen vor allem zwei Faktoren von entscheidender Bedeutung zu sein: Die frühe Trennung von der Mutter und ein schlechtes Familienklima.**

# Persönlichkeit und Partnerschaft

Es gibt signifikante Persönlichkeitseigenschaften, die sich als Hürden für späteres Beziehungsglück erweisen.
Ein glücklich Liebender ist selbstbewusst, kontaktfreudig, geht leicht aus sich heraus und fühlt sich im Umgang mit dem anderen Geschlecht sicher. Diese Frauen und Männer haben keine Angst vor Konkurrenz und sind jederzeit bereit, ihr Revier zu verteidigen. Es sind strukturierte, stabile Persönlichkeiten, die sich von anderen wenig beeinflussen lassen und Wünsche und Erwartungen der Realität anpassen.
Menschen mit einem unglücklichen Beziehungsleben sind ängstlicher, gehemmter und depressiver. Sie beschreiben sich

als selbstbezogener und geltungssüchtiger. Es fällt ihnen schwerer, sich in andere hineinzuversetzen. Auf Kränkungen reagieren sie nachtragender und sie fühlen sich im Umgang mit dem anderen Geschlecht befangener. Auch in Gesellschaft sind sie verschlossener, zurückhaltender.

Diese Menschen können sich nur schwer mit den unvermeidlichen Grenzen abfinden, die ihnen das Leben alltäglich setzt. Sie erwarten sich vom Leben viel zu viel, so dass die realen Möglichkeiten enttäuschend werden. In der Hoffnung, alles besser zu machen, würden sie ihr Leben gerne noch einmal von vorne beginnen.

## Glückliche Paare & unglückliche Paare

Jüngere Paare sind glücklicher. Je länger eine Partnerschaft dauert, umso eher verflüchtigt sich das Beziehungsglück.

**Bildung.** Auffallend ist, dass das subjektive Glücksempfinden in einer längeren Partnerschaft mit der Bildung zunimmt. Vermutlich hängt das Glücksempfinden sehr stark von der (Selbst-) Reflexionsfähigkeit ab, die bei gebildeten Menschen oft höher ist. Die Reflexionsfähigkeit fördert die Fähigkeit, die Grenzen der Realität anzuerkennen und in Konfliktsituationen besonnener zu reagieren. So wird es möglich, nicht immer alles persönlich zu nehmen und sich von illegitimen Ansprüchen besser abzugrenzen.

Bildung versetzt Menschen in die Lage, ihre Träume, Sehnsüchte und Illusionen rechtzeitig der Realität anzupassen. Auf diese Weise können schmerzhafte Enttäuschungen als Folge überzogener Erwartungen an die Partnerschaft vermieden werden.

**Partnerwahl.** Deutliche Unterschiede zeigen sich auch in den Motiven der Partnerwahl: Es kommt vor allem auf die erotische Anziehung, sexuelle Übereinstimmung und gegenseitiges Vertrauen an. Die Kommunikationsfähigkeit und gemeinsamen Interessen sind ebenfalls wichtig, ebenso das Gefühl, sich auf den anderen verlassen zu können.

**Status.** Wenn sich die Beziehung im Laufe der Jahre nicht so glücklich entwickelt, stehen bei der Partnerwahl signifikant häufiger materielle Interessen, Einkommen, Vermögen und der soziale Status im Vordergrund. Hier scheint die alte Volksweisheit zuzutreffen: »Geld alleine macht nicht glücklich.«

Glückliche Paare verbringen mehr Zeit miteinander – die Gesprächsthemen gehen ihnen nie aus. Sie interessieren sich für das, was der andere tut, und schätzen dessen berufliche Leistungen. Beruflicher Erfolg ist ihnen zwar wichtig, aber nicht wichtiger als andere Lebensbereiche. Sie sind weniger selbstbezogen und im Zusammenleben rücksichtsvoller.

**Kinder.** Was glückliche Paare vermutlich am stärksten verbindet, ist der gemeinsame Wunsch nach einer eigenen Familie und Kindern. Vor allem Frauen bevorzugten bei ihrer Wahl kinderliebende Männer mit Familiensinn. In der Kindererziehung gibt es bei ihnen weitgehende Übereinstimmung. Ihre Einstellung Kindern gegenüber ist von Toleranz, Verständnis und Förderung geprägt.

Bei diesen Paaren haben die Männer eine stärkere Bereitschaft, ihre berufliche Karriere dem Familienglück unterzuordnen.

**Gesinnung.** Beziehungsglück und Treue gehören zusammen. In einer glücklichen Beziehung ist das Verlangen nach sexueller Abwechslung schwächer. Die Überzeugung, dass ein Seitensprung einer Beziehung nachhaltigen Schaden zufügt, ist wesentlich stärker ausgeprägt. Ein Treuebruch des Partners würde nicht ohne weiteres toleriert, sondern mit hoher Wahrscheinlichkeit zum Beziehungsabbruch führen.

Diese Haltung ist nur dann möglich, wenn sich die Abhängigkeitsneigung, Trennungs- und Verlustängste in Grenzen halten. Diese sind in einer glücklichen Beziehung tatsächlich signifikant geringer.

**Frei.** In glücklichen Partnerschaften fühlen sich die Menschen innerlich freier und unabhängiger. Sie ziehen eine Trennung einer schlechten Beziehung vor. Aus unserer Sicht sind diese innere Unabhängigkeit und die daraus resultierende Freiwilligkeit eines der wichtigsten Kriterien für Beziehungsglück überhaupt. Die Partner bleiben nicht zusammen, weil sie es aus einer neurotischen Abhängigkeitsneigung müssen, sondern weil sie es so wollen.

So gesehen ist es kein Zufall, dass Menschen, die zu Abhängigkeitsbeziehungen neigen, nicht nur häufiger in unglücklichen Beziehungen leben, sondern auch viel öfter in unglückliche Dreiecksbeziehungen verstrickt sind. Schattenliebe und Abhängigkeit gehören zusammen.

**Sex.** In glücklichen Beziehungen hat die Sexualität hohen Stellenwert. Zärtlichkeit, sexuelle Aufgeschlossenheit und Experimentierfreude ergänzen sich zu einem optimalen Ganzen. Die Partner bemühen sich, auf die erotischen Wünsche des anderen einzugehen. Dadurch können sie ihre sexuellen Wünsche besser ausleben, ihr Zusammenleben ist harmonischer und von Offenheit, Toleranz und Humor geprägt.

Das Aussehen steht nicht an oberster Stelle. Bei der Bewältigung des Alterungsprozesses, der ja zwangsläufig mit dem Verfall des Aussehens und dem zunehmenden Verlust körperlicher Attraktivität einhergeht, ist das ein Vorteil.

**Beruf.** Bei den Lebenszielen rangierten bei glücklichen Paaren Zufriedenheit und Familienglück an oberster Stelle. Sie verbringen einen Großteil ihrer Zeit mit Familie und Kindern, ihr Zusammenleben ist konfliktfreier. Selbst wenn es kracht, haben glücklichere Paare effizientere Bewältigungsstrategien. Materielle Ziele, Macht oder sozialer Status bieten ihnen weniger Anreiz. Statt die berufliche Karriereleiter hinaufzuklettern, würden sie lieber weniger arbeiten, um mehr Zeit für die Familie zu haben. Das heißt aber nicht, dass ihnen der Beruf unwichtig ist. Im Gegenteil, sie haben Freude an ihrem Beruf und streben nach mehr Eigenverantwortung. Es gelingt ihnen besser als anderen Paaren einen Ausgleich zwischen Familie und Beruf herzustellen.

**Zufriedenheit.** Sie haben nicht nur die gleichen Lebensziele, sondern auch im Haushalt und der Kinderbetreuung eine für beide zufrieden stellende Arbeitsteilung gefunden. Auch bei weltanschaulichen Fragen gibt es weitgehende Übereinstimmung. Glückliche Paare orientieren sich zwar weitgehend am traditionellen Familienmodell (Die Mutter soll bis zum dritten Lebensjahr beim Kind bleiben), aber ihr Zusammenleben ist trotzdem locker und unkonventionell. In ethischen, politischen und gesellschaftlichen Fragen vertreten sie eine eher undogmatische, tolerante, liberale Position.

Die Frauen sind selbstbewusster. Gleichberechtigung ist für sie kein Thema mehr – sie leben sie.

**Distanz.** Ein weiteres wichtiges Kriterium für eine geglückte Partnerschaft scheint das Aufrechterhalten der ursprünglichen Fremdheit und Distanz zu sein. Dort, wo es Menschen selbst nach Jahren des Zusammenlebens noch gelingt, sich in der Partnerschaft nicht gehen zu lassen, wo Freiwilligkeit das Eheversprechen ersetzt und beide sich bemühen, für den Partner attraktiver zu sein als potenzielle Rivalen, bleiben die Chancen für eine glückliche Beziehung gewahrt.

**Gewissen.** Menschen in glücklichen Beziehungen haben ein wesentlich durchlässigeres Gewissen. Sie nehmen das Leben nicht so schwer und tolerieren ohne weiteres die eine oder andere Schwäche. In einer Beziehung suchen sie Nähe, auch im körperlichen Sinn, sind zärtlich, mitunter sogar vereinnahmend. Sie verfügen über genügend Selbstsicherheit. Im Umgang mit anderen sind sie locker, spontan, natürlich und humorvoll. Sie sind entschieden dynamischer.

# Unglückliche Beziehungen

## Wie ist die Lebensqualität von Menschen in unglücklichen Beziehungen?

Sie haben – im Gegensatz zu glücklichen Paaren – signifikant mehr Konflikte im privaten und beruflichen Bereich. Neben den Schwierigkeiten in ihrer Beziehung müssen sie sich auch viel häufiger mit gesundheitlichen Problemen herumschlagen.

**Übergriffe.** Frauen in einer unglücklichen Liebesbeziehung geben im Alltag viel häufiger sexuelle Übergriffe/Belästigungen an als andere. Dafür gibt es zwei Erklärungsmöglichkeiten. Entweder sind sie in der Bewertung, was ein verbaler oder körperlicher, sexueller Übergriff ist, viel sensibler. Oder aber übergriffige Männer nützen das Unglück dieser Frauen aus und betrachten sie als eine Art Freiwild, bei dem sie sich alles herausnehmen können.

**Macht.** Wirklich erstaunlich ist das Streben nach Macht und Reichtum von Menschen in unglücklichen Partnerschaften. Dabei lässt sich schwer klären, ob das materielle Interesse primär schon immer für ihr Leben bestimmend war oder ob es erst sekundär an Bedeutung gewonnen hat, gleichsam als Kompensation für das fehlende Beziehungsglück.

Erschwerend ist, dass diese Menschen unter dem Älterwerden stärker leiden. Es scheint, als würden sie an etwas festhalten, was ihnen das Schicksal verwehrt hat, sie aber doch nicht mehr nachholen können.

**Depressiv.** Zwanghaft-depressive Persönlichkeiten leben signifikant häufiger in unglücklichen Beziehungen. Sie sind mehr auf sich selbst (und ihr Unglück) fixiert, eifersüchtiger, ängstlicher, gehemmter, kontrollierter und antriebsloser. Positiv ist, dass sie seltener Stimmungsschwankungen haben, mitfühlend, verständnisvoll und hilfsbereit sind, wenn jemand in Not ist.

**Partnereindruck.** Menschen mit einer unbefriedigenden Beziehung beschreiben ihre Partner als aggressiver, geltungssüchtiger, rechthaberischer, kleinlicher, unnachgiebiger, distanzierter und nur wenig kinderfreundlich. Es mangelt ihnen an Humor und Selbstkritik. Zu ihren positiven Eigenschaften zählt die Kontaktfreude.

## Partnerschaftskonflikte und Dreiecksverhältnisse

In welchem Zustand muss eine Beziehung sein, damit zumindest einer der beiden Partner seine Untreuewünsche in die Realität umsetzt?
Welche Rolle haben untreue Menschen in ihrer bestehenden Beziehung?
Und wie reagieren sie auf einen erwiesenen oder vermuteten Treuebruch ihres Partners?

**Rollenverhalten.** Trotz ihrer Untreue sind »Seitenspringer« auch in ihrer bestehenden Beziehung auf Nähe aus und sehr anhänglich. Sie genießen es von ihrem Partner umworben und bewundert zu werden, verhalten sich gleichzeitig aber zurückweisend und signalisieren, dass sie viel Freiraum brauchen. Was ihre Beziehung anbelangt, verhalten sie sich abwartend und passiv. Auf Vorwürfe reagieren sie eher aggressiv – frei nach dem Motto: Angriff ist die beste Verteidigung. Die Atmosphäre in der Beziehung erleben sie dennoch als belastend, auch wenn sie das nach außen hin gekonnt überspielen. Es gelingt ihnen nur schwer, über die Konflikte in der Beziehung zu sprechen. Sie verhalten sich unkommunikativ und reagieren auf das Gesprächsbedürfnis des Partners ablehnend.
Ihrem Partner ordnen sie eine eher defensiv-misstrauische

Rolle zu. In der Beziehung erscheint er ihnen gedrückt, depressiv und offen für jegliche Zuwendung. Er verhält sich verführend und sucht Anschluss.

**Wie unterscheidet sich das Rollenverhalten von Menschen, die in der bestehenden Beziehung noch keinen Treuebruch begangen haben?**

Obwohl sie ihren Partner bewundern und wertschätzen, halten sie dennoch Distanz zu ihm. Sie sind selbstständig, optimistisch, aktiv fröhlich und kommunikativ. In Auseinandersetzungen nehmen sie eine defensive Haltung ein. Ihre Stimmungslage beschreiben sie als konstant.

**Phantasien.** Obwohl sie selbst treu sind, zweifeln sie an der Treue ihres Partners. Ein Phänomen, das viele überraschen wird, trotzdem aber gerade bei treuen Menschen häufig vorkommt und leicht zu erklären ist. Natürlich werden auch für viele treue Menschen mit der Dauer der Partnerschaft (und der damit verbundenen nachlassenden sexuellen Anziehungskraft des eigenen Partners) auch andere Menschen wieder sexuell attraktiv.

Nachdem sie ihr Begehren nicht in die Tat umsetzen, machen sich diese Untreuewünsche vor allem in ihren Phantasien bemerkbar. Das, was viele von ihnen gerne tun würden, aber nicht tun dürfen, wird nun dem Partner unterstellt: »Er lebt aus, was mir verboten ist.«

**Stimulans.** Ein weiterer Grund, warum Menschen, die sich für die monogame Lebensweise entschieden haben, ihren Partner gerne in die Nähe der Untreue rücken, hat mit der sexuellen Stimulans zu tun, die diesen Vorstellungen innewohnt. Die erotische Phantasie, dass der eigene Partner etwas mit jemand anderen haben könnte, weckt auch das eigene Begehren.

Dass es sich bei der vermuteten Untreue des Partners in den meisten Fällen tatsächlich nur um eine Phantasie handelt, belegt auch die Statistik. Auf die konkrete Frage, ob sie ihren Partner für treu halten, sind 88 % der Personen, die sich selbst als absolut treu bezeichnen, auch von der Treue ihres Partners überzeugt.

Darüber hinaus beschreiben Treue ihren Partner zwar als fröhlich und vertrauensvoll, in der Sexualität aber als eher desinteressiert. Auch der Partner braucht in der Beziehung viel Freiraum.

**Was empfinden PartnerInnen als störend? Und was findet diese/r ihrer/seinerseits als störend?**

Wer in einer erfüllenden Beziehung lebt, beschreibt seinen Partner als einfühlsam, gut strukturiert, selbstkritisch und kinderfreundlich. Als einen Menschen, der mit sich reden lässt, nicht stur auf seinem Standpunkt beharrt, aber trotzdem ausreichend selbstbewusst ist, um seine Interessen durchsetzen zu können. Im Zusammenleben ist er humorvoll und großzügig. Im Negativen neigt er dazu, seinen Partner zu bevormunden.

**Die Selbstbeschreibungen im Fragebogen legen einen verblüffend einfachen Schluss nahe: Je glücklicher sich ein Mensch fühlt, umso glücklicher ist die Beziehung, die er führt.**

Der unvermeidliche Libidoverlust und die daraus resultierenden Dreiecksverhältnisse sind in befriedigenderen Partnerschaften signifikant schwächer ausgeprägt. Damit verringert sich auch natürlich das Konfliktpotenzial in diesen Beziehungen. Denn Untreue (vor allem die des Partners) zählt zu jenen Faktoren, die eine Beziehung am stärksten belasten.

**Welche Eigenschaften empfinden untreue Frauen an ihrem Partner als störend?**

**Einkommen.** Ganz oben auf der Hitliste rangiert das niedrige Einkommen. Ein höheres Einkommen scheint einen Mann für eine Frau tatsächlich attraktiver zu machen.

Danach folgen bei beiden Geschlechtern die bekannten Dauerbrenner wie sexuelles Desinteresse (Libidoverlust), vernachlässigtes Aussehen, Übergewicht und fehlende Gesprächskultur.

In monogamen Beziehungen stehen der niedere berufliche Status und die zu geringe Bildung an oberster Stelle, die am Partner als störend empfunden wird. Danach folgen Weltanschauung, mangelnde Attraktivität und mangelnde Anteilnahme.

**Was empfindet der Partner als störend?**
Menschen, die in ihrer bestehenden Beziehung zumindest einmal untreu waren, vermuten, dass ihr Partner an ihnen hauptsächlich die fehlende Attraktivität kritisiert. Er vermisse ihre Anteilnahme und Toleranz. Sie seien zu wenig gebildet und es fehlten die Gemeinsamkeiten.

**Optik.** In monogamen Beziehungen sind es vor allem das körperliche Übergewicht, die mangelnde erotische Ausstrahlung und die Antriebslosigkeit, die der Partner als störend empfinde. Er stoße sich auch an der unterschiedlichen politischen Weltanschauung, dem niederen beruflichen Status, der schlechten Gesprächskultur und ihrem vernachlässigtem Äußeren.

**Die vermuteten Kritikpunkte der Partner treuer Menschen decken sich genau mit den Eigenschaften, die Untreue wiederum an ihren Partnern bekritteln.**


# Belastungsfaktoren und Konflikte

Vergleicht man die Probleme, die eine Beziehung belasten, unterscheiden sich monogame Beziehungen signifikant durch sexuelle Disharmonie und übermäßigen Alkoholkonsum. Die

Behauptung, Treue sei die Grundlage jeder glücklichen Beziehung, stellt sich damit als Märchen heraus.

**Ersatzbefriedigung.** Die unerfüllten sexuellen Wünsche scheinen den Druck in einer monogamen Beziehung so zu erhöhen, dass er in Form einer Ersatzbefriedigung – nämlich durch Essen und Trinken – abgeführt wird. Der überhöhte Alkoholkonsum ist ein Ventil für unausgelebte sexuelle Wünsche. Der Zusammenhang zwischen sexueller Enthaltsamkeit und Problemen mit dem Alkohol ist signifikant.

**Eifersucht.** Bei Paaren, bei denen einer zu Seitensprüngen neigt, steht natürlich (wie könnte es auch anders sein) die Eifersucht im Vordergrund. Darüber hinaus sorgen bei diesen Paaren die Aufteilung der Hausarbeit und der getrennte Freundeskreis für Zündstoff. Vor allem die »Herrenabende« sind fast jeder Frau ein Dorn im Auge.

Während bei den untreuen Paaren die »Lieblosigkeit« häufig für Konflikte sorgt, kommt es bei monogamen häufiger zu körperlichen Übergriffen.

**Libidoverlust.** Fast die Hälfte der Befragten gibt an, dass sich ihr leidenschaftliches Begehren (was den Partner betrifft) im Laufe der Jahre verflüchtigt hätte. Die Libido bleibt nur im ersten Jahr konstant hoch. Dann nimmt sie bei beiden Geschlechtern kontinuierlich ab. Bei Männern vollzieht sich dieser Prozess rascher. Was die erotische Anziehungskraft der Partnerin betrifft, so erreicht diese bei den meisten zwischen dem 6. und 9. Beziehungsjahr einen absoluten Tiefpunkt und zwar unabhängig vom Lebensalter des Mannes.

Frauen verlieren das erotische Interesse am Partner später. Doch ab dem 10. Beziehungsjahr geht es auch mit ihrem Verlangen bergab.

**Je länger eine Beziehung dauert, umso umfassender ist der Libidoverlust.**

# Literaturverzeichnis

BISCHOF, Norbert: »Das Rätsel Ödipus«, Serie Piper, München 1985

BLACKMORE, Susan: »Die Macht der Meme«, Spektrum Akademischer Verlag, Heidelberg/Berlin 2000

CAMPELL, J.: »Mythologie der Urvölker«, Basel 1992

CONNIFF, Richard: »Magnaten und Primaten«, Karl Blessing Verlag, München 2003

CHRISTIE, R./GEIS, F. L.: »Studies Machiavellism«, in: Management Journal" Jg. 42 (1970), S. 153–170

DAMASIO, A.: »Ich fühle, daher bin ich«, List Verlag, München 1999

DAWKINS, Richard: »Das egoistische Gen«, Spektrum Akademischer Verlag, Heidelberg/Berlin 1994

»Demografische Forschung«, 2004, Jahrgang 1, Nr. 1

DIAMOND, Jared: »Der dritte Schimpanse«, Fischer Taschenbuch Verlag, Frankfurt am Main 1998

DIAMOND, Jared: »Warum macht Sex Spaß«, C. Bertelsmann Verlag, München 1998

ENDRES, Manfred/HAUSER, Susanne (Hrsg.): »Bindungstheorie in der Psychotherapie«, Ernst Reinhard Verlag, München/Basel 2000

FISHER, Helen: »Anatomie der Liebe«, Droemer Knaur, München 1993

FISHER; Helen: »Warum wir lieben. Die Chemie der Leidenschaft«, Droemer Knaur, München 2006

FREUD, Sigmund: Gesammelte Werke. Studienausgabe, S. Fischer Verlag, Frankfurt am Main 1969/1989

GOTTMAN, John: »Glücklich verheiratet?«, Heyne Verlag, München 1995

HENSELER, Heinz: »Narzisstische Krisen. Zur Psychodynamik des Selbstmordes«, Westdeutscher Verlag GmbH., Opladen 1974/1984

HÖHLER, Gertrud/KOCH, Michael: »Der veruntreute Sündenfall – Entzweiung oder neues Bündnis«, Deutsche Verlags-Anstalt, Stuttgart 1998

HÜTHER, Gerald: »Bedienungsanleitung für ein menschliches Gehirn«, Vandenhoeck&Ruprecht, Göttingen 2001/2005

KATSCHNIG, Heinz (Hrsg.): »Sozialer Streß und psychische Erkrankung«, Urban & Schwarzenberg, München/Wien/Baltimore 1990

KORNBICHLER, Thomas: »Aufbruch aus der Depression«, Kreuz Verlag, Stuttgart 2004

LORENZ, Konrad: »Nichts ist schon dagewesen«, Piper Verlag, München 1994

MAHLMANN, Regina: »Was verstehst du unter Liebe?«, Primus Verlag, Darmstadt 2003

MAYER, Horst: »Das Stressmodell als Erklärungsprinzip«, in: »Die Psychologie des 20. Jahrhunderts«, Band IX, Kindler Verlag AG, Zürich 1979

MAYR, Ernst: »Das ist Evolution«, C. Bertelsmann, München 2003

MILLER, Geoffrey F.: »Die sexuelle Evolution«, Spektrum Akademischer Verlag, Heidelberg/Berlin 2001

NORRETRANDERS, Tor: »Homo Generosus«, Rowohlt, Reinbek bei Hamburg 2004

OLIVIER, Christiane: »Jokastes Kinder. Die Psyche der Frau im Schatten der Mutter«, Claassen Verlag, Düsseldorf 1987

PITTMANN, Frank: »Angenommen mein Partner geht fremd ...«, Kreuz Verlag, Stuttgart 1991

RIDLEY, Matt: »Eros und Evolution«, Droemer Knaur, München 1995

SELIGMAN, Martin E. P.: »Erlernte Hilflosigkeit«, Beltz TB, Weinheim 2000

SENGER, Gerti: »Liebeskummer – eine Chance«, Herbig Verlag, München 2000

SERVAN-SCHREIBER, David: »Die neue Medizin der Emotionen«, Kunstmann Verlag, München 2003

SPITZER, Manfred: »Selbstbestimmen«, Spektrum Akademischer Verlag, Heidelberg/Berlin 2004

WRANGHAM, Richard/PETERSON, Dale: »Bruder Affe«, Diederichs, München 2000